検証・防災と復興
3

災害に立ち向かう自治体間連携

東日本大震災にみる協力的ガバナンスの実態

五百旗頭 真
[監修]

大西 裕
[編著]

ミネルヴァ書房

巻 頭 言

　日本の近代史を振り返ってみれば，第二次世界大戦後は最も平和な時代であった。明治以来，10年をあけず戦争を重ねてきた近代日本が，20世紀後半の半世紀は，一度も戦争の当事者とはならなかった。
　興味深い偶然と言えようが，その間，日本列島の大地もまた平穏であり，1948（昭和23）年の福井地震を最後に，半世紀近く内陸部に大きな地震は起こらなかった。それを決定的にくつがえしたのが，1995（平成7）年の阪神・淡路大震災であった。6434名もの犠牲者を出す大災害は，戦後平和に慣れた日本人にとって文字通り驚天動地の衝撃であった。兵庫の地は，二度とこのような悲劇を繰り返すまいと，シンクタンクを創設して将来の災害から人々を守る研究を開始し，ミュージアムを開設して，人々と防災・減災の知識を共有しようとした。
　しかし，わが大地が阪神・淡路大震災を機に厳しい地震活性期に突入したことを，われわれは知らねばならなかった。鳥取地震，中越地震，岩手宮城内陸地震と，時計回りに地震を頻発させつつ，2011（平成23）年3月11日，ついに未曾有の東日本大震災に行きついたのである。しかも，それが地震活性期のフィナーレではなく，2016（平成28）年に列島南西部に熊本地震を起こし，それは内陸地震や火山を連鎖させつつ，南海トラフの海溝型大地震に行きつくのではないかと憂慮される今日である。
　このような事態を迎えて，ひょうご震災記念21世紀研究機構では，大災害対処のいくつもの研究グループを走らせてきたが，ここにミネルヴァ書房との合意に基づき，三書を世に問いたいと思う。
　まず，近代日本に起こった三つの大震災――関東，阪神・淡路，東日本――の比較検証である。全ての対処は，何が起こったかを知り，分析することから始まる。御厨貴を編者とする『大震災復興過程の政策比較分析』は力ある社会

科学者，歴史家たちによる三大震災の多角的な比較研究である。

次に，未曾有の巨大災害であった東日本大震災は，かつてない国際的支援の輪を生み出した。阪神・淡路大震災までは，外国の災害への支援も外国からの受援もよちよち歩きであったものが，東日本大震災を経て，大きな進展を見せている。片山裕を編者とする『防災をめぐる国際協力のあり方』は，出入り双方の国際的支援の実態と問題点を重層的に分析するたぐい稀な研究書である。

さらに，阪神・淡路大震災が「ボランティア革命」を生んだのに対し，東日本大震災は自治体間の広域支援の大きなうねりをもたらした。大西裕を編者とする『災害に立ち向かう自治体間連携』は，日本を代表する政治学者・行政学者たちが，3年をこえる綿密な共同研究をもとに，東日本大震災における広域支援の実態を国際比較の中に位置づけて分析し，日本の災害対処体制のあり方を問う斬新な注目すべき研究である。

最近ようやく社会科学を中心とする東日本大震災の共同研究が成果を生み出した（村松岐夫・恒川惠市監修『大震災に学ぶ社会科学』[全8巻]）が，従来，震災研究と言えば，地球物理や耐震技術をはじめ，理工系の仕事が圧倒的な比重を占めてきた。ここに人間と社会の営みに焦点を合わせる独自の震災研究シリーズを，人文・社会科学の分野から世に問うことができることを嬉しく思う。

2016年7月19日

ひょうご震災記念21世紀研究機構理事長　五百旗頭　真

はしがき

　本書は，ひょうご震災記念21世紀研究機構における共同研究プロジェクト（「災害時における広域連携支援の考察」）の研究成果である。はじめに，共同研究の目的・内容について述べておきたい。

研究の背景・目的
　本研究が出発した直接的な契機は，2011年3月11日に日本を襲った東北地方太平洋沖地震である。この地震は，東日本大震災と呼ばれる大規模災害を引き起こし，日本に住む人々，とりわけ東北地方に住む人々を苦しめることになった。
　発災直後から，日本国内のあらゆる地域の人々が被災者のために様々な支援活動を開始した。一般市民や企業のボランティア活動，政府による支援，支援のためのNPO設立，国際的な援助など，枚挙に暇がないが，その中でとりわけ注目を浴びたものの一つが，自治体間連携支援である。東日本大震災では，災害発生時に救援活動の軸となるはずの地方自治体そのものが被災し，機能麻痺，あるいは著しい機能低下に陥ったため，同等の機能を持つ他の地方自治体の支援が不可欠となった。自治体間連携支援の枠組みは様々であるが，その中でも注目を引いたものの一つが関西広域連合による支援である。
　2010年12月に発足したばかりの関西広域連合は，カウンターパート方式と称して，主要な被災地である福島，宮城，岩手の東北3県に対し，パートナーとなる府県を指定して支援活動をおこなった。本研究が注目したのはこの取り組みである。すなわち，大規模な地震，あるいは津波などによる大災害が発生した場合，被災自治体は通常の形で危機管理をおこなうことができない。故にそこでは，他の自治体による「機能補完」という視点が，きわめて重要になる。関西広域連合の支援枠組みが，次世代の支援方式として多くの実務家や研究者の注目を集め，中央防災会議でも取り上げられたのは，この要請にある程度応

えることができたからであろう。

ただし，関西広域連合の取り組みのどこが優れていたのかは，判断基準を示すべき理論の構築と，他の枠組みとの比較分析を経ないと分からない。また，今後の来たるべき大災害に備えるには，何が限界であったのか，どのような改善点があるのかなども，日本内外の他の事例との比較が必要になる。関西広域連合を超えて，海外の事例も踏まえた調査と分析が必要となるのである。本研究プロジェクトは，このような要請に応えるために4年にわたる考察をおこなってきた。

研究内容

上記の目的を達成するために，本研究プロジェクトは，関西に拠点を持つ中堅・若手の政治学者・行政学者・防災研究者・実務担当者でチームを構成し，主として4つのアプローチから調査研究を進めてきた。

第1に，広域防災行政，あるいは行政の危機管理に関する理論を把握するために，国内外の先行研究の整理と検討をおこなった。海外での研究と比べれば，日本では，広域防災行政に関する研究が十分に蓄積されているとは言い難い。したがって，海外の研究動向も踏まえながら，まずはどのような理論が提示され，また知見が蓄積されているのかを調査する必要があった。東日本大震災後，日本でも政治学あるいは行政学的視点に基づく危機管理や広域防災行政に関する著作や論文が，相次いで刊行されている。しかしその量は依然不十分と言わざるを得ない。

第2に，関西広域連合の災害時支援活動の実態を明らかにした。関西広域連合とは，どのような政治的・制度的特徴を有する組織なのか。また，それはどのような過程で設立されたのか。関西広域連合の構成府県は，それぞれ，どのような支援を被災地に対しておこなったのか。関西広域連合に対する被災地側の評価とはどのようなものか。これらの点を明らかにするために，関西広域連合に関する資料の収集，およびそれを用いた理論的・実証的分析をおこなった。この資料の中には，関西広域連合の関係者や，被災自治体の職員などへのヒアリングなども含まれる。

第3に，国内における他の支援方式・形態との相違を明らかにした。災害時の支援方式は，カウンターパート方式だけではなく，自衛隊や警察，消防による支援，姉妹都市連携などを通じての支援，複数の自治体が自主的に連携を組んでの支援など，数多く存在する。支援方式間で，どのような違いがあるのか。本研究では，とりわけ自治体間連携に重点を置いて調査・分析した。調査は，東北3県の自治体に対する自治体間連携とその効果に関するアンケート調査，被災地への派遣職員に対するアンケート調査，国および兵庫県における防災組織調査，来たるべき南海トラフ地震に備える関西広域連合内の自治体へのアンケート調査など多岐に及んだ。

　第4に，海外における支援方式との比較をおこなった。主に対象としたのは，広域防災行政の先進事例である，アメリカの連邦緊急事態管理庁（FEMA）の活動と，関西広域連合の取り組みの祖型が形成されたと考えられる，台湾における被災地支援である。アメリカのFEMAは日本国内でも多く紹介されており，東日本大震災を受けて日本版FEMAの必要性が叫ばれることもあるが，それらがFEMAをアメリカ政治の文脈に即して捉えられているかは疑問である。1999年の台湾大地震での自治体の自発的取り組みが，日本にも影響を与えていることは意外と知られていない。これらとの比較を通じて，日本の特徴や検討すべき点が見つけ出されると考えられる。

　4つのアプローチで得られた重要な発見は，まとめると，国などが中央集権的に対処する指令・統制モデルではなく，様々なアクターがより対等な立場で協力していく協力的ガバナンスが，大災害においても適切な対応形態であると言えることであった。東日本大震災において，関西広域連合の取り組みを含む自治体間広域連携が威力を発揮したのは偶然ではないし，政府による中央統制がなされなかったことによる次善の策でもないのである。同時に，海外の研究では言及が少ない，政治と行政の関係の重要性を見い出したのも大きな発見である。

本書の構成

　本書は，以上の4つのアプローチに沿って構成されている。はじめに，本書

のキーワードとなる，協力的ガバナンスを軸にした理論的分析が第Ⅰ部でなされる。第Ⅱ部では，関西広域連合の東日本大震災での対応が分析される。第Ⅲ部では，自治体間連携の比較をおこなう。第Ⅳ部では，外国事例との比較で，カウンターパート方式発祥の地である台湾と，FEMAを擁するアメリカが対象である。第Ⅴ部では，防災行政組織のあり方と，将来起こる確率が高い南海トラフ地震への関西地域の備えのあり方を論じる。

　なお，調査にあたっては，ひょうご震災記念21世紀研究機構の全面的な支援を受けた。機構および兵庫県防災関係者の献身的なサポートに感謝する。被災3県の自治体職員，関係者，復興庁職員，関西広域連合および連合内の府県，市町村職員からも全面的な協力を受けた。厚く感謝申し上げる。本研究における調査の相当部分は，科学研究費基盤研究（B）「大規模災害時における復旧・復興支援ガバナンスの比較研究」（代表者：室崎益輝　ひょうご震災記念21世紀研究機構研究調査本部　研究調査本部長，2013年度～2015年度）の支援でなされた。

　本書が，本研究に協力くださった皆さんのご期待に応え，日本における防災研究と防災行政の発展の一助になることを祈るばかりである。

2017年4月10日

編著者　大西　裕

災害に立ち向かう自治体間連携
―― 東日本大震災にみる協力的ガバナンスの実態 ――

目　次

巻頭言
はしがき

第Ⅰ部　理論編

第1章　東日本大震災と協力的ガバナンス……………大西　裕…3
──集権的統制システムを超えて──

1　協力的ガバナンス……………………………………………………3
2　「カウンターパート方式」の位置付け……………………………5
3　危機管理研究と協力的ガバナンス…………………………………10
4　関西広域連合の成功…………………………………………………23

第2章　協力的ガバナンスの諸形態とその選択…………曽我謙悟…32
──理論的検討と東日本大震災の実態分析から──

1　研究課題としての協力的ガバナンス………………………………32
2　災害時の協力的ガバナンスについての先行研究…………………33
3　災害時の協力的ガバナンスを捉える視点…………………………40
4　東日本大震災時の協力的ガバナンス：計量分析による解明……44
5　協力的ガバナンスの検討課題………………………………………52

第Ⅱ部　関西広域連合の対応分析

第3章　東日本大震災発生時における被災地支援………鶴谷将彦…59
──カウンターパート方式採用と第一次派遣職員を中心に──

1　はじめに：カウンターパート方式の支援とは……………………59
2　関西広域連合・首長レベルの取り組み：
　　「カウンターパート支援」の採用決定過程………………………60
3　各自治体における初動対応と現地における事務所開設…………65
4　結びにかえて：カウンターパート方式支援の可能性と課題……76

第4章　カウンターパート方式と府県の役割……………北村　亘…79

1　はじめに：関西広域連合とカウンターパート方式………………79

2　カウンターパート方式の検証……………………………… 80
　3　兵庫県と滋賀県での市町の支援活動……………………… 83
　4　結語：府県と市町村の協働………………………………… 96

第Ⅲ部　自治体間連携

第5章　災害時相互応援協定は機能したか……………善教将大…101
　　　　──被災自治体サーベイを用いた分析──
　1　問題設定：どのような自治体間連携が機能するのか…… 101
　2　東日本大震災以後の自治体間連携とその課題…………… 103
　3　被災自治体を対象とする調査……………………………… 109
　4　実証分析……………………………………………………… 113
　5　おわりに：さらなる連携体制の構築にむけて…………… 119

第6章　災害対応現場における職員間調整……………永松伸吾…123
　　　　──南三陸町を事例として──
　1　はじめに：職員間調整における残された課題…………… 123
　2　応援調整に関するこれまでの研究と実践的取り組み…… 124
　3　南三陸町に派遣された職員の基本属性…………………… 127
　4　応援職員の属性と現地での業務概要……………………… 128
　5　現場における活動調整の分析……………………………… 133
　6　結論：応援側における組織内調整力の向上のために…… 140

第Ⅳ部　外国事例との比較

第7章　台湾における防災政策と自治体間連携の展開……梶原　晶…145
　1　なぜ台湾を見るのか………………………………………… 145
　2　台湾の防災政策……………………………………………… 147
　3　921大地震の際の自治体間被災地支援と復旧復興政策… 156
　4　結論：今後の日本の防災政策にむけて…………………… 165

第8章　アメリカにおける大規模災害と協力的ガバナンス…待鳥聡史…170
　　　　──連邦緊急事態管理庁（FEMA）の役割に注目して──
　　1　ガバナンス組織の形態選択という視点……………………170
　　2　アメリカ政治の基本構造……………………………………172
　　3　コーディネーション組織としてのFEMA…………………179
　　4　「日本型FEMA」の可能性…………………………………185

第Ⅴ部　将来にむけて

第9章　災害対応をめぐる行政組織の編成…砂原庸介・小林悠太…193
　　　　──内閣府と兵庫県の人事データから──
　　1　政府はどのように災害に対応するか………………………193
　　2　中央省庁の防災体制…………………………………………195
　　3　地方政府の防災体制：兵庫県………………………………203
　　4　専門家による調整にむけて…………………………………211

第10章　大規模災害時における自治体の
　　　　協力的ガバナンス………………秦　正樹・宋　一正…214
　　　　──関西広域連合内自治体サーベイの分析より──
　　1　南海トラフ地震に対する基礎自治体の支援体制…………214
　　2　「自治体の災害対応と広域連携支援に関する調査」の概要……218
　　3　「支援を求めない」自治体の2つの特徴…………………220
　　4　「支援を求めない」自治体と相互応援協定の関連………227
　　5　何が基礎自治体の支援量を規定するのか…………………230
　　6　南海トラフ地震に対する「備え」の様相と課題…………233

索　引……237

第Ⅰ部

理論編

第1章
東日本大震災と協力的ガバナンス
―― 集権的統制システムを超えて ――

大西　裕

1　協力的ガバナンス

　20世紀の最終コーナーを回った頃から，日本は何度となく震災に見舞われ，その度に被災者支援の新たなアプローチが注目されてきた。とりわけ，1995年の阪神・淡路大震災では，一般市民や民間団体のボランティア活動がめざましく，その重要性が認識された。これに比肩するのが，2011年3月11日に発生した東日本大震災での自治体間連携支援である。福島，宮城，岩手3県を中心とする大震災の報に接した日本各地の自治体は，相次いで支援活動に乗り出した。支援の枠組みは様々である。事前に災害時相互応援協定を結んでいた自治体からの支援もあれば，公式ではないまでもある程度存在した自治体間交流の縁から支援に乗り出す市町村，全く縁はなくても駆けつけ支援で物資や人材を提供する自治体も存在した*。自治体による支援は，国による支援や民間ボランティア支援とは別の形で被災地支援，復旧・復興に貢献し，高い評価を得ている。

　＊　東日本大震災における派遣職員のトレンドについては，稲継（2015）参照。

　自治体間連携支援に一定の効果があったことは確かである。しかし，その枠組みは様々であり，どのような枠組みがいかなるフェーズで有効なのか，なぜ有効なのか理論的整理がなされていないのが現状である。そうである以上，評価を正確におこなうことも難しい。そこで，本章では東日本大震災での経験を整理しつつ，自治体間連携支援に一定の理論的枠組みを提示し，防災分野における新しいアプローチとして提起することにしたい。阪神・淡路大震災時のボランティア活動は，官民連携（Public Private Partnership, PPP）の枠組みの中で，

行政学上の理論的整理がなされている。それと同様に，東日本大震災時の経験を定礎することを模索したい。本書では，それをアンセルとゲシュの議論（Ansell and Gash, 2008）より，協力的ガバナンス（Collaborative Governance）に求める。

　協力的ガバナンスは，政府，共同体，民間セクターが相互に情報交換し協働することで，単一のアクターが達成する以上の成果を上げることを目的とする。協力的ガバナンスは，PPPがそうであるように，防災行政分野において特徴的に登場するものではない。ネットワークガバナンスの一形態であり，政策実施の失敗や，規制に関する高いコストや政治化への対応として，政策実施過程論において登場した。アンセルとゲシュによると，協力的ガバナンスとは，一つもしくは複数の公的機関が，国家アクターでない利害関係者（NGO・NPOや地域共同体など）を集合的意思決定過程に取り込むような統治的調整を指す。意思決定過程は公式で，コンセンサス志向であり，熟議に基づき，公共政策の形成・実施や公共のプログラムや資産の管理を目的としている。

　本章は，自治体間連携支援を，協力的ガバナンスの理論的枠組みの中で位置付けることの重要性を主張する。その際にとりわけ注意を払うのは，東日本大震災での自治体間連携支援で異彩を放った，関西広域連合の「カウンターパート方式」である。同方式が次世代の自治体間連携のあり方として注目され，高い評価を得た（例えば，地域政策研究会［2012］）のは，協力的ガバナンスと強い関係がある。また協力的ガバナンスの視座から見れば，カウンターパート方式の長所がどこにあり，何が限界であるかも評価することが可能になるであろう。

　本章は，以下次のように構成される。第2節では，様々な自治体間連携の整理をおこない，カウンターパート方式をその中に位置付ける。第3節では，協力的ガバナンスが他のアプローチよりも，高度に複雑化した現代社会が，大規模災害に直面した場合に有効である理由を理論的に検討する。第4節では，協力的ガバナンスの観点から，カウンターパート方式の何が評価され，何が限界と考えられるのかを整理する。

2 「カウンターパート方式」の位置付け

(1) ペアリング支援

本節では，自治体間連携を整理する。

日本を含め多くの国では，自然災害発生時の対応主体を，日本の市町村にあたる基礎自治体とし，都道府県にあたる広域自治体や国は，基礎自治体からの要請に応じて支援をおこなうとしている。しかし，地震，津波，台風などによって発生した大規模災害においては，多くの場合基礎自治体の能力を超えた対応が求められ，国を含めた他の行政機関からの支援が欠かせない。

とりわけ，自治体間の協力が，災害対策にあたってきわめて重要になる。自治体がおこなっている行政業務・災害対応業務は，基礎自治体と広域自治体では大きく異なる。市町村が機能麻痺に陥っているからと言って，都道府県や国による代替は困難である。そこで，災害対策基本法では，対応困難に陥った自治体は，他の自治体からの職員派遣・応援により対応することを定めているが，具体的な支援枠組みは，法によって明示されてはいない（阪本・矢守，2012）。このような問題を解決するために考えられる方策が，ペアリング支援である。ペアリング支援とは，被災自治体それぞれに対して，ペアとなる自治体を決め，その自治体が継続的に担当被災地自治体への支援を行う方式である。

カウンターパート方式は，ペアリング支援の一種である。具体的には，関西広域連合に加入している府県のうち，大阪府，和歌山県が岩手県を，兵庫県，鳥取県，徳島県が宮城県を，京都府，滋賀県が福島県を支援するとし，府県下の市町村は，府県の要請に応じてカウンターパートとなる県下の市町村支援にあたることとした（石田，2012）。

ペアリング支援は，大きく二つの軸で分類することが可能である。一つは，ペアリングをいつの時点でおこなうかである。発災以前か，以後におこなうか（事前―事後の軸）。もう一つは，ペアリングの相手を誰が決定するかである。基礎自治体が相互に相手を決定する場合と，国や広域自治体が指定する場合がある（分散―集約の軸）（図1-1）。

第Ⅰ部 理論編

図1-1 ペアリング支援のあり方

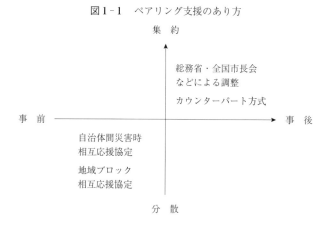

　日本に即して言うと，事前かつ分散的なペアリング支援の典型が，基礎自治体間の災害時相互応援協定である。自治体間では，姉妹都市提携などを通じて様々な交流がなされているが，それらをベースとしつつ，提携先の自治体が被災した場合には，協定内容に基づいて人的・物的支援をおこなう協定を結ぶ場合がある。協定に基づく支援のあり方は様々で，定期的に協働で防災訓練をおこない，災害時を想定して支援の具体的な方法を決めている場合もあれば，そうでない場合もある。いずれにせよこうした協定は，大規模災害発生の度に増加する傾向にある。全国知事会が地域ブロックごとに締結している相互応援協定も，この中に含めることができるであろう。例えば，北海道・東北ブロックでは，被災県と応援県の関係を，順位をつけて明示し，被災県の機能を応援県が補完するように定めている（阪本・矢守，2012）。

　これに対して，東日本大震災時に行われた，総務省，全国市長会，全国町村会などを通じた調整が，事後―集約型であると考えることができる。この場合も被災自治体による職員派遣要請が前提であるが，東日本大震災では，要請を待たずにこれら全国組織を通じて応援がなされた。

　カウンターパート方式は，どちらかと言うと事後―集約型に属すると言える*。事前―事後の軸で言うと明らかに事後に属し，分散―集約の軸で言うと，集約的ではあったが，府県によってニュアンスに差が生じ得るスキームであったと言うことができる。日本では，都道府県と市町村は，権限が異なるのみで対等

の自治体とされており，都道府県が市町村に対し指示命令する権限はない。府県下の市町村に対しどのような要請をおこなうか，要請が有効であるかは府県と市町村の関係によってバリエーションが発生し得る。

＊　稲継（2015）の類型はこの 2 軸に職員情報のあり方を加えたものと言える。

　重要なのは，これらの支援枠組みが，被災地支援にどの程度有効かである。これまで日本では，被災した自治体だけではまかなえない行政需要を，応援自治体によってカバーする仕組みが，日本を何度も襲った自然災害に一定の効力を発揮してきた。しかし，2011 年の東日本大震災においては，災害の規模の広域性，深刻さが桁違いであった上，大槌町における町長自身の死去に代表されるように，行政機関の被害も甚大で自治体としての機能が麻痺する状況が発生したため，上記に述べた広域支援枠組みの問題点や長所・短所も明らかになってきた。

（2）自治体間連携支援の問題点

　自治体間連携支援の問題点は，大きく 3 点に要約できる。すなわち，情報収集，応援体制の調整，支援の持続性である。

　第 1 に，情報収集についてである。災害対策基本法に基づく他の自治体からの支援の基本は，被災自治体からの支援要請にある。支援を要請するためには，どのような支援が必要であるかを被災自治体が把握しておかねばならない。しかし，被災地は，とりわけ大規模災害の場合極度の混乱状態にあるため，被災状況の把握自体が困難である。しかも，被災地への対応は急を要する。この点で有効なのは，自治体間の災害時相互応援協定やブロック協定である。前者の場合，普段からの交流により現地の状況をある程度把握しているため，どこにいかなる支援を供給すべきか想像できる。後者の場合も同様のことがある程度期待できる。とりわけ，混乱状態にある被災県のバックアップと情報整理機能の代替は重要である。ただし，被災地の情報収集には困難が伴う。前者は不足する情報を通常の防災訓練等で得た知識と想像力で補ってはいるが，現地情報を直接把握しているわけではなく，後者は県庁に集中する情報の整理統制には

有効であるが，被災地の情報収集自体を代替できるわけではない。

　第2に，応援体制の調整である。大規模な災害の場合，事前に決められた枠組みに基づく災害支援の他に，協定に基づかない自治体支援や，NPO・ボランティア団体などの支援が大量に押し寄せる。しかし，それらのほとんどはどこにいかなる需要が発生しているのか理解しておらず，支援資源の重複や不足など，被災自治体によって資源供給に過不足が生じる。そのため，被災県などが応援体制の調整をおこなう必要がある。

　しかし，災害の規模が大きくなればなるほど，被災県自体が資源の不足と混乱の最中にあるため，こうした調整は困難になる。ブロック協定に基づく応援県による調整はその点で一定の効力を発揮し得るが，東日本大震災のように被害が広域になると，地域ブロックそれ自体の資源活用が困難になる。全国市長会などの全国的な調整枠組みが重要であるが，時間がかかる嫌いがある。

　第3に，支援の持続性である。大規模災害の場合，支援は発災時の緊急対応だけではなく，復旧・復興までを視野に入れた，長期にわたるものと考えねばならない。被災自治体では恒常的に必要な職員が不足するので，人的支援も欠くことはできない。しかし，応援自治体も人的資源に余裕があるわけではないため，一自治体によって被災地を支え続けるには限界がある。この問題は，とりわけ自治体間の災害時相互応援協定に現れる。

　東日本大震災では，以上の3点を解消すべく，幾つかの試みがなされている。カウンターパート方式はその一つである。この方式は，支援調整問題と，支援の持続性の問題を部分的に解決することができている。関西広域連合は，府県単位で支援対象県を割り当てたため，支援の調整問題を被災県という需要側ではなく，供給側で解決している。広域にわたる被災自治体への支援が，特定自治体に集中することを避けるように調整することもなされている*。加えて，府県による調整が有効に機能すれば，応援側の市町村を適宜交代させることによって，特定市町村が過剰に支援をおこない疲弊するという問題を避けることができる。情報収集の問題は，被災県からの情報提供を待つのではなく，直接職員を派遣して情報を取りに行く兵庫県の方式が有効であった**。

　　＊　類似の評価は佐藤・宮崎（2015）にも見られる。ただし，彼らは自治体間の災害

時相互応援協定を特に分類せずに分析しているため，自治体間の事前協定に対し評価が否定的に出ている嫌いがある。本書第5章参照。
＊＊　もう一つの重要な試みは，岩手県がおこなった，遠野市を拠点とする後方支援体制の構築である。岩手県では，津波・地震による広域災害発生時の対応拠点としては，被害発生予想地から遠い県庁所在地である盛岡市では不適当と考え，遠野市を対応拠点に設定し，沿岸部市町村や自衛隊等とも協力して訓練をおこなってきていた。この方式は，情報収集問題を大幅に緩和し，応援体制の調整にも貢献した。阪本・矢守（2012）参照。

（3）カウンターパート方式の由来

　なぜ関西広域連合は，カウンターパート方式を生み出すことができたのであろうか。2つの点を考える必要がある。一つはアイデアの由来で，もう一つは，それがなぜ関西広域連合であったのかである。第1に，カウンターパート方式のアイデアの源泉は，1999年の台湾大地震発生時に，台北市等が被災地である国姓郷等におこなった被災地支援である（本書第7章参照）。台湾大地震の際に，台湾中部地方は壊滅的な打撃を被った。この報に接した台北市等の比較的被災が軽微であった自治体が，チームを編成して被災地の緊急支援，復旧作業にあたった。このアイデアは，台湾から中国に伝えられた。台湾と中国は歴史的経緯から政治的に微妙な関係にあるが，防災活動を担当する消防当局同士は交流があり，その中で自然に伝わったと考えられる。
　このアイデアを，中国は四川大地震時に「対口支援」として適用した。被災地の支援を，非被災地の地方が担当した。ただし地方政府の政治的自律性がない中国では，支援者もその対象も中央政府によって決定されている。対口支援は被災地支援のスキームとして相当の効果を上げるが，そのことが，同じく被災者支援に派遣されていた兵庫県の職員を通じて兵庫県内に伝えられる（第3章）。それがカウンターパート方式として現れたと言える。
　第2に，関西広域連合が支援の軸となった理由である。関西広域連合は，地方分権推進の流れに乗り，地方自治法が定める広域連合として2010年12月に発足した。関西広域連合の目的は，広域行政を担う責任主体づくり，国の出先機関の受け皿づくりとされる（中塚，2011）。中期的目標として，後者を重視して

第Ⅰ部　理論編

広域計画策定作業に入ったところで迎えたのが東日本大震災であった。関西広域連合は，広域連合としての可能性と，その能力を内外に示す必要に迫られている時期でもあった。基本的には参加自治体の首長間の合議で意思決定を行う組織である，関西広域連合の動きは速く，連合長でもある井戸兵庫県知事から提示されたカウンターパート方式はすぐに採用され，各府県がどの被災県を支援するかも直ちに決定されたのであった。

　関西広域連合の存在は，関西地域内外に，この支援活動を通じて広く浸透した。それもあって，カウンターパート方式自体も今後の被災地支援スキームとして広く採用され，九州地域と関西地域など，広域圏域間の相互支援枠組みが提起されるに至ったのである。

3　危機管理研究と協力的ガバナンス

（1）行政の不得意分野としての危機管理

　本節では，アメリカでの防災に関する先行研究の分析を通して，協力的ガバナンスの防災上の意義を説明する。

　初めに述べねばならないのは，行政はその性質上，災害を引き起こす危機への対応が本質的に不得意であるということである。行政と危機管理は，本来大きな矛盾をはらんでいる。民主主義社会における行政は，政治によって明確に定義された目標が与えられており，その目標を組織的，合法的，つまり定められた手続きにしたがって，専門性を持って達成すべく活動する。それゆえ，行政が扱う対象は，通常予測可能な現象であり，それへの対応もある程度の時間をかけておこなわれる。しかし，危機への対応ではこれら行政の長所を生かすことが難しい。ヘルマン（Hermann, 1969）によると，危機とは，国民の生命や財産といった，社会の基本的価値を損なう（High Threat）現象が，予測できない中（Surprise）で発生し，きわめて短期間で対処が求められる（Short Time）。これら3つの特徴は，通常の行政機能とは逆である。言い換えれば通常の行政が対処できないが故に「危機」なのであって，危機管理は本来行政が得意とはし得ない領域である。

ただし，ヘルマンがこの問題を提起した頃とは異なり，現代は防災行政が発達し，危機管理の態勢を整えてきている。そうであっても上記のことが言えるのか，シュナイダーの議論（Schneider, 2011）を参考にしながらもう少し検討してみよう。

災害発生時における被災地の混乱を，行政学の視点から研究したシュナイダーは，行政における災害対応を以下のように分析する。すなわち，官僚制は，ウェーバー以来指摘されているように，明確に定義された目標，分業，形式構造，政策と手続きのセット，専門性という5つの特徴を持つ。これらの特徴が平時においては行政行動の予測可能性を高め，一般市民では困難な専門的対応を可能にする。災害などの危機への対応も同様で，アメリカの文脈で言うと，後述する災害の進行段階に応じて，それぞれ目標が設定され，地方，州，連邦間で役割分担がなされている。形式構造としては，連邦レベルで連邦緊急事態管理庁（FEMA）が設置され，州および地方レベルでも緊急事態対応組織が設けられている。政策と手続きは，全米緊急事態管理システム（National Incident Management System, 以下 NIMS と略す），事態対応指令システム（Incident Command System, 以下 ICS と略す）として整備されており，専門性については地方レベルでは危機管理への職員の専門性特化は難しいとしても，訓練や，民間などからの借り入れで対応しているとする。このように，官僚制の持つ特徴が総体として実現しているのが，彼女の言う「官僚規範（Bureaucratic Norms）」である。行政機関もまた災害発生時には多かれ少なかれ被災するので，行政が円滑に被災者を支援できるとは限らないが，官僚規範に従って救済にあたるべく行動する。

アメリカについてシュナイダーが述べた官僚規範は，国によって多少は異なるが，現代先進国であればほとんどの国が持ち合わせており，日本も同様であると言ってよいであろう。このことによって，High Threat のコントロールは難しいかもしれないが，Surprise の要素はある程度軽減され，Short Time での対応もある程度は可能となる。

むしろ危機に際し，重大な挑戦となるのは被災した市民側の変化である。平時は，市民は人間関係や暮らしのあり方についての信念や期待を形成しており，

そこから行動のための指針を得ている。しかし，予期しない事件が発生すると，人々は既存の規範や価値に疑問を抱き，生存のためにそれとは異なる行動をとるようになる。人々がどう反応するかは個々人が直面している状況に依存しており，根本的には予測不可能である。しかし，どういう現象が発生するのかは経験的に分かってきている。それは，集合行動 (collective behavior) と呼ばれ，4つの行動からなる。第1に，既存の行動規範が否定された中で，行動の意味と適切な基準を求めて広く探し回る，右往左往 (Milling) で，第2に，災害現場において新たに形成される相互交渉と情報伝達である噂 (Rumors) である。噂の中から，あるいはその情報をもとに，人々は特定の考え方を選択しその他の考え方を排除する。平時と異なり行動規範が否定された状況下で行われるので，その行動に合理的根拠があるとは言えず，その時点での世界観の強引な確定に過ぎない。言い換えれば，第3に，人々は決め込む (Keynoting) のである。第4に，決め込み行動から浮かび上がる支配的な考え方として「緊急事態規範 (Emergent Norms)」が形成され，人々の行動を導くことになる。

　官僚規範と緊急事態規範の食い違いが大きいと，市民は政府の政策への不信を抱く。政府の政策はあてにならない，不適切だとの批判が支配的になる。ついで見捨てられ感が発生する。政府の機能麻痺か使命の放棄かはともかくも，自力救済しかないという信念，あるいは英雄願望が生じる。それは暴動にまで至ることになる。他方，緊急事態規範に支配された市民の協力を得られない政府は，ますます緊急事態への対応ができなくなる。それはさらに市民サイドの緊急事態規範を強化し，災害対応の失敗や遅れにつながるのである。

　では，食い違いをもたらす要因は何であろうか。彼女によると，それは，第1に，災害の規模である。規模が大きいほど行政は期待される行動を取れず，緊急事態規範の形成がなされやすくなる。第2に，行政による準備の程度で，不十分なほど食い違いが大きくなる。第3に，情報伝達や調整の程度で，困難になるほど食い違いは大きい。第4に，政府の対応システムの目標が明確かどうかである。第5に，被災者の方向と行動パターンで，地域社会の紐帯の強さや過去の被災経験が通常の規範からの乖離を防ぐ。

　まとめると，官僚サイドでは，平時において標準作業手続き (SOP)，ルー

ティン化された政策，制度化された意思決定過程を発達させており，これが対応段階における政府対応の基礎をなす。他方，市民サイドでは，平時において基本的には制度化された行動パターンに従って行動している。しかし，災害の間は，官僚規範と制度化された行動パターンが適用できるとは考えず，生存のために緊急事態規範が発達し行動指針と行動の意味を与える。両者の食い違いが，ただでさえ遅れがちな官僚による被災者救済をより困難にし，復旧作業にも支障を来すことになるのである。

（2）時期区分と要因

それでは，危機に対し行政はどのように対応できるのであろうか。危機を行政が扱えるようにするためには，危機のうち，行政で扱うことが困難な段階を明らかにする必要がある。危機と言っても，すべての段階が難しいのではなく，行政が通常の手続きで扱うことが可能な段階もある。

アメリカにおける危機管理研究によれば，危機に関するプロセスは大きく4つの段階に分けることができる（Coppola, 2013）。第1段階は，災害発生そのものを予防する予防段階（Mitigation）である。第2段階は，危機状況発生に対する平時の準備を意味する準備段階（Preparedness）である。第3段階は，緊急対応による被害の最小化を目指す対応段階（Response）で，第4段階が復元段階（Recovery）である。予防段階と準備段階が発災前，対応段階と復元段階が発災後の対応である。それぞれの段階でなすべき作業は大きく異なっている。

すなわち，予防段階では，災害および災害の可能性の削減，排除をおこない，災害源（ハザード）を災害源でなくするか，その規模を小さくする。構成要素は危険の発生の削減，危険の結果の削減，危険回避，危険受容，危険拡散などで，具体的には，抵抗性能がある建築，建築基準・法制整備，移転，改築，コミュニティシェルター建設，物理的構造物建設などの災害源の構造的除去と，人間行動に対する規制（ゾーニングなど），防災教育，非構造的物理的修正（室内家具などの再配置），環境統制，行動修正（環境保護など），リスク移転（保険など）など，工学的手法を用いずに災害源を削減する非構造的除去に分かれる。いずれも通常の行政プロセスで対応することが可能である。準備段階は，被災

者の生存機会を増大し，被害を最小限にするための準備で，緊急時実行計画（Emergency Operation Plans）の作成，実行訓練，装備の整備など政府側の準備と，教育や啓発など市民側の準備に分かれる。対応段階は，危機の発生後，更なる苦難や被害拡大を防ぐために災害の衝撃を削減，除去することで，警報・避難などの事前準備，被害状況確認，捜索救援などの事後認識，水・食料など救援物資供給，避難所供給，ボランティア管理，調整などがある。復元段階は，被災者を常態に戻すことである。

以上の4段階のうち，行政組織の持つ特性との関係で平時と異なる対応が求められるのは，主として対応段階である。そこでのパフォーマンスをよくするためには，予防段階で脆弱性を極小化し，準備段階で緊急対応のプランと訓練を施す必要がある＊。なお，この4段階は，日本で言うところの発災期（急性期），復旧，復興という時間概念とはややずれていることに留意されたい。予防は復興と無活動状態に，準備は無活動状態と発災前に，対応は発災期対応と復旧に，復元は復旧と復興にまたがる（Alexander, 2002）。行政にとって何が困難で，何が容易なのかを明らかにするためには，先に述べた4段階への分解の方が適切であるので，以下はこれに従う＊＊。

 ＊ しかし，予防・準備への優先順位は通常の行政において低くなる傾向がある。危機という可能性のレベルのことより現に発生している問題への対応が急がれるべきであり，かつ危機管理は利益集団の注目を受けないため，行政の関心が集まりにくいのである。
 ＊＊ これらの4段階は，1985年にPetak（1985）が提起して以降ほとんど変化がないので，危機管理研究において安定した理解になっていると言ってよいであろう。

では，通常の行政が困難な対応段階に，行政はどのように機能すべきなのか。行政は本来的に危機管理に適した組織ではないが，危機が災害につながるメカニズムを検討すれば，行政がなすべき対応のパターンも検討可能である。では，危機は如何にして災害につながるのか。国際的な危機管理研究動向は，理論的には大きく2つに分かれる。第1に，1950年代から60年代にかけての危機管理研究初期に現れるように，外的要因（ハザード）を重視するものである。これは，危機管理研究が冷戦下のアメリカで本格化したことと関係がある。アメリ

カでは安全保障対策の一環として危機管理研究がスタートし，災害対応もそれと関連付けて研究されてきた。戦闘行為による危機は，当該社会外部から発生するので，この文脈からすれば外的要因が重視されるのは当然である。それゆえ，この側面を重視すれば，発生すればどう対応するかという対処方針策定が中心となる。対処も基本的には，火災に対しては消防庁が対応し，洪水については国土交通省が対応するというように，一つの官庁によって行うべきで，対応管理（response management）の側面が強くなる。

　第2に，1970年代から80年代にかけての研究で顕著なように，災害は外的要因のみではなく，その社会が胚胎する脆弱性（vulnerability）の現れだと考え，内的要因を重視するものである（Turner, 1976）。地震や台風などの災害をもたらし得る自然現象が発生しても，それが災害につながるか，あるいはどの程度深刻かは社会の状況によって異なる。例えば，2010年のハイチ大地震は社会を破壊するものであったのに対し，2011年のニュージーランドのそれは十分に復旧可能なものであった。つまり，災害は予防・軽減できる。生活水準の向上などの社会の体質改善やインフラ整備によって，脆弱性を低下させることは可能だからである。ただしそのためには多くの機関，民間組織との協力が必要である。パートナーシップが重要で，防災の概念も危機管理（risk management）となる。

　しかし，現代社会の特性を考慮に入れると，ここで予防可能と考えられる災害は，外的要因で考えられてきた対応方法で十分可能なものに限られるとも言える。現代社会は高度に複雑であり，かつ様々な要素が緊密に結びついている。言わば，複雑さと相互の緊密さが災害を深刻化させており，不確実性を伴うので，災害拡大の予測は困難である（Perrow, 1984）。例えば，地震が津波を引き起こすのは自然現象であり，予測可能であるが，地震と津波が複雑にからみ合った結果，火災が発生することや，それがどの程度広がりを持つかは予測が難しく，その災害が広範囲の海洋汚染や大気汚染，交通麻痺にどのように関連してくるのかは，災害に直面した人間の行動にもよるので事前予測はほとんど意味をなさない。このような悲観的な見方は究極的には否定できないが，行政資源に余裕を持たせる戦略や，民間との協調戦略などで安全性を高めることは可

能である (Rijpma, 1997)。

(3) 指令・統制モデル

両要因に対して行政はどのように対応していくのか。大別すると2つのモデルが提起されている (Drabek and McEntire, 2003)。それは，第1に，指令・統制モデル (Command and Control Model) で，行政の持つ官僚規範を活かしつつ対応する。第2に，調整・交渉モデル (Coordination and Communication Model) で，行政機関を含めたネットワークガバナンスの重要性に着目する。第2のモデルは第1のモデルへの批判から生まれてきているので，以下，第1のモデルをやや詳しく説明した後，第2のモデルについて説明する。

指令・統制モデルは，官僚制の有する組織的特徴を活用して災害対策にあたる。既に触れたように，官僚制は階層的構造を有し，分業によって業務を達成する。指令を出すのは単一のアクターであり，組織的に対応するために，次の階層のトップが上司の指令を受けて部下に指令を出す。ただし，災害時は様々な障害が発生するため，平時と同様の対応を取ることは難しい。消防庁のような災害担当部局だけが被災者救済にあたるわけでもない。これらの点を考慮して検討されてきた危機管理研究の実践的到達点の一つが，アメリカの防災システムと言うことができる。ほとんどの危機管理研究がそうであるように，防災研究においても研究は実践と強いつながりを持っているので，以下，指令・統制モデルの紹介と検討は，アメリカのシステムの紹介を通じておこなう。

アメリカの防災システムの核心に位置付けられるのがNIMSである。NIMSは，連邦政府が定めた，緊急事態に対し最初に取られるべき標準化されたモデルである。この確立にあたってポイントとなったのは，連邦政府レベルの危機管理行政組織の確立と，NIMSの構成要素であるICSの形成であった。それぞれ簡単に説明しよう。

まず前者から説明する。アメリカも日本同様，災害対応は元来は，地方政府が第一におこなうべきで，州，連邦政府はその支援を担う，下からのアプローチとなっている。それが大きく転換し，連邦政府の重要性が増すのは冷戦がきっかけであった。つまり，連邦政府の関与は，もともと核戦争からの民間防衛

としてスタートした (Gallant, 2008)。すなわち，元来アメリカには連邦レベルで民間防衛の観念は存在しなかったが，第2次世界大戦直前である1939年，ローズヴェルト大統領が緊急事態管理室 (Office of Emergency Management) を作ったのが大きな転機となり，その後，冷戦への備えから民間防衛が重要な焦点になった。1949年，トルーマン大統領は，連邦民間防衛局民間防衛計画室 (Office of Civil Defense Planning, Federal Civil Defense Administration [FCDA]) を大統領府に設置し，その後民間防衛を軸に連邦単位の行政組織を種々発足させた。それらは，1970年代末には，連邦緊急事態準備局 (Federal Preparedness Agency, General Services Administration, 民間防衛準備担当)，大統領府科学技術政策室 (Office of Science and Technology Policy, EOP, 緊急情報伝達システム担当)，民間防衛準備局 (Defense Civil Preparedness Agency, 民間防衛計画担当)，連邦保険局 (Federal Insurance Administration, Dept. of Housing and Urban Development, 災害救助担当)，消防庁 (U.S. Fire Administration, Department of Commerce, 消防担当) へと展開していた。これを1979年3月に統合したのが連邦緊急事態管理庁 (FEMA) である。

FEMAのもとで連邦政府は，災害対策に関する標準化，体系化された試みをおこなっていく。その成果がICSである (Gallant, 2008)。ICSは，災害現場における標準化された緊急事態管理概念であり，どのような事態に対しても共通して応えるべき統合された組織構造を採用することとなっている。

ICSは，1970年代初期にカリフォルニア州での森林火災時に多発した，管理上の問題に対処するために開発された。消防庁は，森林火災を鎮火するにあたって次のような問題の発生に悩まされていた。すなわち，①あまりに多くの人による1人の管理者への報告，②危機対応のための組織構造の違い，③信頼できる事故情報の欠如，④不適切な情報伝達，⑤組織間の調整計画の不備，⑥不明確な指揮系統，⑦組織間での用語の違い，である。これらが現場管理者を混乱させ，消防活動の障害となった。そこで消防庁アカデミーが中心となって構築したのがICSであった。ICSは，危機への対応を，指揮 (Command)，実行 (Operations)，計画情報 (Planning)，後方支援 (Logistics)，財政／総務 (Finance/Administration) という5つの機能に分割し，現場に対処する者が明確に

特定の役割を担って行動することとした。現場におけるチーム編成は5人までとし、それを超えれば自動的にチームを分割するなど、現場における指揮命令系統の徹底と柔軟性を兼ね備えたモデルが生み出された。各人が担う役割が明確になったので、現場における作業手順も標準化される。各州各地方で異なっていた用語も統一され、それに合わせて訓練体系も統合されていった。これらにより、一定の訓練さえおこなえば、組織の垣根を越えて現場チームの編成が可能となった。

1980年、ICS は連邦政府における標準対応システムに採用される。しかし、ICS の広がりは基本的には消防分野に限られ、複雑な事故管理の標準とは認識されてこなかった。そうなったのは NIMS 以降である（Moser and Briese, 2013）。

NIMS の構築は国土安全保障省設立を契機とする（Gallant, 2008）。2001年9月11日に発生した米国同時多発テロ事件への対応の必要性から、ブッシュ政権は2003年2月、国土安全保障省を発足させた。FEMA はその傘下組織となる。2004年3月には、あらゆる組織で ICS をベースとした NIMS を採用するよう指令・通達が出された。この中で、米国のあらゆる緊急事態で使用されなければならない、最も基本的な指揮・命令管理システムとして、ICS が位置付けられた。

NIMS は、緊急事態に対する最初に取られるべき標準化されたモデルである。ICS を踏まえて、NIMS として進められたのは以下の各項目である。すなわち、組織構造、手続きの標準化、計画・訓練・執行のための標準、担当者資格基準作成、装備獲得確認基準、情報管理の標準化、広報活動管理手続きである。NIMS は、地震、洪水など災害源の種類にかかわらず共通した危機管理をおこなう、All-Hazards Approach を採用している。

（4）調整・交渉モデル

ICS を中核とするアメリカの災害対応システムは、以上に見たように組織的かつ体系的で、危機を内的要因と外的要因の複合とする、過去の危機管理研究を踏まえた一つの到達点と言うことができる。しかし、今日、その有効性には

疑問符が付けられ，論争中である。準備そのものが重要であることは間違いない。しかしそれが，とりわけ大規模かつ複合的な災害に対しては機能せず，根本的な見直しが必要ではないかとの議論が提起されているのである。

　ICS を擁護する立場からは，それが持つ強みは以下のように説明されてきた（Christen et al., 2001）。ICS は，部外者も統合できる機能的管理システムであり，現場における危機管理者を特定することで，指揮命令系統の統合を図ることができる。用語の統合により協調行動が可能で，組織と指揮のあり方を共通化しているのでチーム編成が容易である。情報伝達の標準化，執行と後方支援を備えた計画の提供により，迅速な対処が可能となる。

　これに対し，ICS を批判する立場からは，ICS の持つ基本的な性格が現場での対応を困難にしているとされる。ICS は，現場での対応を標準化するなどして柔軟な対応を可能としているとはいえ，根本的には指令・統制型である。森林災害など消防庁が対応する比較的単純な災害の場合，規模が拡大しても対応することは可能であるが，震災などの複合的な災害に対応することは難しい（Waugh, 2006）。それは，災害現場が高度に複雑化するためである。現場には，複数のレベルの政府機関が活動し，さらに政府機関の統制下にない様々な組織団体や人々が集結，活動する。複数のレベルの政府機関が対応する場合，階統的な構造がかえって調整の障害になる。

　すなわち，第 1 に，指令・統制モデルでは，実際に最初に現場に立つのは市民であるということを軽視している（Tierney, 2006）。被災した市民を最初に捜索し救援活動に当たるのは市民であり，行政の登場には時間差がある。被災地支援が彼らの存在を前提になされる現実と，ICS の発想はマッチしていない。現場に集結する市民は，現地住民，被災者関係者，近隣自治体公務員，関心ある市民，商人など様々である（Wachtendorf, 2013）。彼らの持つ資源を有効に活用できるかどうかが重要なのである。

　第 2 に，支援に登場する非政府組織の重要性が，指令・統制モデルでは十分に踏まえられているとは言えない。非政府組織は様々であるが，大きく 4 つに分類することができる（Wachtendorf, 2013）。分類の軸は 2 つある。1 つは組織が危機に対応するために変化したかどうかで，もう 1 つは危機に際して新たな

第Ⅰ部 理論編

表1-1 災害発生時の支援組織

		組織	
		既存	新規
業務	既存	既存（消防庁）	拡大（赤十字）
	新規	拡張（学校による避難所提供）	緊急事態（ボランティア団体）

業務を付加したかどうかである。具体的には，消防庁のように，組織に変化はなく，業務内容にも変化がない場合，赤十字のように，業務には変化がなくても組織を拡大する場合，学校による避難所提供のように，組織は変わらないが，本来の業務ではない業務を危機に際して担う場合，そしてボランティア団体のように，危機に際して組織も新規に作られ，業務も新規に担う場合の4つである（表1-1参照）。

　これらの組織を被災地救援で秩序立てて活用するのは容易ではない。とりわけ，指令・統制モデルでは取り扱いが難しいのが緊急事態組織（Majchrazak et al, 2007）である。この組織は他の組織類型に比べて顕著な特徴を持つ。すなわち，メンバー構成の頻繁な変化，地理的に分散し親密ではないメンバー，不確定な任務への対応の必要性，様々な目的の追求である。指令・統制モデルのもとでオペレーションを実施する公式組織と異なり，訓練も受けず計画も知らない。つまり，指令・統制モデルでは，様々な組織の登場とネットワークに対応できないのである（Drabek and McEntire, 2002）*。

* 日本においては，東日本大震災への反省も踏まえて，指令・統制モデルが支持を得ているように考えられる。しかしそれらの議論は，アメリカにおいても同モデルへの批判があることを十分に踏まえていないようである。務台編（2013）参照。被災地現場での混乱は，シュナイダーの議論のように緊急事態規範の登場にあること，緊急事態組織の統制の困難さを考えれば，例えば森田（2013）が主張するような中央集権型対応に大きな限界があることに気がつくであろう。

　そこで今日，指令・統制モデルの克服，ないしは補完として提起されているのが，第二のモデルである調整・交渉型モデルである。これは，被災地現場における市民や非政府組織の重要性に注目する。被災者救済において政府の役割は重要である。しかしそれは指令・統制というよりは，NGOや緊急事態組織

などとのコンセンサス形成で、非公式的、反官僚的調整が重要となる（Waugh, 2006）。それゆえ、状況が複雑になればなるほど、分権的な意思決定とネットワークが重要になる（Drabek and McEntire, 2002; Wachtendorf, 2013）＊。

＊　ただし、ICS 批判派が提起する調整・交渉型モデルが決定的な解決策を用意しているわけではない。

（5）ネットワークガバナンス

　以上の 2 つのモデルのいずれが有効であるのかはアメリカでも論争中で、結論が出ているわけではない。しかしこの論争の中で、双方のモデルの問題点が明らかになってきている（キムグンセ、2009）。指令・統制モデルの問題点は、危機管理参加者間協力を考慮に入れていないことである。被災地の現場では救援者として単一に編成された公的機関のみが存在するのではなく、またそれのみによって救援活動が間に合うわけではない。複数の公的機関、民間団体、ボランティアも重要な存在であり、被災した市民および関係者も単なる救援対象ではない。これらの様々なアクターとどのように連携していくのかという視点が弱いのである。他方、調整・交渉モデルの問題点は、合意形成に時間がかかることが危機の性格（Short Time）に適合していないことである。被災地現場における様々なアクターとの調整・交渉の重要性を指摘し、合意を基本とした意思決定をこのモデルは唱えるが、発災時のような緊急事態に時間のかかる合意形成は事実上困難である。いずれのモデルも完全ではないので、状況に応じてガバナンス形態を柔軟に変更していくことが求められるのである。

　その鍵となるのが、協力的ガバナンスである。協力的ガバナンスは、公的機関の主導性を前提としつつ、非国家アクターおよび合意形成の重要性を指摘している。ポイントは、単一のアクターが意思決定をおこない政策実施するのではなく、複数のアクターとの協力によって政策実施する点である。それ故、もう一つのポイントとなるのは、柔軟性である。協力的ガバナンスの考え方の基盤となるネットワークガバナンス論によると、政策形成と政策執行は、独立した利害関係、目標、戦略を持つ、数多くの独立したアクター間の相互作用の結果である点を考慮すれば（Scharpf, 1978）、政府はネットワークの管理者と仮定

され，仲介者，プロセス管理者，促進者の役割を遂行する。つまり，政府はアクター間の相互作用を促進させることで，ネットワークの目的達成につなげる。ネットワークは，官僚制組織とは異なり柔軟であり可変的であるので，ネットワークの編成は目的達成のために容易に変更し得る。

ネットワークの編成については，大きく3つの形態があり得る（Provan and Kenis, 2008）。第1に，参加者統治型ネットワーク（Participant-governed Networks）で，ネットワークの運営体が存在せず，参加者自身が運営，調整するネットワーク構造である。ネットワークを構成するアクターは基本的に対等である。第2に，主導組織統治型ネットワーク（Lead Organization-governed Networks）で，ネットワーク活動の運営と調整は主導組織がおこなうネットワーク構造である。第3に，ネットワーク管理者組織（Network Administrative Organization）で，ネットワークの運営と調整のために別途運営組織を設け，その組織が運営と調整をおこなう。

これらのうち，どのネットワークガバナンスが有効なのであろうか。それを左右する要素として挙げられるのは，以下の4つである。第1に，ネットワークに参加するアクター間の信頼の程度である。アクターは様々な動機と資源を持ち，自立して行動している。アクター間の関係も，密度が濃い場合もあれば薄い場合もある。信頼の程度も一定ではない。第2に，ネットワークの規模（参加者の数）である。第3に，目標に対する合意で，第4に，業務の性格（複雑かどうか，ネットワーク外部との関係）である。例えば，他の条件が同じで信頼の程度が高ければ，中軸となる組織の役割が小さくてよいので，参加者統治型でよいであろう。しかしそうでない場合，主導組織統治型やネットワーク管理者型が適当となる。すなわち，状況によって適切なガバナンスのあり方は変わるので，状況の変化に対応して変化し得ることが，災害時のようにめまぐるしく状況が変わる場合は望ましいことになる。

以上より，ネットワークガバナンス論に依拠して考えれば，政府の対応は，危機発生以前と以後で組織間連携関係を変化させる必要がある。危機以前では，参加者数は少なく，信頼の程度も高く，目標は共有されており，課題は比較的単純である。しかし，危機発生後は全く逆になる。したがって，発生前では，

政府，民間組織間が対等の，参加者統治型ネットワークでよいものの，発生後は，軸となる組織が必要であり，主導組織統治型ネットワークへの転換が必要になる。発災後は災害の規模や状況の変化により，適切なガバナンスの形態は変化する。故に，こうした柔軟な対応の必要性を考慮に入れれば，協力的ガバナンスの視点から防災体制を考えていくことが必要となるのである*。

　*　なお，曽我（2016）は，中央政府内部においても，分権的・水平的調整が震災において重要であったと指摘している。この見解は，自治体間連携だけでなく他のレベルにおいても，ネットワークガバナンスの観点から検討することの重要性を示していると言える。

4　関西広域連合の成功

（1）回復力への貢献

　協力的ガバナンスの観点を踏まえれば，関西広域連合によるカウンターパート方式がなぜ高い評価を得ることができたのか，その限界と問題点は何であるのか，検討することが可能になる。

　まず，協力的ガバナンスを災害対応に適用していこう。災害発生時，これに直面するアクターは，いずれも災難から被害を最小化するという共通した目標を持ち，協力する。加えて，災害発生時には，危機に対する対処と資源を事前に完全に準備でき，特定の機関あるいは組織が，災難に対するあらゆる努力を調整できるという仮定を置くことはできない（Waugh and Streib, 2006）。それ故，単一の政府のみならず民間アクターも含めた協力が必要となる。

　ただし，そこで追求されるべき目的は，もう少し厳密に述べる必要がある。被災者を救済するということだけでは不十分である。被災者救済はもちろん重要であるが，被災者が生存するだけではなく，彼らが支援に依存しなくてもすむ状態に戻していく必要がある。言い換えれば，災害によって低下した社会の機能を早期に回復させることが被災者救援の目標となる。

　この目的ときわめて近い議論が，1990年代以降の研究で注目を浴びている，回復力（resilience）に関するそれである。この議論によると，災害の発生そ

ものや深刻さは予測不可能なので,災害源(ハザード)は何らかのダメージを発生させる。これは避けがたい。重要なのは,災害によって低下した社会の機能を,どの程度早期に回復させられるかである。ポイントは2つで,一つはダメージをできる限り抑えることで,もう一つはダメージからの回復を早めることである。

　この議論は大きく2つに分かれる。一つは,地域社会の強化である。国際的にどの地域で災害が深刻化しやすいかを検討したところ,パットナムらが言う社会的資本(Social Capital)が不足し,地域社会内で構成員間の信頼が不十分な地域であることが多い。それ故,災害に強い社会を作るためには,教育の充実や産業基盤の確立などを通じて,社会的資本を育成することが必要である(Aldrich, 2012)。重要な議論ではあるが,本書と直接関係しないので,これ以上の言及は控える。

　もう一つの議論は,行政および地域社会での,予防と準備のための事前措置に関するものである(Comfort, Boin, Demchak eds, 2010)。たとえ地震が発生したとしても,免震構造を備えた建物であれば被害を防ぐことができる。災害が起きたとしても,行政が被災者支援のプログラムを事前に準備しておけば,被災は最小限に食い止めることが可能になる。財政的に余裕があれば,阪神・淡路大震災後の阪神地域の都市部のように,早期に復興を遂げることが可能になるのである。この意味での回復力は,4つの要素からなると考えられている(Tierney and Bruneau, 2007)。すなわち,①危機によっても損害を受けず耐えられる能力を意味する頑健性(Robustness),②危機で災害が発生しても業務を遂行できる能力を意味する余剰性(Redundancy),③問題を診断し,優先順位をつけて資源を動員する能力である資源動員力(Resourcefulness),そして④減災のために早期に本来の機能を回復する能力である迅速性(Rapidity)である。つまり,具体的には4つのRを持つガバナンスを構築することが重要になる。

　そのための基礎作業として重要なのは,アメリカの防災システムが教える,専門知と現場知の組織化である。NIMSやICSのポイントの一つは,行政が本来持つ指令・統制型組織構造の特長を活かすことであるが,もう一つの,より重要な教訓は,知の組織化である。防災活動には専門性が必要であるが,そ

れは2つのレベルに分かれる。一つは，防災に関する高度に専門的な政策的知見である専門知で，もう一つは専門知を現場に変換して使用可能にする現場知である。これらをそれぞれのレベルで組織化しているのが，アメリカのシステムの特徴である。専門知に関して言えば，政策立案から実施，危機発生時の対応に至るまで，行政組織の中に防災の専門家が参画している。専門家が諮問の対象ではなく，決定への参加者であることが重要であろう。現場知を標準化したものがICSだと言える。標準化した知は組織化を容易にする。

(2) 成功と問題提起

専門知と現場知の組織化は，まだ日本ではなされているというにはほど遠い。しかし，カウンターパート方式は，これをある程度成し遂げることで4つのRを幾分満たすことができたと考えられる。

知の組織化に関して言えば，兵庫県の存在が大きい。ひょうご震災記念21世紀研究機構のような，防災に関するシンクタンクを備えることで，兵庫県は防災に関する専門知を蓄積してきた。加えて，この機関が行政組織と密接に連携することで，専門知を意思決定に活用してきた。行政サイドでも，阪神・淡路大震災後，国内外の被災地に職員を派遣することで専門知を蓄積してきている。東日本大震災時には，傘下機関である人と未来防災センターが活躍した上，「カウンターパート方式」というアイデアそのものも，本書第3章で明らかにされるように，行政機関内で蓄積された専門知から生じたものであった。現場知についても蓄積が進んでいたため，事後であっても事前に近い対応が可能になり，迅速性 (Rapidity) と資源動員力 (Resourcefulness) を確保できたのである。カウンターパート方式は，地域的分担を明確化したため，支援側自治体の負担を平準化でき，かつ継続的な支援を可能にした。言い換えれば余剰性 (Redundancy) を確保したのである。つまり，組織化された知を活かして，回復力に関する議論が提示する4Rの実現に貢献できたことが，関西広域連合の成功の要因であったと言えるであろう。

なお，カウンターパート方式は，協力的ガバナンスの議論を更に発展させる重要な素材を提供している。それは第1に，政治と行政の関係である。本章に

おいて参照してきたネットワークガバナンス論は，政府を，ネットワークを構成する単一のアクターとして扱っている。これ自体は誤りではないが，この前提によって，ネットワークを何が変容させるのかが見えにくくなっている。しかし，政治と行政を分けて考えることで，その変容を論じることができるようになる。つまり，ネットワークを再構成するよう命じる主体として，政治を定位させるのである。意思決定における責任主体となりにくい官僚制は，それ自体として，他の公的機関や民間アクターとのネットワークを変容させることは難しい。しかし，政治が官僚制に指示を与えることで，変容に正当性を与えることができる。実際に，関西広域連合は，被災地とのカウンターパートを組むにあたってのマッチングを知事の決定によりおこなっており，それがある程度機能している。

　第2に，あり得る形態としての階層的ネットワーク構造である。本章で紹介した3種のネットワーク構造は本質的には1層構造で，リーダー及び管理者を設けるかどうかの点が異なるのみである。しかし，ネットワーク構造は複数の階層であっても構わない。相互の信頼性が高く目標を共有した少数のグループがネットワークの中核を形成し，その間は参加者統治型ネットワークで結ばれているが，これら以外のアクターは，この中核を指導組織として，主導組織統治型ネットワークで結ばれるということがあり得る。また，災害時におけるガバナンス構造としては，その変容の容易さを考えると，こうした階層的ネットワーク構造の方が適切であると考えられる。すなわち，中核を同質性が高い公的機関で形成し，準備段階と対応段階の初期はほぼ中核のみで対応する。対応段階の後半になると中核以外も含めたネットワークで対応するが，中核は維持し調整と合意の促進役を果たすという形である。

　階層型ネットワーク構造を持つ場合，発災後初期においてはICSのような指令・統制モデルの長所を活かすことができ，対応段階の後半以降は調整・交渉モデルの長所を活かせる。中核を複数の公的機関で構成することも，重要な意味がある。被災地自治体は，被災した市民や民間セクターから信頼を得ることが容易であるので，そのネットワークを活かせ，他方遠隔地から応援に駆けつけたアクターは，国・県など別のレベルの公的機関に高い信頼を置くかもし

れない。信頼の置き方の違いを上手くすくい取ることで，市民の間に生じる「緊急事態規範」の発生を抑え，被災者救援を，より円滑におこなうことが可能になり得るのである。関西広域連合の取り組みや，遠野市に本拠を置いた岩手県の方式にも，これと類似した要素を見い出すことができる。

ただし，カウンターパート方式が大きな限界を有することも指摘しておかねばならない。

第1に，台湾や中国の事例との違いである。台湾では，台北市が国姓郷を台北市の一区として扱えるほど，行政能力，経済力に差があった。それ故に国姓郷を台北市が養子として迎える（「認養」）と表現された。中国でも，四川省内の地方団体に対して，上海をはじめとする大きな経済力を持つ沿海部の省・直轄市が支援をおこなった。カウンターパート方式は経済的に余力のある広域圏であって初めて可能であり，意味を持つ。

第2に，広域自治体と基礎自治体の関係である。繰り返しになるが，都道府県など広域自治体とその中に位置する市町村の関係は，日本では対等とされる。広域自治体は，被災地支援を基礎自治体に要請することはできるが，指示命令することはできない。カウンターパート方式が調整問題と支援の持続性の問題を解決できるのは，あくまで基礎自治体が広域自治体による調整結果を理解し，その要請に応える限りにとどまるのである。基礎自治体は広域自治体の意向とは別に，既に他の基礎自治体と相互応援協定を結んでいるので，広域自治体の要請先よりもそちらを優先して支援することは大いにあり得，実際に関西域内の自治体支援も，すべてが関西広域連合の方針に従うものではなかった。

東日本大震災は，現代日本にとって未曾有の災害であった。しかしその危機の深刻さに対して，日本は，原子力発電所の問題を除いては，初期対応に対する国際的評価が高い。この震災と同規模の災害が生じた場合に，日本ほどに対応できる国は，確かにそう多いとは言えないであろう。ただし，こうした評価の基礎は現在崩れてきていると言うべきである。高い評価の大半は，自治体職員の「現場力」に依存したものである。総合力に優れた日本の自治体職員は，被災地職員はもちろん，応援に入った職員も，関西広域連合の方針の有無とは関係なく柔軟な支援をおこなうことができた。

しかし，日本の自治体は財政的に疲弊しており，職員数の削減を続けているため，人的余裕もなくなってきている。現場力と職員の善意に依存したスキームは本来持続が困難であるが，それらを支える裏付けも失われてきているのである。

実は，カウンターパート方式を含めた日本の災害時におけるガバナンスの課題がこの点に集中的に現れている。それは，民間団体やボランティア，被災市民などの非国家アクターを，どのようにガバナンスの中に包摂するかである。彼らの資源を有効活用し，彼らの創意工夫をくみ上げて意思決定に反映させてこそ，協力的ガバナンスの長所を引き出すことが可能になる。2016年4月の熊本大地震において，必要な人的資源を，被災地に結集した市民から見い出せないケースが報告されたのは，市民や「緊急事態組織」の取り込みについて行政の態勢が不十分であったことによる。

もっとも，この課題に対する回答はまだ出ておらず，世界的にも実践で示された例はほとんどない。その取り組みが，将来確実に起こる大災害への，我々人間社会の挑戦となるであろう。

引用・参考文献

石田勝則「関西広域連合による被災地支援の取り組み」『季刊　行政管理研究』第137号，2012年。

稲継裕昭「広域災害時における遠隔自治体からの人的派遣」小原隆治・稲継裕昭編『大震災に学ぶ社会科学　第2巻　震災後の自治体ガバナンス』東洋経済新報社，2015年。

阪本真由美・矢守克也「広域災害における自治体間の応援調整に関する研究――東日本大震災の経験より」『地域安全学会論文集』第18号，2012年，391-400頁。

佐藤主光・宮崎毅「災害と自治体間の協力関係」齋藤誠編『大震災に学ぶ社会科学　第4巻　震災と経済』東洋経済新報社，2015年。

曽我謙悟「行政：東日本大震災に対する中央府省の対応」辻中豊編『大震災に学ぶ社会科学　第1巻　政治過程と政策』東洋経済新報社，2016年。

地域政策研究会「東北支援活動からの考察と提案：東日本大震災――兵庫からの支援活動の報告」2012年3月。

中塚則男「関西広域連合の経緯と展望」『ノモス』第29号，2011年，107-122頁。

務台俊介編『3・11以後の日本の危機管理を問う』晃洋書房,2013年。

森田朗「東日本大震災の教訓と市民社会の安全確保」日本行政学会編『年報行政研究』第48号,2013年。

キムグンセ「危機類型/段階別効果的ガバナンスモデル」ジョンジボム・キムグンセ編『危機管理の協力的ガバナンス構築』法文社【韓国語】,2009年。

Aldrich, Daniel P., *Building Resilience: Social Capital in Post-Disaster Recovery*, The University of Chicago Press, 2012.

Alexander, David, *Principles of Emergency Planning and Management*, Oxford University Press, 2002.

Ansell, Chris and Alison Gash, "Collaborative Governance in Theory and Practice," *Journal of Public Administration Research and Theory*, 18(4), 2008, pp. 543-571.

Comfort, Louise K., Arjen Boin and Chris C. Demchak eds., *Designing Resilience: Preparing for Extreme Events*, University of Pittsburg Press, 2010.

Coppola, Damon P., *Introduction to International Disaster Management 2nd ed.*, Elsevier, 2013.

Christen, Hank, Paul Maniscalco, Alan Vickery and Frances Winslow, "An Overview of Incident Management Systems," *Perspectives on Preparedness*, September 2001, No. 4.(http://belfercenter.ksg.harvard.edu/files/an_overview_of_incident_management_systems.pdf 2016年9月16日閲覧)。

Drabek, Tomas E. and David A. McEntire, "Emergent Phenomena and Multi-organizational Coordination in Disasters: Lessons from the Research Literature," *International Journal of Mass Emergencies and Disasters*, 22(2), 2002.

Drabek, Tomas E. and David A. McEntire, "Emergent Phenomena and the Sociology of Disaster: Lessons, Trends and Opportunities from the Research Literature," *Disaster Prevention and Management*, 12(1), 2003.

Gallant, Brian J., *Essentials in Emergency Management: Including the All-Hazards Approach*, Government Institutes, 2008.

Hermann, Charles F., *Crisis in Foreign Policy: A Simulation Analysis*, Bobbs-Merrill, 1969.

Majchrazak, Ann, Sirkka L. Jarvepaa and Aadrea B. Hollingshead, "Coordinating Expertise among Emergent Groups responding to Disasters," *Organization Science*, 18-1, 2007, pp. 147-161.

Moser, Greg and Garry Briese, "Federal Response: Assisting without Overwhelming," in Jeffrey A. Larsen ed., *Responding to Catastrophic Events: Conse-

quence Management and Politics, Macmillan, 2013.
Petak, William J., "Emergency Management: A Challenge for Public Administration," *Public Administration Review*, 45, 1985, pp. 3-7.
Perrow, Charles, *Normal Accidents: Living with High Risk Systems*, Basic Books, 1984.
Provan, Keith G. and Patrick Kenis, "Modes of Network Governance: Structure, Management, and Effectiveness," *Journal of Public Administration Research and Theory*, 18(2), 2008, pp. 229-252.
Rijpma, Jos A., "Complexity, Tight-Coupling and Reliability: Connecting Normal Accidents Theory and High Reliability Theory," *Journal of Contingencies and Crisis Management*, 5(1), 1997, pp. 15-23.
Scharpf, Fritz, "Interorganizational Policy Studies: Issues, Concepts and Perspectives," Kenneth Hanf and Fritz Scharpf eds., *Interorganizational Policy Making: Limits to Coordination and Central Control*, Sage, 1978, pp. 345-370.
Schneider, Saundra K., *Dealing with Disaster: Public Management in Crisis Situations, 2nd Edition*, M. E. Sharpe, 2011.
Tierney, Kathleen J., "Recent Developments in U. S. Homeland Security Policies," in Havidan Rodriguez, Enrico L., Quarantelli and Russell R. Dynes eds., *Handbook of Disaster Research*, Springer, 2006, pp. 405-412.
Tierney, Kathleen and Michel Bruneau, "Conceptualizing and Measuring Resilience: A Key to Disaster Loss Reduction," *TR NEWS 250 MAY-JUNE 2007*, 2007.（http://onlinepubs.trb.org/onlinepubs/trnews/trnews250_p14--17.pdf　2016年9月16日閲覧）。
Tierney, Kathleen J., Michael K. Lindell and Ronald W. Perry, *Facing the Unexpected: Disaster Preparedness and Response in the United States*, Joseph Henry Press, 2001.
Turner, Barry A., "The Organizational and Interorganizational Development of Disasters," *Administrative Science Quarterly*, 21(3), September, 1976, pp. 378-397.
Wachtendorf, Tricia, "Emergent Organizations and Networks in Catastrophic Environments," in Rick Bissell ed., *Preparedness and Response for Catastrophic Disasters*, CRC Press, 2013.
Waugh, William L. and Gregiry Streib, "Collaboration and Leadership for Effective Emergency Management," *Public Administration Review*, 66(1), 2006, pp. 131-140.

Waugh, William L. Jr., "Terrorism and Disaster," in Havidan Rodriguez, Enrico L. Quarantelli and Russell R. Dynes eds., *Handbook of Disaster Research*, Springer, 2006, pp. 388-404.

第2章

協力的ガバナンスの諸形態とその選択
――理論的検討と東日本大震災の実態分析から――

曽我謙悟

1 研究課題としての協力的ガバナンス

「困ったときの助け合い」。これが，人としての振る舞いとして望ましいことに異論は少ないだろう。ならば，災害時に自治体が協力することも，その延長線上に存在するものなのだろうか。もちろん，答えはイエスである，というほど単純ではない。確かに，被災地において行政機構が果たすべき役割は大きく，現地の行政機構が機能しない場合や十分でない場合，それを代替したり補完したりすることが必要なのは間違いない。しかし，それを実現する方法には自治体間連携以外の選択肢もある。

自治体間連携が望ましいものなのか，そうではないのかを判断するためには，それがいかなるものであるのか，どのようなときに，どのような形で生じるのか，その帰結や効果は何なのかについて，十分な知識や情報が必要である。もう少し具体的に言えば，いかなる自治体がどの被災自治体に，どのような支援を行うのだろうか。それはどの程度の規模で，どの程度の期間行われるのだろうか。本章ではこれらの問いに答えていく。協力的ガバナンスについての理論的視角を検討した上で，東日本大震災における都道府県レベルの支援を題材とした計量分析を加えていく。そこから，災害時の自治体間連携には，一つの支援自治体が一つないし少数の被災自治体を支援する特定型と多数の被災自治体を支援する不特定型といった2つの形態が見られること，特定型は支援の持続性に優れているとも言えるが，支援側の財政力を超えた形での支援ともなりやすく，それ故に手放しで特定型を推奨することもできないという結論を導く。

以下ではまず，第2節において，先行研究を整理する。日本のこれまでの自

治体間連携に関する研究を取り上げる。阪神・淡路大震災以降を中心に，自治体間連携の実態についていかなる調査や研究が行われてきたかを整理する。第3節では，災害時の自治体間連携を捉える視点を提示した上で，東日本大震災がこの問題を考える上でいかなる意味を持つのかを示す。第4節では東日本大震災における都道府県の支援について，派遣職員数を用いた計量分析を行い，仮説の検証を進めていく。最後の第5節では議論をまとめ，若干の示唆を述べる。

2 災害時の協力的ガバナンスについての先行研究

ここではまず，災害時の協力的ガバナンスのあり方について，日本においてどのような研究の蓄積があるのか，とりわけ過去の災害における自治体間連携の実態についていかなる知見が得られているのかを確認しておこう。

(1) 阪神・淡路大震災

阪神・淡路大震災における相互支援について，まず，阪本と矢守は，発災後の3ヶ月において派遣された職員数が延べにしておよそ30万人に上ること，医療関係，水道関係で派遣された職員が多いことを明らかにした（阪本・矢守，2012）。他方で，応援の受け入れの仕組みが事前に検討されておらず，対応に困難を伴い，支援を断る事例も見られたことが指摘されている。

次に，渡辺と岡田は，復旧期から復興期にかけての人的支援，物的支援，施設提供，経済支援が，どのような自治体によって行われているかを明らかにしている（渡辺・岡田，2004）。それによると，まず，どの自治体が応援に来るかを決める上で重要な要因は，その自治体の規模と，被災地からの距離である。人的，物的支援，施設提供については，距離が遠くなるほど少なくなっていく。ただし見舞金送付については，距離は無関係である。また，市であれば被災地からの距離によって応援の程度が減少することは見られないが，町村の場合，およそ300kmを超えると支援は減少している*。

* さらに，ライフライン復旧や災害被害調査，そして市営住宅や病院の提供を行えるのは，人口30万人以上の市に限られる。

更に，支援がどのような時期に行われたかという点については，次の2点が明らかになっている。総支援件数を時間経過とともに描いてみると，発災後急速に立ち上がり，漸進的に減少していく形を描く。全体として見るならば，需要に呼応して提供が行われているように見えるのである。しかし他方で，とりわけ物的支援などについては，全体の半数が発災後5日を経過するまでに支援を開始し，ほとんどが10日後には終了している。きわめて短期間に支援は集中しており，物的支援については，需給の呼応関係は不十分であることが分かる。

（2）新潟県中越地震

新潟県中越地震は，阪神・淡路大震災を受けて整備が進んだ法的基盤のもとで，初めて広域的に，長期に渡って地震被災地への支援が行われた事例となる。ここでの都道府県の広域支援の実態を分析したのが，船木らの研究である（船木他，2006）。彼女らはまず，都道府県間の相互応援協定の機能に注目する。被災地の新潟県は東北・北海道のブロック協定を結んでいた。その他，群馬県，長野県，富山県，石川県とは個別協定も結んでいた。さらにブロック協定を補完する全国協定も存在していた。こうした事前の協定のうち，ブロック協定と全国協定は連動して機能した。ブロック協定においては，応援調整道県の順位が事前に定められている。それに従い，福島県が発災後早期に連絡調整員を派遣し，ブロック構成県への支援要請を調整していった。復旧，復興への支援が長期化し，全国協定を用いた支援を受ける際にも，規定上は全国知事会が調整にあたるのだが，福島県が引き続き調整機能を担っていった。北海道・東北に続いて関東，さらに中部という形で，支援の中心を移していくことで，持続的な支援が可能となった。

他方で，応援協定が事前に想定した通りには機能しなかった側面も多い*。まず，個別協定について，新潟県は要請を行わなかった。規定では要請した場合には費用負担は被災地側となるが，今回は要請を出さなかったため新潟県は費用負担も行わなかった。しかし，要請を待たずに「自主的に」支援を行った支援側の中でも，費用負担についての考え方は分かれる。支援した側の自己負担であると考えるところもあれば，要請は出ておらずとも協定が存在している

以上，被災地も費用負担すべきだと考えるところもある。
* 自治体間の連携以外に，国との関係で，支援要請や情報伝達の重複・錯綜が多く見られた。家屋の応急危険度判定を担える人材の派遣については，想定されていたのは国交省東北地方整備局ルートであるが，実際には北陸地方整備局が用いられた。また，医療チーム派遣の各都道府県への要請が，厚労省から出されたものと新潟県知事から出されたもの，双方が重複したため，各都道府県の混乱を招いたという。

また，市町村レベルでの支援のニーズの組み上げは，被災した都道府県が行い，支援側に伝えることが想定されていた。しかし実際には，アンケート調査に回答した42都道府県のうち，半数以上は先遣隊を自ら送り，支援ニーズの把握に努めていた。ただし，こうして把握された情報は，それぞれの支援都道府県内にとどまっていた＊。
* 応援の受け入れ窓口の一元化がなされていないことが，その一つの原因であったと考えられる。そこで，2007年の新潟県中越沖地震に際しては，応援職員によって「資源管理班」を設置し，人的・物的資源についての情報集約を行うことがなされた（阪本・矢守，2012，393頁）。

この研究を受けて，彼女らはさらに，費用負担が要請を行うこと，支援を行うことのボトルネックとなっている可能性について，検討を加えた（船木他，2007）。ここでは，新潟県中越地震について，支援を行った側，受けた側がそれぞれどのように費用負担を行ったかが明らかにされている。それによると，人的支援の費用負担については，まず，都道府県の場合，協定を通じて被災県が要請を行った場合で，およそ44％は被災した県，17％が双方，残りは応援に来た側が負担している。市町村の場合はその傾向はさらに強まり，ほとんどが応援側の自己負担か折半という形をとる。協定がある場合でも，応援側が76％，折半するのが22％であり，被災した側が負担することはほとんどない。更に，物的支援についてはそのほとんどが応援側の負担となっているのである。

(3) 東日本大震災
つづいて，東日本大震災における，自治体間支援についての実証分析を取り

上げよう。東日本大震災における相互支援としては，主に3つの形態のものが見られた。(1)全国市長会など全国的な組織，あるいは関西広域連合のように都道府県を越える広域団体が中心になって，都道府県や市町村間に何らかの調整を行いつつ提供された支援，(2)相互協定に基づく支援，(3)相互協定に基づかない自主的な支援，以上の3つである。

(1)の全国的な組織による調整としては，上水について日本水道協会と厚労省健康局水道課，下水について国交省下水道部が中心となって行った復旧作業が1つの例である。こうした機能別に特化した政策コミュニティを通じた連携は概して対応が早いが，県や市町村からの支援要請のルートとの重複などにより，混乱を生じることもあったという（林他，2012）。

基礎自治体の人的支援については，総務省自治行政局公務員部とともに，全国市長会・町村会が取り纏め役を務めた。総務省が被災地からの派遣要請を集約し，全国市長会・町村会にそれを伝える。全国市長会・町村会は，全国の市町村に派遣可能性を照会し，両者のマッチングを行った。こうした派遣の実態について，時期ごと，被災自治体ごと，また職種別の要望や派遣実績について，総務省のウェブサイトに一定のデータの公開はなされている*。しかしマッチングの具体的な方法やその課題などについて分析した研究は，管見の限り見い出すことができなかった。

* URLは次の通り。http://www.soumu.go.jp/menu_kyotsuu/important/70131.html 確認日は2016年4月15日（以下のURLすべて同じ）である。

(2)の相互応援協定については，東日本大震災のような非常に大規模な災害においては，相互協定を結んだパートナーがともに被災したケースが多いことが示されている。阪神・淡路大震災以降，協定の締結が進み，9割以上の自治体が他の自治体との災害時応援協定を結んでいるものの，異なる都道府県の市町村との協定を結んでいたところは5割強にとどまっている（福本，2013；林他，2012）。全国の概ね人口20万以上の市区のほとんどは支援を行っているが，そのうち，協定による支援は15％にとどまる（明治大学危機管理研究センター，2012，17頁）*。全国市長会からの要請，および関西広域連合を中心とする広域連携組

織の要請がそれぞれやはり15％前後となっている。

* 具体的には，政令市，中核市，特例市，特別区の合計123市区にアンケート調査を行い，そのうち80市区から回答を得たものである。

　したがって，相互応援協定に基づく支援は，今回の震災で必要とされた支援を量的にカバーするには不十分であったが，支援の内容面では優れた結果を残してもいる。支援の迅速性からも，また質の面，すなわち業務内容の類似性が高い同規模の自治体の支援であるという点からも，協定に基づく支援は優れている（河村，2014, 13章）。福本によるアンケート調査＊の分析によると，協定に基づく支援は，そうでないタイプの支援に比べて，人的支援，物的支援の双方が速やかに提供されている。また，派遣される人数や派遣される日数も，協定に基づく支援はそうでないタイプの支援よりも充実したものとされている（福本，2013）。

* 政令市ならびに被災地と災害協定を結んでいた市区町村をトリートメントグループとし，それと同規模の協定を結んでいない市区町村をコントロールグループとして，それぞれ110, 合計220市区町村を対象としたもの。回答数は124（回答率56.4％）。

　(3)の自主的支援については，遠野市のような後方支援拠点と関西広域連合が行ったカウンターパート方式に注目が集まっている。カウンターパート方式に対しては，それを評価する声も多い。受け入れ側が多くの応援に来た自治体間の調整を行うことは非常に困難であり，そうした負担を減らす上で有効であった。また，関西広域連合の中で，支援を出す自治体のローテーションを組むことで，応援の継続性を保つことにも寄与した（阪本・矢守，2012）。情報が十分に得られない段階で支援が特定地域に集中することを避けることに寄与し，早期に支援対象を決定することにより，早い段階から直接的に現地の支援を行えたとも言われる。関西以外の地域における府県間の連携と比較したとき，その連携が密であったことも確かであろう（馬場他，2012）。しかし他方で，マッチングを定めた後の対応は各県に委ねられ，そこには大きなばらつきがあったこと，そこでも情報共有を行いながら，場合によってはマッチングの見直しなど

の再調整を行う必要があったのではないかという指摘もなされている（林他，2012）。

　カウンターパート方式以外の自主的支援も含めて，どの自治体がどの自治体に支援を行ったかを全国的に明らかにしようとした研究としては，明治大学危機管理研究センターによる被災自治体ごとに受け入れた支援自治体の一覧化の試みがある。これを見ると，一つひとつの支援自治体は，広く薄く，支援を行っていき，それが受け入れ自治体の側では複数折り重なっているような状態であったことが明らかになっている（明治大学危機管理研究センター，2012，29-30頁）。

　これに対して，個別の支援については，山形県上山市による名取市への支援を詳述した研究や（山田，2012），杉並区，群馬県東吾妻町，小千谷市，名寄市が「自治体スクラム支援会議」を組織し，連携して南相馬市を支援したケースを分析したものがある（井口，2012）。このどちらにおいても，現行の法制度において，基礎自治体間の連携が明確に位置付けられていないことが課題として析出されている。例えば災害対策基本法では，災害対策を基礎自治体の責務としているが，災害救助法では，国の法定受託事務として都道府県が救助を行うことから，市区町村長の役割は補助的なものになっている。このため，基礎自治体間で連携をした場合にも国からの財政的援助が直接行われない。求償を被災地自治体が行うことで特別地方交付税の支払いを受けることとなるが，その事務処理は煩雑であり，被災地自治体の負担を増している。

　さらに，3つの支援形態を通じて共通する問題点として，次の2点が指摘されている。一つは，支援を受ける側の受け入れ体制の問題である。支援を受け入れる側の体制が不十分なために，物資や人的資源を受け入れながらも，それをうまく配分できないケースが散見された。阪本・矢守（2012）による宮城県の受け入れ調整の実態分析においては，宮城県が直接把握した応援ニーズの提供は速やかだったものの，被災市町からの応援ニーズの組み上げに困難をきたしていたため，支援側が独自に被災ニーズの把握に努めた。しかしそれぞれの支援自治体が把握したニーズをさらに集約し，どこまでの支援が提供できており，何が更に必要かを把握することはできなかった。応援が特定の市町村に集

中しているのではないかという懸念から，応援に入っている16都県の連絡調整会議が行われるなどしたが，それでも十分な調整には至っていないのである。こうしたことから，「受援力」の涵養が検討課題として導出される*。同様に，本荘・立木による各地に派遣された神戸市職員を対象としたアンケート調査は，支援する側の準備や訓練，情報収集や運用などと並んで，支援を受け入れる側の準備や受け入れ体制，環境整備などが，支援の効果についての評価を左右することを明らかにしている（本荘・立木，2013）。

 * 中央防災会議の「地方都市における地震防災のあり方に関する専門調査会」報告（2012年3月）などで提言がなされている。ただし，受援力とは自治体間の相互支援のみならず，ボランティアなどサードセクターや民間企業の支援を受け入れる体制整備をも含む，あるいはむしろそちらを中心に用いられる概念である。例えば，内閣府のパンフレット「地域の『受援力』を高めるために」（http://www.bousai.go.jp/kyoiku/pdf/juenryoku.pdf）においても，この概念はボランティア活動の受け入れに限定されて用いられている。

　もう一つは，支援の持続性という課題である。未曾有の災害をもたらした東日本大震災だけに，復旧，復興期間が長期におよぶこととなり，支援を要する期間もこれまでになく長期のものとなった。そうした中で，発災から1年を過ぎる頃には，派遣要請数を満たせない状況が生じた（林他，2012）。「喉元過ぎれば熱さを忘れる」の譬えの通り，災害は発災直後に強い関心を集めるものの，しばらくすると忘れられがちである。支援についても同様の問題が生じがちであり，いかにしてローテーションなどを構築して息の長い支援を提供するかが課題となっている。

　これら2つの課題を解決していくためにも，どのタイミングで，どの程度の規模の支援が実際に行われたのかを把握することが重要であるが，上述した通り，実際の現場においてそうした情報を整理しておくことは不可能であった。阪本・矢守（2012, 395頁）は宮城県についてそうしたデータを提示している貴重な研究でもある。他の被災県についてもこうしたデータを収集するとともに，支援の実態が応援ニーズとどの程度合致していたのかなど，更なる分析が今後の課題となるであろう。

第Ⅰ部　理論編

3　災害時の協力的ガバナンスを捉える視点

(1) 災害時の自治体間連携を見る視点

　以上の先行研究の検討から，災害時にいかなる形で自治体間連携が行われるのかを考えるポイントとして，次の諸点が挙げられる。第1は，情報の収集と統合をボトムアップとトップダウンのどちらによるのかということである。第2は，事前の計画による対応とその場での対応のどちらを中心に行うのかということである。第3に，支援の費用負担をどちらが行うのかということである。この3つのポイントをめぐって，そこには様々な形態を考えることができる。

　第1に，被災した自治体の要請に応じる形で支援が行われるのか，それとも支援する側の判断で支援が開始されるのかという点がある。支援の需要やニーズが先行するプル型か，支援を供給する側が先行するプッシュ型かという選択肢である。プル型の場合，支援のニーズをどのように把握するかという点で，被災地の広域自治体が各地域の情報を収集していくトップダウンの形式と，基礎自治体からの情報の集約に基づくボトムアップの方式がある。プッシュ型の場合は，支援のニーズの把握も支援を供給する側が行うこととなる。

　第2に，どの自治体がどの被災自治体に支援に行くかを事前に決めておくのか，発災後に決めるのかということである。事前に決めておく場合，姉妹都市のように災害対応以外の他の業務や政策領域を通じた関係を基準とする場合と，災害への対応を明確に念頭に置いて結ばれた協定に基づく場合の2つに大きく分けることができる。いずれの場合であっても，距離的に近い自治体を相手方とするか，遠いところを相手方とするか，同規模の相手を選ぶか，より大規模の相手を選ぶかといういくつかの選択肢がある。

　発災後に決める場合，(1)中央政府が決める，(2)広域政府がその構成自治体の割当を決める，(3)自治体ごとに決めるという3つの形態に分けることができる。このうち(2)については，現在の日本で言えば，関西広域連合のような都道府県を越える広域団体が都道府県の割当を決める場合と，各都道府県が当該都道府県に属する市町村の割当を決めるという2つの場合がある。

表2-1 自治体間連携の諸形態とその効果

	イニシアティブ		組合せ時期		費用負担	
	プル型	プッシュ型	事前	発災後	被災地負担	支援側負担
強み	ニーズに合致	要請なくとも支援が開始される	速やかに動ける	災害の状況に応じた連携	ニーズに沿った利用	余力あるところによる支援の供給
弱み	要請がなければ初動に遅れ	ニーズ汲み取りの難しさ	様々な災害規模の想定は困難	決定に時間がかかり,混乱が生じる	支援が遅れる恐れ	過剰・過小支援の恐れ

(出典) 筆者作成。

第3に,支援をすることで発生した費用を誰が負担するかという問題がある。3つの形態があり得る。1つは,中央政府がそうした費用については面倒を見るという形である。これに対して,被災した自治体が費用を負担するという形もある。そして最後に,支援に行った自治体が費用を負担するという形も考えられる。もちろん,これらを組み合わせることも可能であるが,ひとまず,これらの基本形の長所・短所を考えることで,大まかな理解を得ることにしよう。

これら3つのポイントをまとめるとともに,それぞれの強みと弱みを提示したものが表2-1である。それぞれの形態ごとに,強みと弱みが入れ替わっており,最善の方法というものはないことから,どの面を重視してどのような選択を行うかが制度設計のポイントとなる。また,これら3つの側面相互に補完性が働き得るので,補完性を損ねないように制度設計を行うことも重要であろう。

(2) これまでの自治体間連携と東日本大震災の特徴

以上の枠組みに位置付けるならば,日本における自治体間連携の基本形は,被災した自治体の要請に基づくプル型であり,費用についても被災自治体が負担するというものである。この両者は連関しているのであり,災害への対応の責任を負う市町村が,その判断に基づいて,責任の一部を他者からの支援に委ねるのだから,費用についても負担するということになる。そして,どの自治体から支援を受けるかは,かつては事前に定められることは少なかったが,阪神・淡路大震災における活発な支援活動を受けて,災害対策基本法が改定され

た後は事前協定が結ばれることが増えている。こうした事前協定が存在しない場合でも，支援が行われることはあるが，その場合でも中央政府が関与することはない。被災情報の集約，伝達経路がボトムアップ方式を取るようになっていることと合わせて，中央政府が直接，支援を行うという形は取らないというのも，日本の災害対応の1つの特徴なのである。

このように，プル型と被災自治体の費用負担という制度的な特徴を持ち，それを事前協定で整備していくというのが，東日本大震災までの日本の災害時自治体間連携の基本的な形であった。ところが，東日本大震災の際には，被害の甚大さ故に，被災地の自治体が支援を要請することができなかった。被災地の自治体機能が根こそぎ喪失される中で，プル型の支援は行い得ず，プッシュ型の支援が必要になった。また，先行研究でも示されているように，事前協定に基づく支援は十分に機能したとは言い難い。災害の大きさ故，協定を結び合った双方がともに被災することが多かったためである。このため，事前協定によらない支援が多く見られたのである。

それ故，2つの問題が生じた。第1は，どれだけの自治体がどれだけの支援を提供するのかという問題である。自主的な支援の提供であったために，十分な量の支援が提供される保障はない。これまでの研究で明らかになっているように，距離が離れている場合に，支援の量が減る傾向がある。また東日本大震災では，長期にわたる救助や復興活動が行われているが，提供側の自発性に委ねて息の長い支援を提供できたのだろうか。この点を考えると，距離と並んで，財政的制約が生じることも考えられる。受援側が負担するという原則が既に崩れている以上，長期にわたる支援をつづけるためには，相当な財政力が必要だからである。

第2の問題は，どの自治体がどの自治体を支援するのかというマッチングの問題である。大規模な災害においては，支援を行おうとする自治体も多く，支援を必要とする自治体も多い。一対一や一対多ではなく，多対多の支援がなされるとき，どの自治体がどの自治体を支援するのがよいのだろうか。この判断を集権的な指示・命令のもとに行うのではなく，個別自治体の判断に依拠する形で，しかも事前協定もなく十分な時間もない状態で，どの自治体にどの程度

の支援を行うのかを即座に判断することが求められた。こうした形で，マッチングはうまくいったのだろうか。

　マッチングの具体的な類型としては，2つのタイプが考えられる。一つの支援自治体が，複数の被災地に支援を行う不特定型と，一つの支援自治体が一つの被災自治体を支援する特定型である。もちろん，実際にはこの両者の中間的形態も存在するが，ひとまずここでは，この2つの形態に分けて議論を進めていきたい。

　マッチングの良し悪しについては，2つのポイントがある。一つは，マッチングが過不足なく行われているかという点である。支援できるリソースと支援に対するニーズを把握し，両者をできるだけ整合させる必要がある。しかし，広域災害では支援を求める自治体の数が多く，両者を調整する難しさは格段に上がる。支援を必要とするが支援を受けられていないところがないように，他方で支援が重複することがないように，いかにしてマッチングを行うかが問われる。また，支援ニーズが長期にわたる場合には，持続的なマッチングが求められることになる。支援側の資源に限度がある場合，うまくローテーションを組むことなども求められる。

　もう一つは，マッチングにかかる時間である。災害への初期対応は時間が命である。自治体の支援においても，できるだけ速やかな支援が求められる。また，速やかなマッチングは，相手先を探すことそれ自体の費用を低下させることにもつながるであろう。

　第3の問題は，支援を受け入れる側が，うまく支援を受け入れることができるかということである。支援を受け入れる側が，どのような支援が必要かを把握し情報を流すとともに，複数の支援者がいる場合は，それらの間の調整も必要となる。受援力という言葉で意味されるのは，このような情報の収集・伝達と，支援者間の調整をどの程度行えるかということである。同じ受援力であっても，多くの自治体からの支援を受けていれば，それだけ，調整を行うことは難しくなるだろう。したがって，受援力の観点からは，一つの自治体から必要なだけの支援を受け取る特定型が望ましいということになるだろう。

　まとめるならば，東日本大震災においては，それまでとは異なりプッシュ

型・発災後・支援側負担による自治体間支援が中心となった。そのために，支援側の財政力，マッチングにおける特定型と不特定型，そして受援力といった3点が問われることとなった。それではこれらの3点は，実際にどのように連携のあり方を変えたのだろうか。データに基づいて検証していこう。

4　東日本大震災時の協力的ガバナンス：計量分析による解明

（1）自治体間連携をもたらす要因

　以上の検討から，東日本大震災における自治体間連携について，具体的に明らかにすべき問いは，次の3つである。第1に，支援を行うのはどのような自治体なのか。被災地に近い自治体が，被災地とのつながりの深さや，支援に駆けつける容易さなどから，より多くの支援を行う傾向にあるのだろうか。あるいは，財政力に余裕のある自治体でなければ，支援を行うことはできないのだろうか。第2に，どのような支援の形が取られるのだろうか。具体的には，特定型と不特定型のどちらが取られたのだろうか。どの支援自治体がどちらの形態を取ったのだろうか。第3に，時期によりこれらにはどのような変化が生じるのだろうか。応急対応から復興支援へとフェーズが移行していくときに，支援を持続しやすいのはどのような自治体による，どのような形態の支援なのだろうか。

　これら3つの問いに対して，筆者は次の4つの作業仮説をたてた。支援を行うか否かの判断において，財政力と距離の2つが影響を及ぼしているであろうと考えた。その上で，マッチングの形式としては，支援側から見た支援対象自治体が絞られており，逆に被災地自治体から見て特定の支援自治体のシェアが大きい特定型の場合ほど，支援の規模がより大きく，より長期化する傾向があると考えた。そうしたシェアの大きさは，支援をする側のコミットメントを強くするとともに，支援をされる側の依存度を高め，それが財政力や距離といった要因とは別の基準として，支援の程度を選択する際に影響を与えると考えるからである。仮説をまとめると次のようになる。

仮説1　（財政力仮説）　財政的に余力のあるところほど，より多くの支援を行う。

仮説2　（近接仮説）　距離の近いところほど，より多くの支援を行う。

仮説3　（コミット仮説）　特定対象に集中的に支援をしたところの方が，支援が持続しやすい。

仮説4　（依存仮説）　受け入れ側の中でシェアが大きいところの方が，支援が持続しやすい。

　これらの仮説について，東日本大震災における全国都道府県の被災地支援についての計量分析を通じて検証を行う。多数のケースを計量分析により扱うことで，被災地支援についての一般的な知見を得ることがここでの目的である。もちろん，実際の被災地支援においては，それぞれの自治体の固有の事情が支援状況に大きく影響する。例えば，兵庫県が積極的な役割を果たしていることは，阪神・淡路大震災の経験抜きには理解し得ない。そういった固有の文脈の存在を認めつつも，ここでは，日本の自治体全体に共通する要因を明らかにすることが課題となる。

（2）測定の方法とデータの紹介

　分析に用いた指標は次の通りである。まず，従属変数には，岩手，宮城，福島県およびそれぞれの県内市町村に対する全国都道府県からの派遣者数を用いた。2011年度から14年度までの4年度についての派遣者数を，年度明け4月ないし5月＊の総務省調査＊＊によって把握した。さらにそれに基づき，各都道府県が被災3県（県庁および市町村と，県庁のみのそれぞれ）に派遣している職員数総数を算出した。つまりここでは，3県（含む市町村）と3県の県庁のみといった合計6つの派遣先への人数として捉えられている。

　＊　正確には，2011年度データは2012年4月16日，2012年度は2013年5月14日，2013年度は2014年4月1日，2014年度は2015年4月1日のものである。

　＊＊　結果は次のウェブサイトにまとめられている。http://www.soumu.go.jp/menu_kyotsuu/important/70131.html

第Ⅰ部　理論編

　独立変数の第1は，財政力である。具体的には，各都道府県の前年度の財政力指数*を用いた。データの出所は，2013年度分までは総務省統計局『統計でみる都道府県のすがた』（各年版），2014年度分は総務省『地方公共団体の主要財政指標一覧』**を用いた。第2は，支援元の自治体から被災地までの距離である。国土交通省国土地理院の算出による各県庁間の距離をデータとして利用した***。

　　＊　財政力指数とは基準財政収入額を基準財政需要額で除して得た数値の過去3年間の平均値である。値が大きいほど財源の余裕が大きいことを示す。
　＊＊　URL は http://www.soumu.go.jp/iken/shihyo_ichiran.html
＊＊＊　URL は http://www.gsi.go.jp/KOKUJYOHO/kenchokan.html
　　　なお，震災の規模の大きさ故，被災3県に近い県も被害にあっており，ある程度距離が離れた地域のみが，支援が可能だったとも考えられる。そこで，距離との関係がU字型となっているかを確認するため距離の二乗項も用意したが，統計的に有意な関係を持つことはなかったので，結局，それは以降の分析には用いなかった。

　第3は，支援形態の集中性である。それぞれの都道府県が，特定の被災自治体に支援を集中させているか否かを，次のように測定した。各都道府県の被災3県および各県内市町村への派遣者数のうち最大の派遣者数を，派遣者数合計で除した。したがって，例えば被災3県のいずれかの県庁にのみ職員を派遣している場合は，この指標は1となり，被災3県の県庁および県内市町村の合計6つの派遣先にそれぞれ同人数の職員を派遣している場合は，この指標は0.166…となる。
　第4は，被災地側から見た依存の程度である。具体的には，例えば岩手県がある年度に100人の支援者を全国から受けているとして，そのうちの20人が東京都から派遣されているのならば，岩手県の東京都への依存の指標は0.2となる。以上の変数の記述統計については，**表2-2**にまとめた。

（3）分析結果：支援形態による効果の数量化
　それでは，重回帰分析によって，仮説の検証を行おう。推定にあたっては，時系列・クロスセクションデータであることから，パネル修正標準誤差を用いた。

第2章 協力的ガバナンスの諸形態とその選択

表 2-2 変数の記述統計

変　数	観測数	平　均	標準偏差	最小値	最大値
岩手県への派遣	188	3.377	5.382	0	27
岩手県内市町村への派遣	188	2.5	14.811	0	141
宮城県への派遣	188	5.101	5.492	0	40
宮城県内市町村への派遣	188	5.313	27.317	0	246
福島県への派遣	188	4.202	4.408	0	22
福島県内市町村への派遣	188	1.010	5.330	0	48
被災3県およびその市町村への派遣合計	188	21.505	31.928	0	246
被災3県への派遣合計	188	12.680	10.789	0	80
特定の程度	185	.653	.223	.215	1
岩手県への派遣の占有率	188	.021	.034	0	.188
岩手県内市町村への派遣の占有率	188	.021	.105	0	.792
宮城県への派遣の占有率	188	.021	.023	0	.176
宮城県内市町村への派遣の占有率	188	.023	.095	0	.713
福島県への派遣の占有率	188	.020	.021	0	.107
福島県内市町村への派遣の占有率	188	.021	.103	0	.75
財政力指数（前年度）	188	.470	.190	.221	1.162
3県への距離平均（100 km）	188	6.082	3.696	.762	18.430
岩手県への距離（100 km）	188	6.911	3.883	0	19.51
宮城県への距離（100 km）	188	5.901	3.715	0	18.217
福島県への距離（100 km）	188	5.433	3.590	0	17.564

（出典）　筆者作成。

　まず，従属変数である被災3県への全国の都道府県からの支援状況について，確認をしておこう。岩手，宮城，福島各県庁が各都道府県から何人の職員の派遣を受けているかを，年度ごとに見たのが図2-1である。これを見ると，年度によって人数の増減がある程度見られること，10人以下の派遣を多くの都道府県が行っていること，それ以上の人数を送り込んでいるところも若干存在していることが見て分かる。3県を比較すると，当初は宮城県に多くの支援が送られていたが，2013年度以降は，むしろ福島県への派遣者が多くなっていることが分かる。

　次に，派遣元の都道府県ごとの特徴を見るために，横軸に4年度間の派遣者

第Ⅰ部 理論編

図2-1 被災3県への各都道府県の派遣者数

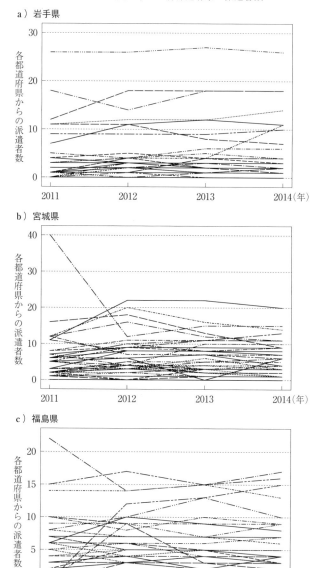

a) 岩手県

b) 宮城県

c) 福島県

(出典) 筆者作成。

図2-2 各都道府県の派遣の程度と派遣先の特定の程度

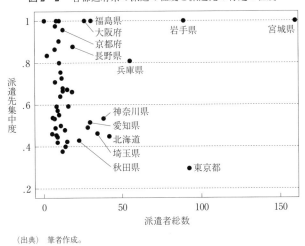

(出典) 筆者作成。

総数の平均値，縦軸に特定の派遣先への集中度を取った図2-2を作成した。ここからは5つのグループが存在していることが分かる。第1に，被災3県は県内市町村への支援に集中している。とりわけ岩手県と宮城県は，多くの職員を県内市町村に派遣している。第2に，東京都は，最も多くの派遣者を，3県およびその県内市町村に満遍なく送り込んでいる。これ以外にも，北海道，神奈川県，埼玉県，秋田県，愛知県といったところは，派遣者数は東京におよばないものの，比較的多くの派遣者を満遍なく送っているという意味で類似した位置にある。第3に，兵庫県と大阪府は，派遣者数が多いにもかかわらず，特定の対象先に（具体的には大阪府は岩手県へ，兵庫県は宮城県へ）絞り込んでいるという点で特徴的である。関西広域連合がカウンターパート方式を取ったためである。第4に，派遣者数が少ないがゆえに，特定の被災地に絞り込みを行った府県がある。他方で第5に，派遣者数は少ないが，それをさらに被災地各県に満遍なく送っている県も多く存在する。

　それでは，このような東日本大震災時の自治体間連携のあり方の違いは，どのような要因によって説明できるのであろうか。まず，被災地全体への派遣者数から見ていこう。回帰分析の結果を図示したものが図2-3である*。第1に，自治体間支援の程度を大きく左右するのは，派遣元の財政力である。財政

第Ⅰ部 理論編

図 2-3 派遣者総数の重回帰分析結果

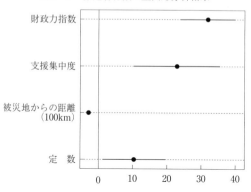

(注) 点が係数の推定値。そこから延びる棒は95％信頼区間。
(出典) 筆者作成。

力指数がおよそ0.2（およそ1標準偏差）高い自治体はそうでない自治体に比べて、あるいは同じ自治体でもその年度に財政力指数が0.2上昇すれば、およそ6人派遣する人数が多いと推定される。第2に、特定の被災地に集中的に支援を行う自治体は、そうでない自治体に比べて（あるいは同一自治体であっても、集中度を高めた自治体は）、より多くの支援を行うと推定される。集中度が0.2（およそ1標準偏差）高まることで、およそ5人の派遣者の増大が見られる。第3に、これも仮説通り、被災地から遠くなるほど、支援の程度が少なくなることは事実である。360km（およそ1標準偏差）被災地から遠いことは、派遣者数を7人減少させる。第4に、時間の経過とともに支援が減少するということは見られないことも分かる。

＊ Nは139。R二乗は0.164。ワルドχ二乗値は1046.9である。

この第4の点に関して、そうは言っても、長期にわたり支援を持続するのは容易ならざることであり、次第に支援の状況に変化が生じているということはないのかを確認するため、次に、年ごとに、財政力指数と距離がどのように派遣者総数に影響しているかを推定した（結果は図2-4）。すると、県内市町村も含めての推定では、2011年のみ財政力指数が正の影響を持ち、距離が統計的に有意な関係を持っていない。これが2012年以降は、財政力指数は影響を持た

図2-4 年度別派遣者総数の規定要因

a) 県庁および県内市町村への派遣者数

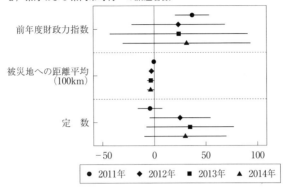

b) 県庁への派遣者数

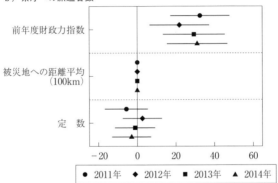

（注）点が係数の推定値。そこから延びる棒は95％信頼区間。
（出典）筆者作成。

なくなり，距離が負の影響を持つようになる。これは，2012年以降は，宮城県と岩手県において，県内市町村への派遣を県が大量に行えるようになったことを反映しているものと考えられる。県庁への支援だけに限定するならば，2012年度以降も引き続き，財政力指数が高くなければ多くの支援を行い得ないということには変化が見られないからである。同時に，県庁への支援は距離に関わりなく行われているという傾向にも違いは見られない*。

＊ さらに，被災３県およびそれらの県内市町村ごとに分割して分析すると，財政力や被災県への距離は統計的に有意な関係を持つことはなく，また，時系列的なトレ

ンドも特には見い出せない。唯一統計的に有意な関係を持つのは、当該年度の前年の支援者数の中でのシェアである。このことは、支援者数には強い慣性が働くということを意味している。ただし、分割すると観測数が十分ではないため、確たることは言えない。

5 協力的ガバナンスの検討課題

(1) 自治体間連携を深めるために

　本章では、災害時の自治体間連携について、それを見る視点と、東日本大震災における都道府県レベルの支援の実態について検討してきた。災害時の自治体間連携においても、ボトムアップ、トップダウン、ネットワーク型の3つの調整形態を考えることができるが、日本ではボトムアップ中心のアプローチを取ってきた。しかしながら東日本大震災においては、被災地からの支援要請を事前協定先に出すというこれまで用意されてきた方法が使えず、マッチング問題が発生した。支援の実態を分析すると、基本的には財政力があるところが多くの職員を送りつつも、1つの支援自治体が特定の被災地自治体に集中する形で支援を行うことは、より強いコミットメントをもたらし、支援の持続性をもたらしている。以上が本章の知見である。

　こうした作業を通じて、今後、災害時の自治体間連携について考える上で、検討が必要な課題を4点、抽出できる。

　第1に、自治体間連携の諸形態のメリット・デメリットを考える前段階として、自治体間連携以外の災害対応の形態との分業について、明らかにしておく必要がある。それは一つには、個々の自治体が自分自身で行う災害救助、応急対応、復旧、復興作業である。もう一つは、民間の企業やNPO/NGOやボランティアなど広義のサードセクターとの分業である。もともと、伊勢湾台風の経験から生まれた戦後の災害対策基本法体制においては、被災した人々を助ける主体として基礎自治体が想定され、一つひとつの自治体が災害に備えるという発想が強かった。これが阪神・淡路以後、徐々に、相互支援を強化する方向に転換してきたのである。より積極的にこうした方向を強化するならば、例え

ば，様々な災害向け備蓄などについても，共同化していくことが考えられるだろう*。他方，民間企業やサードセクターとの連携のためには，日常的にこれらとの協働の経験を積み重ねることが重要であるとともに，災害対応における情報収集などの業務を標準化し，外部からの可視性を高めることが必要になる(越山，2005)。こうした課題は，自治体の業務遂行のあり方が，それぞれの組織固有の文脈的知識を必要とする形態となっていることについて，その功罪を考えていくことにもつながっていくであろう(曽我，2013)。

> * もう少し言うならば，他の自治体の支援をあてにできるのであれば，そして費用を支援自治体が負担するのであれば，自らは災害に備えないということを選ぶ自治体が出てくるだろう。いざ災害が起こったときに，そうした自治体だけを支援しないということは難しい。相互支援を重視することが，単体での災害への備えを損ねる可能性も視野に入れた上で，今後の相互支援のあり方が検討されるべきである。

第2に，相互応援協定を結ぶ際，多様な条件を想定しておくことが重要である。ここでは，相手方に対する信頼性が一方では必要となる。信頼関係は一朝一夕にして構築されるものではなく，日常的な関係が必要となる。職員交流や相互派遣に加え，普段からの住民を含めた交流の深さこそが，非常時に生きる(山田，2012)。こうした交流は隣接した自治体の間で多く生まれる。したがって，災害援助協定が近隣の市区町村同士によるものが大半であることは不思議ではない。しかし，広域災害の場合，近隣の自治体と協定を結んだのでは，自分を助けてくれるはずのパートナーもまた被災していることが多い。こうした場合にはある程度距離が離れたところに立地している自治体が頼りである。ところが，そこには普段から築き上げてきた信頼関係は存在しない。信頼関係とバックアップという2つの相互支援に対する要請は，両立しがたいのである。

こうしたトレードオフを乗り越えるために，姉妹都市同士など，災害対応とは別の理由に基づく自治体間連携を生かしていくことは，1つの方策ではある。しかしそこで災害時の相互援助が明確に意識されない限り，支援はアドホックなものとなり，十分な成果を期待できるかは心許ない。また，姉妹都市としては適切なパートナーであっても，物理的な距離や自治体の規模などの観点から，

災害援助のパートナーとしては不十分なこともあろう。姉妹都市を中核としつつ、それ以外も含めて、距離の離れた相互援助のパートナーづくりが課題なのである。

（2）現実を見据えた自治体間連携へ

第3に、金銭負担の所在を明確化する必要がある。大規模な災害を前にして、できるだけの支援をしたいというのは人情だとしても、そこには費用負担が伴うこともまた不可避である。こうした事態を前にして、金銭の話をしている場合ではないという主張は心情的には分からないではない。しかし、あるいはだからこそ、費用負担の仕組みを整えておくことは重要である。自治体における財政である以上、そこにはアカウンタビリティが伴わなければならない。緊急時ということで、首長の判断で支援並びにその費用負担も決定されることがこれまでの実態だったが、やはりそこにも住民の同意がある方が望ましい。自治体スクラム支援会議を結んだ自治体では、相互支援の場合の費用負担について、条例で定めていくことが模索されているという（井口、2012）。こうした例は一つのあり得る方向であろう*。

> * 陸前高田市を「丸ごと支援」している名古屋市では、発災後約1年間の支援費用の総計は4億5000万円に達するという。職員派遣を通じて、震災対応を実地で学ぶという効果を狙っているという。「税金をつぎ込むには、市民の理解が大前提」（市総合調整室）という考えから、市では、丸ごと支援の賛否を問うモニターアンケートの実施や、市民報告会において、修学旅行に行けなかった陸前高田市の中学生を名古屋市に招待する事業、被災企業を支える産業支援プロジェクトの紹介を行っているという（『河北新報』2012年3月26日）。

さらに言えば、一つの自治体を超えるような自然災害において生じる費用については、そうしたリスクに対する保険を用意しておくという発想が必要になる。そこでは、自治体の共同基金の創設、中央政府による負担、それぞれの自治体が民間保険を利用することなど様々な選択肢を考えることができる。自治体財政が緊縮化していく中で、財政運営全般に対して発生し得るリスクに対して、どのように保険機能を持たせるかという点で、地方交付税のあり方全体の

見直しにも結びつく課題がそこには提示されている。

　最後に第4に，自主的な支援の多くは，広く薄い支援に終わったが，それは少なくとも，応急を終えた段階では，再整理されるべきである。東日本大震災の際，各自治体は懸命に幅広い支援活動を行った。多くの被災地が存在しているとき，できるだけ多くのところに手をさしのべようとするのは当然でもある。それぞれの支援自治体がそのように考えた結果は，1つの受け入れ自治体に数十の自治体から派遣された職員が存在しつつ，それぞれの支援自治体からはやはり複数の，とりわけ政令市のような大規模自治体であれば十を超える自治体への派遣を行うという状態である。

　確かに，支援を必要としているところが支援を受けられないことより，重複が生じている状態の方が，災害の救援とりわけ人命救助を行うような局面においては望ましい。しかし，もう少し長期的な自治体職員の人的支援において，広く薄い派遣が折り重なる状態とは，それら派遣されてきた職員間に指揮命令系統は存在していないということでもある。こうした問題を解消するためにも，広く薄い支援をそれぞれの自治体が行うことの非効率性は改善すべきところがある。

　しかし同時に，特定型の支援には過剰なコミットメントと過度の依存をもたらす危険性もある。特定の自治体の支援を行うことは支援側にとっても，また特定の自治体からの支援のみを受けることは支援を受ける側にとっても，その関係を切り離しにくいものになる。そこでは，財政力があるところや，距離の近いところが支援を行うというロジックとは別のそれにしたがい，支援の量や期間が設定される。もちろんこれには，継続的な支援を可能にするという肯定的評価が与えられる面もあろうが，他方で，支援側の過剰な負担の上に成り立っている可能性も否定できない。支援の持続可能性という問題が指摘されていることについて，つとに触れてきたところであるが，真の持続可能性とは，どこかの過剰な負担の上に成り立つものではない。自治体間連携における特定型の功罪については，さらに慎重な検討が必要とされる。

第Ⅰ部　理論編

引用・参考文献

井口順司「災害対応における基礎自治体間による連携支援：自治体スクラム支援会議による取組」『都市政策研究（首都大学東京）』第6号，2012年，113-130頁。

河村和徳『東日本大震災と地方自治：復旧・復興における人々の意識と行政の課題』ぎょうせい，2014年。

越山健治「広域災害を視野に入れた連携体制の構築」（DRI調査研究レポート・第6巻）『地域社会の防災力の向上を目指した自治体の防災プログラム開発と普及』2005年。

阪本真由美・矢守克也「広域災害における自治体間の応援調整に関する研究：東日本大震災の経験より」『地域安全学会論文集』第18号，2012年，391-400頁。

曽我謙悟『行政学』有斐閣，2013年。

馬場健司・金振・青木一益「地域における広域連携の形成過程にみるアクターの役割：関西広域連合および東北のグランドデザイン形成のケーススタディ」電力中央研究所『研究報告：Y11035』2012年。

林信濃・渡部厚志・釣田いずみ・ロバート・デイビット・キップ・森秀行「災害に対するレジリアンス（対応力）再考：東日本大震災における自治体連携の活用」IGES Policy Report No.2012-01（日本語概要版）『持続可能な社会の構築に向けて：東日本大震災の経験から』2012年。

福本弘「災害時における自治体による被災地支援のあり方について：市区町村間災害時相互援助協定の有効性の検証から」政策研究大学院修士論文，2013年。

舩木伸江・河田惠昭・矢守克也「大規模災害時における都道府県の広域支援に関する研究：新潟県中越地震の事例から」『自然災害科学』第25巻第3号，2006年，329-349頁。

舩木伸江・河田惠昭・矢守克也「大規模災害時の相互支援の費用負担に関する研究：新潟県中越地震を事例に」『減災』第2巻，2007年，128-133頁。

本莊雄一・立木茂雄「東日本大震災における自治体間協力の「総合的な支援力」の検証：神戸市派遣職員の事例から」『地域安全学会論文集』第19号，2013年，1-10頁。

明治大学危機管理研究センター『防災・危機管理施策に関するアンケート調査』2012年。

山田浩久「自治体間の交流事業が災害救援活動に果たす役割」『山形大学紀要（人文科学）』第17巻第3号，2012年，71-90頁。

渡辺千明・岡田成幸「全国自治体による激震被災地への支援のあり方(1)　阪神淡路大震災における実態調査と要因分析」『自然災害科学』第23巻第1号，2004年，65-77頁。

第Ⅱ部

関西広域連合の対応分析

第3章

東日本大震災発生時における被災地支援
——カウンターパート方式採用と第一次派遣職員を中心に——

鶴谷将彦

1　はじめに：カウンターパート方式の支援とは

　2011年に発生した東日本大震災は，これまでの日本で類を見ない巨大災害であった。震災を象徴する言葉の一つに「想定外」（河村，2014，14頁）が挙げられたように，被災地では従来の防災計画上の想定をはるかに上回る規模の被害が発生した。発災直後から，広範囲に及んだ被災地への支援は全国的な関心事となり，国や都道府県，市町村，民間企業，ボランティア団体，個人など様々な立場から支援がなされることになる。一般的に，被災地への支援は時間の経過とともに変化する被災者のニーズに寄り添い，継続的になされる必要がある。とりわけ東日本大震災では，域外からの支援が大きな意味を持った。

　本章は，その特徴的な取り組みが評価された関西広域連合の支援*に焦点を当てることとする。東日本大震災における関西広域連合の支援に関する特徴は，関西広域連合を構成する大阪・兵庫・京都・滋賀・和歌山・徳島・鳥取の2府5県が，被災地の岩手・宮城・福島の3県を分担して支援した点にある。カウンターパート方式と呼ばれるこの支援方式は関西広域連合の存在感を示しており，2012年以降に発行された構成自治体の被災地支援の活動報告の中でも紹介されている。

　　＊　この動きは，2016年4月の熊本大地震等でも用いられただけでなく，様々な自治
　　　体間の連携に影響を与えたと言われる（『日本経済新聞』2016年4月19日夕刊参照）。

　学術の世界でもカウンターパート方式は紹介され，支援枠組みのユニークさや息の長い支援の実態は明らかにされてきている。しかし，カウンターパート

方式の形成過程や震災発生初期における被災地派遣の職員の実情などについては，あまり焦点が当てられていない*。

> ＊ 関西広域連合を構成する府県によって，震災支援の活動の記録がまとめられているが，本稿が注目する各府県の初期の支援体制構築は，ほとんど取り上げられていない。

そこで，本章は関西広域連合のカウンターパート方式による支援について，被災直後から約1週間に注目し，その特徴を明らかにすることを目的とする。具体的には，関西広域連合でのカウンターパート方式支援の採用決定過程と被災地における連絡所開設という2つの事例に注目し，関西広域連合による支援実態の整理・検証へとつなげたい。

なお，本章の構成は以下のとおりである。まず，第3節において，関西広域連合における「カウンターパート支援」の採用決定過程の分析を行う。続く，第4節においては関西広域連合の構成自治体が個別に実施していた支援活動と，被災3県（岩手・宮城・福島）の県庁所在地における現地事務所開設の経過について述べる。第5節では，分析を通じて明らかになった関西広域連合による支援の実態について言及する。

2　関西広域連合・首長レベルの取り組み：「カウンターパート支援」の採用決定過程

（1）「カウンターパート方式」支援への着想：東日本大震災発生直後の応急対応（初動期）における関西広域連合

2011年3月11日（金曜日）14時46分，東北地方太平洋沖地震が発生した。その規模がマグニチュード9.0に達することは後に判明するが，この時点では被災地から遠隔地にある関西広域連合構成自治体の職員には知る由もなかった。

震災発生時，関西広域連合構成府県職員のほとんどは在庁中であった。各府県庁内の災害対応部局は担当職員を参集させ，組織的な情報収集と関係部局との連絡・調整を行った。

発災時の関西広域連合構成自治体内における対応は大きく2つに分かれる。大阪府・和歌山県・徳島県などの沿岸部が太平洋に面し津波による被害が想定される府県では，気象庁から発せられていた津波警報を受けて，東日本に関する災害情報の収集に加えて津波対策の実施にもエネルギーを注いだ。他方で，淡路島南岸を除いて沿岸部が太平洋に面していない兵庫県は，震災発生時から東日本に関する災害情報の収集に注力した。兵庫県は，1995年に発生した阪神・淡路大震災における苦い経験と，その際に全国から受けた支援への恩返しという意識が広く浸透しているため，速やかに情報収集に取り掛かる土壌が醸成されてもいた。加えて，兵庫県は関西広域連合において「広域防災局」の役割を担っており，震災の規模と範囲をも考慮して，関西広域連合としてどのような支援が可能か，兵庫県庁内で検討を始めた*。

* 関西広域連合における兵庫県関係職員へのインタビュー（2015年1月15日実施）に基づく。

　関西広域連合を通じての支援にあたり，まず兵庫県が検討した項目は，関西広域連合から支援を実施する際の具体的な仕組みについてであった。井戸敏三兵庫県知事と県幹部，そして数名の防災担当職員は，震災発生直後から被災3県に被災地にむけた支援の方式について具体的なアイディアの検討を開始した*。中でも井戸知事は，2008年5月の中華人民共和国・四川省大地震の際に実施された「対口（たいこう）支援」が被災地支援のモデルにならないかと県幹部に対して発言し，積極的なイニシアティブを発揮した**。

* 関西広域連合における兵庫県関係職員へのインタビュー（2015年1月15日実施）に基づく。
** 関西広域連合における兵庫県関係職員へのインタビュー（2015年1月15日実施）に基づく。

　対口支援とは，広範囲におよぶ被災地域への支援を中央政府（国）が国内の大都市や省などの地方自治体に，被災地および周辺地域の支援に関する役割を割り振り，被災地支援対応を命令するものである。四川省大地震の際，兵庫県はテントなどの物資に加え県庁職員を現地に派遣していた経緯もあり，大地震

発生後の数年間にわたり，災害研修や視察などを通じて職員の相互交流を活発化させていた。

したがって，井戸知事をはじめとする県幹部にとって対口支援は，自然と目が向けられる選択肢の一つであった。ただ，井戸知事は，国の中央集権的な命令に基づく対口支援は，日本にはなじまないとの認識を持っていた。そのため，井戸知事は，対口支援に代わる名称や被災地支援の具体的な方法を検討するよう，県幹部や防災担当職員に対して強く指示を出し，のちに「カウンターパート方式」と呼ばれる，関西広域連合の機能を生かした支援策の策定にあたった。

井戸知事と県幹部，そして防災担当職員が特に懸念していたのは，未曾有の大災害を前に，発足して間もない関西広域連合＊が東日本大震災の被災地への支援のプラットフォームとして機能するかという点であった。そこで，兵庫県は，支援策の有効性に加えて，可能な限り他府県の理解を迅速に得られる内容での支援策を策定する必要から「対口支援」をモデルとした枠組みづくりへと進んでいった。

＊ 2010年12月に発足した関西広域連合にとって，この時期では，存在意義が問われていたという（『日本経済新聞』2011年5月31日朝刊参照）。

（2）東日本大震災発生以降の応急対応期（初動期）における関西広域連合と「カウンターパート方式」支援に関する採用決定過程

関西広域連合による被災地への支援の必要性が，初めて公の場で初めて語られたのは，兵庫県災害対策本部設置直後の3月12日（土曜日）午前10時におこなわれた会議であった。この会議で配布された資料の確認事項の中に「関西広域連合としての対応」という表記があり，何らかの支援策を検討する必要があった。しかし，震災発生後，僅か1日ということもあり，関西広域連合で具体的に何かを行うというような動きはほとんど見られなかった。

具体的に関西広域連合としての被災地支援の方式が議論され始めたのは，震災発生から2日経った3月13日（日曜日）の朝であった。井戸兵庫県知事と山田啓二京都府知事ら複数の知事間による電話会談の中で，関西広域連合として対応するために，知事同士の集まりが必要であるとの認識で一致したのである＊。

しかし，翌14日は月曜日ということもあり，公務で多忙な各知事を招集することは困難であった。そのため，公務が比較的少ない13日夕方に招集することのほうが容易と判断し，13日昼前頃までに，関西広域連合の連合長でもある井戸知事が同連合緊急会議の招集を各府県知事へ要請した。

* 『朝日新聞』2011年4月15日付朝刊参照。

会場は，神戸市と決まった。井戸知事は，緊急会議招集決定直後，関西広域連合広域防災局担当職員（兵庫県職員）に対して緊急会議で提案する被災地支援の原案について，検討するように命じた*。原案の策定においては，先述した四川省大地震における対口支援方式をモデルとし，関西広域連合のそれぞれの構成自治体が東北被災6県をそれぞれ一組ずつになって支援する「一対一」対応が盛り込まれた。この，カウンターパート方式と名付けられた支援策について井戸知事と関西広域連合広域防災局などで最終原案を確認したのは，会議開催直前の13日15時頃であったという**。

* 関西広域連合における兵庫県関係職員へのインタビュー（2015年2月16日実施）に基づく。
** 関西広域連合における兵庫県関係職員へのインタビュー（2015年2月12日実施）に基づく。

13日16時，関西広域連合緊急委員会は始まった*。緊急の招集にもかかわらず，関西広域連合構成府県のほとんどの府県知事が参加する形で開催された。会議は，情報がいまだ錯綜している点を踏まえ，被害状況の確認から行われた。会議の参加者達は死者・行方不明者多数という被災地からの報告を受け，被災地には食糧・水・毛布の支援が必要であるとの状況が説明された**。

* 『日本経済新聞』2011年4月28日朝刊参照。
** 関西広域連合における兵庫県関係職員へのインタビュー（2015年2月16日実施）に基づく。

会議を通じて，関西広域連合として被災地に対して何らかの支援が必要であるとの認識が各府県知事の間で共有されたが，報道を通じた情報収集では被災

地のニーズを十分にくみ取ることは困難であると判断し，連絡職員の派遣を検討することとなる。そして，関西広域連合広域防災局は原案としてカウンターパート方式を提示した。広域防災局担当職員の説明の後，関西広域連合の副連合長を務める仁坂吉伸和歌山県知事と山田京都府知事ら，複数の府県知事から，原案にある「一対一」対応による被災地支援は，人的物的資源が集中的に投下されず，分散しているように見えるとの発言があった。そこで，被害が集中している太平洋側の岩手県・宮城県・福島県の3県に支援の重点を置き，関西広域連合を構成する複数の府県が相互に連携して支援を行う「ダブルキャスト方式」の提案が行われた*。

　　＊　関西広域連合における兵庫県関係職員へのインタビュー（2015年2月16日実施）に基づく。

　最終的に連合長である井戸知事が，広域防災局原案の各府県が個別に東北6県を支援するカウンターパート方式から，被害の大きい岩手県・宮城県・福島県を複数の府県が支援するダブルキャスト方式に変更する案をまとめ，出席していた各府知事らの賛同を得た。具体的には，岩手県を大阪府と和歌山県が，宮城県を兵庫県と鳥取県と徳島県が，福島県を滋賀県と京都府が支援する組み合わせとなり，会議終了後，「東北地方太平洋沖地震支援対策にかかる関西広域連合からの緊急声明」を通じて公表された*。

　　＊　関西広域連合における兵庫県関係職員へのインタビュー（2015年2月12日実施）に基づく。

　終了後の記者会見では，井戸知事から「各被災県に関西広域連合の現地連絡所を開設し，被災地のニーズを的確に把握し情報を広域連合に集約することにより，以後の支援内容について協議の上，構成府県で効果的な支援を行う。」との説明があった。現地連絡事務所に派遣する職員の指揮命令系統についても「一元的に関西広域連合の指揮命令系統に入る。各府県との連絡調整もあり，2つの身分を持っていただくことになる。」と述べ，関西広域連合の指揮命令系統のもとに各府県から派遣された職員が帰属することが表明された*。また，

それに並行して各府県庁では，現地連絡事務所に派遣される職員の選定作業が始まった。次節では，派遣職員の現地での受け皿となる現地連絡事務所の開設にかかる過程を，府県ごとの対応に注目しながら追っていく。

* 関西広域連合における兵庫県関係職員へのインタビュー（2015年2月16日実施）に基づく。

3 各自治体における初動対応と現地における事務所開設

関西広域連合による岩手県・宮城県・福島県への支援は，兵庫県・鳥取県・徳島県，大阪府・和歌山県，京都府・滋賀県の3チームで行われた。ここからは各チームの対応について，順を追って説明する。

（1）関西広域連合による被災地派遣職員の流れ：兵庫県・鳥取県・徳島県の取り組み

被災地で現地連絡事務所を最初に設置したのは，兵庫県*であった。兵庫県職員の東日本大震災に対する意識は，幹部職員から一般職員に至るまで非常に高く，職員間の調整も行いながら能動的に動いていたと言える。

* 兵庫県の動きの主なものについては，第1次派遣職員のヒアリング（2016年9月実施），兵庫県庁対策本部の職員（当時）および関西広域連合兵庫県担当職員（当時）等からのヒアリング（2015年1月実施）を基に作成した。

まず，触れておきたいのは兵庫県庁における能動的な情報収集活動である。兵庫県庁災害対策本部は，発災直後の3月11日（金曜日）15時過ぎに立ち上がり，兵庫県内の被害状況を確認するも，県内に目立った被害はほとんどなかったため，すぐさま職員の目を東日本に向けた。ある幹部職員は，報道内容から宮城県の被害が最も大きいと判断し，11日夕方から，宮城県庁に対して断続的に電話で直接連絡した。担当した兵庫県職員は，「宮城県庁の職員は，当初から混乱しているように感じた。また，東北人は遠慮深いという気質が影響してか，兵庫県への支援の要請はほとんどなかった。」と，当時のことを振り返る*。

第Ⅱ部　関西広域連合の対応分析

＊　兵庫県災害対策本部職員幹部へのインタビュー（2015年2月12日実施）と当時のメモを基にした資料に基づく。

　兵庫県は宮城県に対してある程度の土地勘を有していた。2008年に発生した宮城内陸地震への支援活動を行い，井戸知事自身も自治官僚時代に地方課長，財政課長として宮城県へ出向していた。これらの経験に客観的な情勢判断と阪神・淡路大震災の被災経験を踏まえて，被災地支援物資のためのトラック派遣を決定，支援物資の積み込み作業の開始をすぐさま決断した＊。支援物資の積み込み作業は，11日の夕方から始まり，翌12日（土曜日）と13日（日曜日）からは，兵庫県消防学校（三木市）内にあった災害用備蓄物資の積み込み作業を本格化させた。最終的に支援物資の被災地派遣トラックへの積み込み作業が終わったのは，13日正午頃である。宮城県に派遣される県職員と支援物資を乗せたトラックは同日14時頃に三木市を出発した＊＊。

＊　関西広域連合における兵庫県関係職員へのインタビュー（2015年1月15日実施）に基づく。

＊＊　『朝日新聞』2011年3月13日兵庫版朝刊参照。

　ここで特に強調しておきたいのは，兵庫県による被災地支援は関西広域連合において東北支援が決定される2日前の11日に決定されており，関西広域連合としての決定がなされた13日夜の時点では，既に支援物資と県庁職員を乗せたトラックが宮城県に向かって移動していたという，兵庫県の初動対応の早さである。そこには，阪神・淡路大震災の際に全国から受けた支援を返したいという共通認識が，兵庫県庁内に広く醸成されていたことも大きく作用していた。
　宮城県庁に派遣された兵庫県の職員の第1陣は，県庁勤務のベテラン職員と若手職員のそれぞれ1名で構成された。宮城県までの移動ルートとしては，津波と地震による被害の大きい太平洋岸の高速道路ではなく，地震被害が比較的少ないと想定されていた日本海側の高速道路を選択して進んでいった。移動経過は，緊急車両ということもありスムーズに進んでいき，支援物資とともに翌14日（月曜日）朝には宮城県庁に到着，午前9時に現地連絡事務所を立ち上げ

た。この時点で，宮城県庁に到着していたのは兵庫県のみで，すぐさま支援のプラットフォームたる関西広域連合と宮城県との間の連絡業務を担うこととなった。

次に，関西広域連合において兵庫県とともに宮城県支援を担当することとなった鳥取県と徳島県の初動対応について述べる。鳥取県*から被災地への派遣職員となったうちの1人が，発災時，兵庫県・人と防災未来センターが自治体職員向けに兵庫県公館（神戸市）で開催した「東南海・南海地震等に関する連携プロジェクト研究成果発表会」に出席していた。しかし，地震による揺れを受けて発表会は中止となり，鳥取県防災局より速やかに帰庁するように指示があり，鳥取県へとすぐさま舞い戻った。当時，鳥取県は沿岸部に津波警報・注意報が発令されており，津波への備えと東日本の被災地の情報収集が指示された。3月11日22時からは知事や関係機関が一堂に会する，東北地方太平洋沖地震対策会議が招集され，それらの準備に県庁職員はすぐさま取り掛かることとなった。

 * 鳥取県に関しては，第1陣被災地派遣職員による当時の行動に関するメモ資料を基に作成した。

鳥取県は，先に紹介した兵庫県と同じく，支援物資を持った先遣隊を宮城県庁へ向けて出発させ，先遣隊を通じて被災地での被災状況に関する情報収集を既に開始していた。そして，3月13日（日曜日）に招集された関西広域連合緊急会議において，現地連絡事務所を設置することが決定したため，県庁防災局内で派遣人員の人選が始まり，ともに宮城県支援を担当することとなった兵庫県庁と徳島県庁とも連絡を取りながら，派遣人数や想定する職員の職位，具体的な出発時間などの調整を実施した。

派遣職員第1陣の編成については，被災地からの情報がほとんどなく，津波によって発生した福島第1原発事故に加えて，被災地では降雪が続いているような厳しい状況ということもあり，派遣する職員の人選は体力がある若手職員か，あるいは経験豊富なベテラン職員からの選択となった。具体的な人選は，県庁防災課長と防災監によって部局内で行われたが，被災地では突発的な事態

が生じる恐れもあることから，臨機応変な対応ができる職員が望まれた。さらに，被災した宮城県や関西広域連合から派遣される兵庫，徳島両県との調整業務も想定されることから，隊長（リーダー）となる職員は，災害経験もあり，自治体内の仕事もよく分かっているベテランを選定することとした。一方で，サブとなる職員については，宮城県内の被災者の鳥取県での受け入れも将来的な検討課題になることも想定し，県庁内の部局間の調整役を担う政策担当の若手職員をペアとして付け，2名体制で宮城県災害対策本部に職員を派遣した*。

　＊『朝日新聞』2011年3月13日鳥取版朝刊参照。

　3月15日（火曜日）午前9時，鳥取県は，関西広域連合現地連絡所調整要員第1陣を編成し，防災担当者1名（リーダー），政策担当者1名，運転手2名の計4名を派遣した。鳥取県から宮城県までは，陸路での移動を選択したため経路上に福島第1原子力発電所や首都圏が位置する太平洋岸ではなく，新潟県から北上する日本海側ルートを選択した。15日（火曜日）夜遅くに，山形県天童市のホテルに到着し，情報収集のために先行していた先遣隊と合流，引き継ぎの後，同所に宿泊。翌16日（水曜日）午前9時に宮城県庁へ到着し，宮城県災害対策本部室において関西広域連合現地連絡所調整要員としての業務を開始した。

　一方，県の沿岸部がすべて太平洋に面している徳島県*では，東日本大震災発生時から翌12日（土曜日）までの間，気象庁から断続的に津波警報が発令されていたため，県庁の防災担当部局はすべて県内での津波対策に終始していた。このため，県庁危機管理部が関西広域連合を通じた支援活動に具体的に着手したのは，震災発生から2日経過した13日（日曜日）になってからだった。しかし，当初から徳島県は関西広域連合の先遣隊派遣を想定し，派遣人員の選定や出発準備を行っていった。派遣職員選定については，危機管理部の中からベテラン職員と中堅職員をそれぞれ2名選定した。ベテラン職員のうち1名は元自衛官であったため，災害復旧支援などに関する計画立案に長けており，13日夜から14日（月曜日）未明にかけて，被災地派遣の行動計画を策定した。ただ，このベテラン職員にとっては，徳島県から宮城県までの行程には懸念される事

項があった。まず，移動経路の選定であるが，宮城県までの長距離移動を想定し，東京までは徳島から就航しているフェリーを利用し，東京から陸路で宮城県を目指すことを計画した。また，東北地方の降雪地域での行動が想定される中で，徳島県には派遣車両に履かせるスタッドレスタイヤが備蓄されていないことも懸念事項となったが，こちらについては東京などの経路上の大都市幹線上の店舗でスタッドレスタイヤを確保し，宮城県に向かうこととした**。

* この徳島県被災地派遣の中身については，徳島県第1次被災地派遣職員などへのヒアリング（2016年9月27日実施）を基に作成した。
** 徳島県第1次被災地派遣職員へのインタビュー（2016年9月27日実施）に基づく。

ただ，この行動計画に基づく徳島県職員の一行も，いくつかの障害に悩まされた。まず3月14日（月曜日）時点で，東京行きのフェリーが運休していたことであった。フェリーでの移動は被災地派遣の職員に対する負担軽減を考えてのことであったが，結果的に陸路で徳島から宮城を目指すこととなった。しかし，この動きは思わぬところで誤算を生じた。緊急車両扱いの書類や表示を徳島県警などとの調整で得ていた先遣隊であるが，徳島県内や兵庫県内の高速道路の料金所で，料金所の職員から，高速道路における緊急車両の取り扱いをどのようにすべきか判断ができないと指摘を受け，約1時間程度の足止めを食らった*。さらに，懸念していたスタッドレスタイヤについても，3月14日の夜に，徳島県派遣部隊が宿泊した東京都八王子市周辺などにおいて，確保に半日以上時間を費やしてしまった。そのため，宮城県庁到着が東京を経由したのち，15日（火曜日）夕方となってしまった**。

* 徳島県第1陣被災地派遣職員へのインタビュー（2016年9月27日実施）に基づく。
** 到着日時に関しては，『朝日新聞』2011年4月11日徳島版朝刊参照。

最終的に，3月16日（水曜日）朝までに兵庫県・鳥取県・徳島県の3県からの派遣第1陣は宮城県庁に到着することができたが，現地での活動においては様々な課題が浮き彫りとなった。例えば，食糧調達一つとっても，被災地に極力負担をかけないよう，隣の山形県に向かうなどの配慮が必要となった。また，

情報収集についても，例えば，徳島県は元自衛官の県庁幹部を通じて被災地に広く展開している自衛隊からの情報収集を行うことができたが，それを各県が独自に収集した情報とともに共有することはなかった*。

* 徳島県第1陣被災地派遣職員へのインタビュー（2016年9月27日実施）に基づく。

このため，各県が対応できることについて，各県がバラバラに宮城県に提案するような状況が数日間続く。そこで，3月19日（土曜日）になって各県が持っている情報の共有や行動予定などを話し合う場を設けることとなった。宮城県側の要望に関し，関西広域連合広域防災局を担当する兵庫県が代表県として受け，それを3県で分担調整する流れができた*。

* 兵庫県および徳島県の第1陣被災地派遣職員へのインタビュー（2016年9月27日実施）に基づく。

（2）関西広域連合による被災地派遣職員第1陣の流れ：大阪・和歌山チーム

兵庫県・鳥取県・徳島県の3県に続き，被災地に現地連絡事務所を開設したのは，岩手県への支援を担当する大阪府*と和歌山県**であった。

* 大阪府に関しては，第1次被災地派遣職員および府庁内で第1次被災地派遣職員をサポートした職員数名のヒアリング（2014年7月実施）を基に作成した。
** 和歌山県に関しても，第1次被災地派遣職員及び県庁内で第1次被災地派遣職員をサポートした職員数名のヒアリング（2014年7月実施）を基に作成した。

大阪府では，3月13日に橋下徹知事から大阪府庁内の災害対策本部に対して，既に被災地に派遣している大阪府警察所属のヘリコプターについて，代替機を翌14日に八尾空港から出発させる際，同機に便乗する形で被災地に職員を派遣するようにとの指示が出された。また，岩手県支援をともに担うこととなった和歌山県とも調整を行った上で，人員を派遣することが合わせて指示された*。

* 関西広域連合に関係する大阪府職員へのインタビュー（2015年7月22日実施）に基づく。

他方，和歌山県では仁坂知事から，危機管理監に対して危機管理局の職員2

名を大阪府警のヘリコプターに便乗して岩手県へ派遣するようにとの指示がなされた。その移動手段は、大阪府が用意したヘリコプターを使用することとされたが、岩手県側からの支援ニーズについては、分かりかねている状況であるとの説明も合わせてなされた*。

> * 関西広域連合に関係する和歌山県職員へのインタビュー（2015年7月15日実施）に基づく。

大阪府・和歌山県は、橋下・仁坂両知事からの指示を受けて、派遣職員のリストアップを行った。大阪府の災害派遣職員は、被災地の詳細な状況や食糧事情、待機宿舎の確保に関する情報が確認できないため、危機管理の経験があり柔軟かつ臨機応変に対応ができるベテラン職員を選定することを心がけたという*。

> * 和歌山県災害対策本部の関係した職員へのインタビュー（2015年7月15日実施）に基づく。

和歌山県では、大阪府との派遣に関する調整を行った後、大阪府警ヘリに搭乗できる和歌山県の職員が2名から1名に変更されるなどの調整が行われ、合わせて大阪府の災害対策本部に職員を派遣し、調整にあたることとした。1名に減員された派遣要員については、和歌山県総合防災課からベテラン職員を1名派遣することとなった。しかし、派遣にあたっては翌14日（月曜日）午前に八尾空港から大阪府警のヘリが離陸するということもあり、食糧や防寒具などの装備を13日（日曜日）中に準備する必要があった。準備にあたっては、派遣先の被災地に極力負担をかけないよう、自己完結型の装備を準備することとなった。だが、日曜日ということもあり、和歌山県庁内には非常時に使用できる公金（現金）が十分に保管されておらず、さらに公金を出納するためには決裁が必要であった。したがって、被災地派遣者用装備の準備担当職員は、少額の現金を持ち寄り、足りない分は個人が立て替えるなどの対応をした*。更に、温暖な気候の和歌山県では寒冷地への長期派遣を想定した防寒具などの備蓄が全くなく、県庁職員が手分けして和歌山市内のホームセンターを回って必要な

防寒具などの装備を調達し，派遣職員の橋本市内の自宅へと送り届けた＊＊。
* 和歌山県災害対策本部の関係した職員へのインタビュー（2015年7月15日実施）に基づく。
** 和歌山県災害対策本部の関係した職員へのインタビュー（2015年7月15日実施）に基づく。

　翌14日早朝に，和歌山県第1陣派遣職員は，自宅のある橋本市を出発，和歌山県庁職員1名を伴って，南海電車と大阪市営地下鉄を乗り継ぎ，大阪府庁へと向かった。防寒具などを着込み，電車に乗り込む派遣職員の姿は異様な姿に見え，乗客からは冷たい視線が浴びせ掛けられたという＊。同日午前9時，大阪府と和歌山県からの派遣職員達は，大阪府庁内で橋下知事より被災地ニーズの把握と現地事務所の開設を行うことに関する訓示を受けた。訓示の中で，橋下知事は「可能な限りの支援を行う」と述べるとともに，「被災地の世話になるな」とも発言した。その後，大阪府職員5名と和歌山県職員1名は，10時30分頃に八尾空港より大阪府警ヘリで岩手県に向かった＊＊。途中，静岡県と福島県において燃料補給を行い，岩手県庁舎に隣接する岩手県警ヘリポートに大阪府警ヘリが到着したのは，16時30分であった。その後，17時には，現地連絡事務所を開設することができた。現地連絡事務所では，岩手県庁での災害対策本部会議に出席するとともに，災害対策本部や各支援担当部署から情報を収集し，被災地の支援ニーズと大阪府・和歌山県が支援可能な内容とのマッチングを行った。
* 和歌山県第1次被災地派遣職員へのインタビュー（2015年7月15日実施）に基づく。
** 『日本経済新聞』2011年3月15日朝刊参照。

　特に，人的支援では，担当する岩手県職員が不足していることに加えて，連日の作業で疲弊していることにより，支援物資が県内集積場から避難所に円滑に搬送されていないという情報を得て，物資集積所への大阪府と和歌山県の職員派遣を実現した。また，今後，岩手県への支援に来る職員のために，地元のホテルや不動産業者の協力を得て宿舎の確保にも力を注いだ＊。更に，被災者

受け入れのために大阪府と和歌山県が提供できる公営住宅や生活支援等の情報を岩手県に提供するなどの取り組みも進められたが，被災者の大部分は県内隣接地での避難希望が強く，被災者の即時受け入れには至らなかった＊＊。

* 大阪府第1次被災地派遣職へのインタビュー（2015年7月22日実施）に基づく。
** 大阪府および和歌山県の第1次被災地派遣職へのインタビュー（2015年7月15日，22日実施）に基づく。

（3）関西広域連合による被災地派遣職員第1陣の流れ：京都・滋賀チーム

京都府＊と滋賀県＊＊は，福島県への支援を担当することとなった。滋賀県庁には，嘉田由紀子知事から職員2名を京都府とともに福島県庁へ派遣すること，被災地派遣職員の選定と派遣に必要な装備の準備に関する指示がおこなわれた。また，京都府庁には山田知事から，滋賀県知事と同じ指示が出されたとともに，福島第1原発事故の発生に伴い，放射能に関する知識を有する職員派遣が指示され，滋賀県との調整に関する指示も出された。

* 京都府に関しては，第1次派遣職員数名からのヒアリング（2015年7月実施）を基に作成した。
** 滋賀県に関しても，第1次派遣職員数名からのヒアリング（2014年10月実施）を基に作成した。

京都府と滋賀県は，福島県への派遣方法について調整を行った結果，東北新幹線をはじめとした鉄道網が不通であることも踏まえ，自動車でそれぞれ移動する京都府と滋賀県の職員が新潟県庁において合流し，自動車によって福島県へ入るということになった。京都府と滋賀県の派遣職員の被災地支援準備が本格的に行われたのは，14日（月曜日）の午前であった。準備作業は，被災地派遣職員が，どの程度の食糧や燃料を持参すべきか判断できない状況において進められたため，半日程度の時間を要したが，被災地派遣職員が必要とする食糧・燃料の積み込み，そして京都府と滋賀県のトラック協会に協力を要請した救援物資運搬用トラックの手配と荷造りが行われた。

京都府と滋賀県が被災地派遣職員の出発式を終え，救援物資を積んだトラックが出発したのは，14日（月曜日）午後3時頃のことであった＊。一団は北陸

自動車道を経て，14日深夜には新潟市内に入った。深夜の到着であったため，新潟県庁での被災地における状況確認等は，翌日15日（水曜日）から開始することとした。

* 『朝日新聞』2011年3月15日京都版朝刊および滋賀版朝刊参照。

15日の朝，新潟県庁で合流した被災地派遣職員達は，福島県の状況の深刻さを目の当たりにし，新潟県からは福島県で実施している支援を中止し，撤退する対応を行っているとの連絡を受けた。新潟県の見解では，福島第1原発の事故が予想以上に大きく，被災地支援を今後行うことができる見通しが立たないということであった。このため，京都府と滋賀県から派遣された職員達は，福島県庁での連絡所開設を予定通り進めるかどうか，検討を始めた。京都府の派遣職員は，京都府庁との協議を通じて，福島第1原発事故の状況を重く見て，新潟県において待機させる旨の指示を出した。他方で，滋賀県は関西広域連合を通じた支援を貫徹することに重きを置いていたため，両者による調整の結果，進めるところまで福島県内を進むということで合意した。しかし，京都府と滋賀県のトラック協会とトラック運転手は，被災地の正確な状況が分からず，どこまで避難物資を運ぶのか分からない状況では被災地派遣職員と帯同できないとして福島県入りに反対した。このため，改めて被災地派遣職員との間での協議を進め，被害が比較的少ないと見られる福島県会津地域にある福島県の出先機関（会津合同庁舎）に向かうということで合意した*。

* 京都府および滋賀県の第1次被災地派遣職員へのインタビュー（2014年10月，2015年7月実施）に基づく。

新潟県庁を出発したのは昼過ぎであったが，高速道路は被災地派遣の緊急車両のみ通行が許されていたので，新潟県から福島県へは，渋滞なくスムーズに移動できた。しかし，福島県内に入り，高速道路から一般道に入ると，特に燃料を求めて人が殺到していたガソリンスタンド付近では渋滞が発生し，円滑な通行が不可能であったという。目的地であった福島県会津合同庁舎に着いたのは，15日夕方17時頃であった。ここで支援物資をトラックから下ろし，トラッ

クは京都府と滋賀県に戻る。その後，被災地派遣支援職員は，京都と滋賀の2台の自動車（滋賀はジープ1台）のみでの移動となる。最終目的地の福島県庁を目指すため，15日は会津で泊まり，翌日に向かった*。

* 京都府および滋賀県の第1次被災地派遣職員へのインタビュー（2014年10月，2015年7月実施）に基づく。

16日（水曜日）は，まず，京都・滋賀の被災地派遣職員が，午前9時30分に福島県会津合同庁舎内で現地連絡所を開設することから始まった。その後1名の連絡要員（京都府より派遣された職員）を常駐させ，残りの3名は滋賀県が用意したジープに乗り込み，福島県庁へ向かったのである。13時前に，同県庁へ到着し，到着後直ちに現地事務所開設を行った。

到着した福島県庁内は，福島第1原発の事故処理と想像を絶する被災状況への対応で，相当に混乱をしていた。そのような中で，関西広域連合が行える救援にどのようなニーズがあるのかについて，情報収集を開始した。しかし，福島県の対応は，被災状況の会議に，関西広域連合の席を設ける程度のことであり，それだけでは正確な状況をつかむことができなかった。このため，被災地における情報やニーズのくみ取りは，他都県から派遣されている地方自治体職員やマスコミ，さらにはトイレ休憩時の福島県庁職員，避難所などから入手する形となり，それぞれの派遣職員が，いわば「御用聞き」のような動きに全力を注いだ*。

* 京都府および滋賀県の第1次被災地派遣職員へのインタビュー（2014年10月，2015年7月実施）に基づく。

一方で，福島県庁から離れた浜通り地域（相馬市など）に向かう人員を，連絡所開設当初には割けなかったが，その後滋賀県の災害対策本部からの強い要請で，被災地における情報収集のために滋賀県職員を派遣することとなった*。

* 滋賀県の第1次被災地派遣職員へのインタビュー（2014年10月実施）に基づく。

4　結びにかえて：カウンターパート方式支援の可能性と課題

　本稿の目的は，東日本大震災発生直後から被災地支援を行い，注目を集めた関西広域連合のカウンターパート方式による支援について，被災直後から約1週間に注目しながら，特徴を明らかにすることである。そのために，「関西広域連合におけるカウンターパート方式支援の採用決定過程」と「被災地における連絡所開設」を事例として関西広域連合による支援の整理を試みた。本節では，いくつかの点を指摘して本稿の結びとしたい。

　まず，「関西広域連合におけるカウンターパート方式支援の採用決定過程について」から指摘できることを述べる。

　東日本大震災発生時，関西広域連合は，事前に被災地と協定を結ばない状況で支援を行った。そのため，平時から自治体間同士が連携をあらかじめ決めておく「カウンターパート方式支援」の採用ではない。しかし，複数の府県がチームを組み，被災地3県を関西広域連合の構成府県で分担して支援したことは災害発生直後の対応としては意味があり，事前から想定していた自治体間の協定等に基づかなくても，支援形態として有効であることを提示したと言える。

　ただ，この支援方式を可能にしたのは，関西広域連合の連合長と広域防災局による「被災地支援の枠組み」の提示と関西広域連合の構成府県の知事が，震災発生後約48時間程度で参集できたことにあると言えよう。

　次に「ダブルキャスト方式のカウンターパート方式支援」を採用した「被災地における連絡所開設」の一連の過程からどのようなことが言えるのかについて述べる。

　関西広域連合は各府県に支援先を割り当てた後の状況判断を各府県にほぼ任せた。東日本大震災発生後，約5日で被災3県に関西広域連合の連絡所を開設したが，このような迅速な対応は，未曾有の危機の状況で被災地の全体像がつかめない中，各府県の職員による的確な判断と行動に依存したものであった。

　ただ，今回の一連の流れの中で，いくつか指摘できることもあったのではないかと言える。

第1に，被災地における現地事務所開設の時間に各チーム間で違いがあった。現地事務所開設と第1陣の動きは兵庫県・鳥取県・徳島県チームが早く，京都府・滋賀県チームは，時間を要した。福島県は原発の事故に伴い，最後まで被災状況を的確につかみきれなかった状況を考えれば，京都・滋賀チームが遅れたことは理解可能であるが，より迅速な対応は可能であったと指摘できる。

第2に，各府県の第1陣派遣職員の被災地への派遣方法に違いがあった。兵庫県・徳島県・鳥取県チームは，兵庫の反射的な初期の行動は職員派遣と被災地支援物資の提供を決定し，陸路による職員派遣とトラックによる第1次物資支援を行った。また，兵庫県の動きと同様に鳥取県・徳島県も結果的に陸路で現地へ向かった。これと同様な考え方で行ったのは，京都府・滋賀県チームであり，ダブルキャスト方式が決定した後に陸路に同様の方式を採用した。一方，大阪・和歌山チームは，大阪府警のヘリによる職員派遣とトラックによる第1次支援物資を分離させる方式を採用している。

これは，派遣職員による，被災地県庁における関西広域連合の現地事務所開設をどれだけ優先させるのかの差によると言える。被災地派遣職員の職務内容に何を求めるのか，その点が違ったとも言える。

第3に，ダブルキャスト方式における府県間の調整と意思統一の方式が決められておらず，少なからぬ混乱が見られた。ダブルキャスト方式におけるチーム内府県の関係性と意思決定の不明確性は，3月13日（日曜日）の時点では，連合長の意向に従うと言いながら，実態は各府県の意思決定に委ねられていたことが大きいと言える。

例えば，3月13日夜に起こった大阪府・和歌山県チームの職員派遣人数の連絡に時間を要したことや3月15日（水曜日）に新潟県庁で起こった京都・滋賀チームの福島県へ入るかどうかの判断に時間を要した出来事からも言える。また，現地事務所開設が早く被災地派遣職員の到着に時間差のあった兵庫県・鳥取県・徳島県の間においても，当初は各県がそれぞれ宮城県から情報を入手するという方式であり，各県の調整に重要性を置いていたとは言えない。

[謝辞] 今回の論文執筆にあたり，2011年3月に関西広域連合による被災地支援の決定に関わられた兵庫県職員の方々を中心に，そして第1陣として被災地において関西広域連合の連絡所開設に尽力された各府県の被災地派遣職員の方々には，当時の状況を詳しくお聞きする機会を与えていただいた。また，それらの方々に対してインタビュー調査を行える環境を提供してくださったのは，関西広域連合および公益財団法人ひょうご震災記念21世紀研究機構の方々であった。ここに記して感謝申し上げる。そして，本稿の執筆，校正にあたっては稲澤宏行君（ワシントンDC日米協会講師）の協力を得た。ここに記して感謝の意を表す。もちろんではあるが，本稿にかかる文責は，すべて筆者にある。

引用・参考文献

大阪府『被災地の復興を願って——東日本大震災における大阪府の支援状況』大阪府，2013年。

河村和徳『東日本大震災と地方自治——復旧・復興における人々の意識と行政課題』ぎょうせい，2014年。

第4章
カウンターパート方式と府県の役割

北村 亘

1 はじめに：関西広域連合とカウンターパート方式

　本章は，2011年3月11日の東日本大震災直後に関西広域連合が打ち出した「カウンターパート方式」の名のもとで行われた被災地支援について考察する。関西広域連合の広域防災局を担った兵庫県と，構成県である滋賀県を比較することで，関西広域連合のカウンターパート方式がどのように機能したのかを明らかにする。

　2010年12月1日，関西広域連合は，大阪府，兵庫県，京都府，和歌山県，滋賀県に鳥取県と徳島県を加えた7府県で，防災，観光・文化振興，産業振興，医療，環境保全，資格試験・免許等，職員研修の7分野の事務を広域的に処理することを目的に発足した。しかし，2011年3月11日に発災した東日本大震災は，発足わずか3ヶ月余りの関西広域連合に大きな試練を与えた。東北地方や関東地方の太平洋沿岸部での地震や津波などによる壊滅的な被害をどのように支援すればいいのかという難題を関西広域連合に投げかけたのである。「地方分権の受け皿」を自負する関西広域連合が被災地への緊急支援体制を構築できるかどうかは，関西広域連合の命運を左右してしまう問題であった。

　本章は，大震災から6年が経過した現在，東日本における壊滅的な被害に際して広域連合やその構成府県がどのように支援を実施したのかということを明らかにする。その作業を通じて，カウンターパート方式と呼ばれる支援体制を有効にする条件について探究する。

　この分析で得られる知見は，1990年代から世界規模で生じている地方分権改革の中の「広域の地方政府（Second Tier of Local Government）」のあり方につ

いての改革につながっていく可能性を秘めている（Heinelt and Bertrana, 2011）。市町村間の水平的協力や大合併は、日本でも観察されたが、その後、ヨーロッパ諸国のような二層制の改革にはつながっていない。むしろ、2000年の地方分権一括法の施行の後、「市町村優先の原則」が一層勢いを持って浸透した結果、いかにして市町村を機能させるのかということに議論が集中し、都道府県の役割や都道府県と市町村の協力関係について十分議論されてこなかった。東日本大震災での広域支援における府県と市町村の関係の分析を通じて、これまで十分に論じられてこなかった府県と市町村の関係、ひいては地方自治制度のあり方全体を再設計する議論に貢献できるだろう。その際に、中央政府がどのように関与していくのかということも重要な論点となるに違いない。

2　カウンターパート方式の検証

（1）関西広域連合の始動と「カウンターパート方式」

2010年12月1日、関西広域連合は、大阪府、兵庫県、京都府、和歌山県、滋賀県に鳥取県と徳島県を加えた7府県で発足した。その後、2012年4月には大阪市と堺市、同年8月には京都市と神戸市が構成指定都市に加わり、さらに2015年12月には奈良県も構成団体となっている。

関西広域連合の仕組みを見てみると、執行機関である広域連合委員会の合議制で意思決定が行われ、構成団体が広域防災、広域観光、文化振興、広域産業振興、広域医療、広域環境保全、広域職員研修などをそれぞれ担うことになっている（図4-1参照）。具体的には、構成する府県の知事が各事務分野の「担当委員」として執行責任を担う（なお、4指定都市は副担当）。

関西広域連合の中で広域防災を担っているのは、1995年1月17日の阪神・淡路大震災とその壊滅的な被害から復興を経験した兵庫県である。兵庫県は当時の経験だけでなく、復興の中で研究機関の整備や職員の研修、ボランティア団体の育成などに熱心に取り組んできた経験があり、防災分野において有形無形の行政資源を有していた。それだけに、2011年3月11日の東日本大震災の発生以降の対応は迅速であった。

第 4 章　カウンターパート方式と府県の役割

図 4-1　関西広域連合の組織図

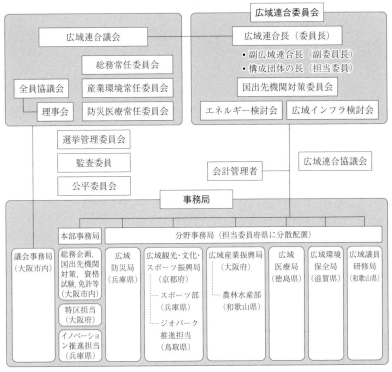

（出典）　関西広域連合ホームページ（URL: http://www.kouiki-kansai.jp/contents.php?id=53　2015年12月27日閲覧）。

　東日本大震災の発生からわずか 2 日後の2011年 3 月13日には，関西広域連合の広域連合長であり広域防災を担当する兵庫県の井戸敏三知事の強いイニシアティブのもと，「東北地方太平洋沖地震支援対策にかかる関西広域連合からの緊急声明」が発表され，当時の大阪府の橋下徹知事や滋賀県の嘉田由紀子知事たちの支持を得て，被災地支援の内容と方法が明らかにされる。関西広域連合として，支援物資の提供，応援要員の派遣，避難者の受け入れなどが打ち出される一方で，具体的な支援方法として構成府県を単位に被災各県を支援するという「カウンターパート方式」が打ち出された。被災地の 1 ヶ所だけに物資などが集中しないようにという配慮と，特定の支援団体だけに支援負担が集中しないようにという配慮がはたらいている。

81

東日本大震災で被災した岩手県，宮城県，福島県の東北3県への支援におけるカウンターパート方式では，岩手県には大阪府と和歌山県が，宮城県には兵庫県と徳島県，鳥取県が，そして，福島県には京都府と滋賀県が支援物資の提供や応援要員の派遣などの支援を行うということが決定された。

このように，基本的には，関西広域連合は戦略的に方向性を打ち出し，構成府県がそれぞれのカウンターパートとなる東北3県に対する支援の実施主体となって東日本大震災の被災地支援が行われた。

（2）カウンターパート方式の検証の意義と分析対象

関西広域連合を中心とした被災地支援について関西広域連合および兵庫県の自己評価は非常に高い＊。迅速性，支援内容，支援方法についての「成功物語」として語られることも多い。また，将来的には中央省庁の出先機関の権限の受け皿としての野心を隠すこともない。構成府県ごとに担当する被災県を決めて支援を行うというカウンターパート方式は，関西広域連合の評価を高めたシンボル的な存在と言っても過言ではない。

* ＊ 関西広域連合発足1年後に連合長名で出された「関西広域連合1年間の取組と今後の展開（平成23年12月1日）」には，「1年間を振り返ってみると，3月11日に発生した東日本大震災では，全国に先駆けてカウンターパート方式を決定し，いち早く現地のニーズに対応した被災地支援を行ってきました。支援活動で得られた成果や課題は，9月に発生した台風第12号災害の支援にも活かされました……」とある。

しかし，カウンターパート方式が機能したのかどうかは，実際に構成府県がどのように被災地支援を行ったのかということを分析しなければ論じられない。重要な点は，支援のための資材や実働部隊といったリソースは，広域自治体である府県よりも，基礎自治体である市町村に多く存在しているということである。それゆえ，この初期条件を考慮して府県と市町村がどのように協力して担当する被災県を支援したのかを明らかにすることなしに，関西広域連合のカウンターパート方式を語ることはできない。

今後も広域的な大災害の発生が予測される中で，これからもカウンターパー

ト方式を機能させるためには，東日本大震災直後の支援の際に構成府県がどのように活動したのかを明らかにしておくことが不可欠である。支援を行う上で，一体何が制約であったのか，どのような制約のもとで支援行政を遂行したのか，もう少し踏み込めば，どのようにして制約を乗り越えたのか，あるいは乗り越えられなかったのかということを東日本大震災の事例から明らかにしておく必要がある。

　繰り返しとなるが，広域支援を考えるときに重要な初期設定は，支援のための人的あるいは器材的なリソースは，府県ではなく市町村のイニシアティヴのもとにあるということである。つまり，実際に府県単位で被災地とペアリングがうまくできたとしても，市町村の協力を得なければ，府県主導の支援事業は不可能になると言っても過言ではない。言い換えれば，府県と市町村の協力関係なしに，府県単位で被災県を担当するという関西広域連合のカウンターパート方式は機能しない。

　本章は，関西広域連合の構成府県の府県と市町村との関係に着目して支援の実態を明らかにする。その際に，広域連合と構成府県との意思疎通のスムーズさを検証するために，広域防災を担当する兵庫県と，広域防災担当ではない府県として滋賀県に着目する。広域連合の構成府県の1つである兵庫県は，言うまでもなく阪神・淡路大震災を経験しており，防災意識も非常に高く関西広域連合を主導する県である。他方，滋賀県は，大きな災害から比較的無縁な地域である。

　兵庫県の成功物語だけからカウンターパート方式を評価することは難しい。広域防災の担当ではない構成県である滋賀県の被災地支援で一体何が生じていたのか明らかにした上で議論する必要があるだろう。

3　兵庫県と滋賀県での市町の支援活動

　カウンターパート方式が確定した後，どのように兵庫県と滋賀県はそれぞれの担当の宮城県と福島県へ支援活動を行ったのであろうか。兵庫県と滋賀県での被災地に対する支援を行う際の課題を検証する際に，大震災発生直後の情報

把握と初動体制の立ち上げ，関係機関からの支援要請と実際の支援先に分けて考察していく。

　国全体的な観点から，既に東日本大震災の発生に対して首相官邸がどのように措置を講じたのかということを，当時の首相官邸の当事者が回顧を行っている（福山，2012，8‐9頁；五百旗頭，2016）。また，遠隔地の地方自治体がどの程度被災地に職員を派遣したのかという全体像については，既に包括的な研究がある（稲継，2015）。

　ここで解明を目指すのは，関西広域連合の個々の構成府県でどのように対応したのかという点である。特に兵庫県と滋賀県に話を絞り，広域連合のカウンターパート方式のパフォーマンスを明らかにする。

（1）兵庫県
①初動体制の立ち上げ
　2011年3月の東日本大震災の発災の連絡を受けた直後から兵庫県の動きは，1995年1月の阪神・淡路大震災の経験を踏まえて特筆すべきものであった。第1に，兵庫県に，阪神・淡路大震災の際，静岡県の自己完結型の支援活動が記憶として残っていたことが重要であった。大規模災害を想定して準備していた静岡県の支援要員たちは，被災地であった兵庫県の手を煩わせることなく発災直後にすべき最低限の支援だけを自己完結的な形で行ったのである。「相手方に何が必要かと尋ねたくなるところだが，それをすることでどれだけ初動が遅れるのかということを阪神・淡路大震災では痛感した。それだけに静岡県の支援活動は余計にありがたく感じ，東日本大震災でも自己完結型で支援隊を結成すべきだと発災直後から思った」と，東日本大震災の支援活動を指揮した兵庫県の担当者のひとりは回顧している（2015年8月19日，兵庫県庁インタヴュー）。

　第2に，意味のある支援隊を結成するにあたって，県庁では発災直後から県下の市町との協働関係を形成することに細心の注意を払ってきたことを注目すべきである。行政実務的な観点から見ると，3月11日，発災の連絡を受けた県庁は，まず県下の市町に照会をかけ，県と市町を横断する派遣職員リストを作成した。阪神・淡路大震災の経験を踏まえて，支援を受けた経験や専門的な知

識を持つ市町の職員が重要であることを学んでいたため，職員の経歴や能力を踏まえたリストの作成を何よりも重視したのである。また，大震災経験職員と未経験の若年職員とのセット方式で長期派遣を行う方針も早々に固めた。リストの作成では県の市町振興課が大きな役割を果たした。

他方で，政治的にも市町に対して県は丁寧な対応を行っていた。3月18日から宮城県を訪問していた井戸敏三知事自ら，21日に市町の担当者を招集して現地の状況を報告し，改めて派遣要請をおこなった。「事務的な準備をする一方で，市町には政治レヴェルの対応をすることも必要だ」というのが当時の県庁の担当者の回顧である（2015年8月19日，兵庫県庁インタヴュー）。町村会長の事前の承諾も得て，零細な町レヴェルの協力の取りこぼしもないように細心の注意が払われていた。

2000年の地方分権一括法施行以後，全国で都道府県の意向を待つだけであった多くの市町村が自らの利益を「市町村優先の原則」の名のもとに声高に主張するようになっている。しかし，市町村レヴェルの狭域的な地方利益と都道府県レヴェルの広域的な地方利益は必ずしも合致するとは限らない。都道府県と市町村が対等な立場であることが地方自治法で明記されている以上，市町村の意向を都道府県の意向と重ねていくためには，県庁が調整のための政治的もしくは行政的なコストを払わなければならない。特に，被災地支援のように，給水車などの支援の実働部隊を持つのは市町村である以上，県庁としてはいかに市町村からの協力をスムーズに得られるのかどうかが鍵となる。

兵庫県は，支援側として2004年10月の新潟県中越地震のときに混乱していた新潟県庁での国と県下市町村との情報共有システムの構築に関与した経験を有しており，現地では欲張らずに，「アドヴァイスをするだけという意識」に徹することの重要性を理解していた。そこで，県の局長級3名（第3陣以降は課長級）を統括として，ロジスティック担当と避難所や現地事務所設営の担当のスタッフの役割配分を行うことなどの大枠を決め，指揮命令系統すべてが自己完結型の支援部隊が結成された。こうして，3月22日，先遣隊が宮城県に出発していった。

第3に注目すべきことは，兵庫県の支援方法を，関西広域連合の中でも徳島

県や鳥取県にも具体的に開示したことである。各県の市町振興課を通じて県と市町を通じた職員リストを作成し，支援協定や派遣方法についてのアドヴァイスを例示し，相談を受け付けたのである。しばしば都道府県間での手柄争いが発生するが，東日本大震災の支援については丁寧に功罪を明らかにしたわけである。ただ，ある県の担当者によれば，兵庫県のような職員リストの作成は「非常に難しく，県にも市町にも酷な条件だ」ということであった。

　このように，阪神・淡路大震災で兵庫県が経験したことが，まさに2011年の兵庫県の行動に大きな影響を及ぼしていたと言えよう。

②展　開

(a)関西広域連合の決定した支援先と他機関の支援依頼先

　3月13日，関西広域連合でペアとなる支援先が宮城県と決定すると同時に，兵庫県は素早く支援に着手する。まず，県の広域防災センターから防災局職員4名と仙台市の避難所支援にあたる保健師2名が情報収集のためにランドクルーザー2台で現地に向かう。翌日に彼らは宮城県庁に到着し，同県災害対策本部に関西広域連合・兵庫県宮城県庁現地連絡所を立ち上げ，災害対策本部会議に陪席して被災状況や現地での支援要望の把握などを行う。

　次いで，18日には井戸知事が兵庫県ボランティア先遣隊バスに同乗し，宮城県へ向け出発し，20日に兵庫県庁に戻った翌日，県庁と県下市町の代表が集まった兵庫県災害対策支援本部会議で，被災地の状況を自ら説明して，気仙沼市，南三陸町，石巻市（女川町，東松島町の支援を含む）の宮城県北部3市町に，現地支援本部を設置することを決定する。

　他方，関西広域連合以外の行政機関や団体からの支援要請も届く。給水車および水道職員の派遣については，日本水道協会本部と東北地方支部との協議で派遣地域と派遣内容について決められた結果，日本水道協会関西地方支部に属する兵庫県は，岩手県の給水を担当することになった。高砂市水道事業所が中心となった25市10町4企業団が，岩手県の陸前高田市，大船渡市，大槌町などの給水にあたることになった。また，厚生労働省からの要請に基づき，災害派遣医療チーム（DMAT）もいわて花巻空港を中心に広域搬送拠点での活動に従事している。

関西広域連合で兵庫県の支援先として決定した宮城県と，他の機関の要請に基づく支援先との乖離は，たまたま兵庫県としての支援能力の範囲内で収まったことから問題とならなかったが，カウンターパート方式として関西広域連合の決定した支援先の支援に専念しなければならない場合に，どのように支援先を調整するのかは大きな課題である。

(b)派遣枠組み作成での県市町振興課のイニシアティヴ

3月21日に宮城県北部沿岸市町現地支援本部の立ち上げを決定したあと，直ちに人選に着手していく。被災自治体の課題解決を支援する専門職員を「パッケージ」で被害が甚大と想定されていた北部沿岸に派遣することを決定したのは特筆すべきことである。つまり，県が県内市町への職員派遣協力を求める際，県内レヴェルでも「カウンターパート」方式を導入したのである。各市町の担当者の協力を得て，県の市町振興課のイニシアティヴのもとで，職員数の大きい中核市が3つの現地支援本部に恒常的に職員派遣し，阪神・淡路大震災等の被災経験市町が分散して職員派遣するというスキームが完成する。

県の市町振興課と各市町の担当者を中心に作成された職員名，緊急連絡先，震災経験の有無などを記した名簿をもとに，教育，ボランティア統括，避難所運営，保健・医療・福祉，仮設住宅，がれき処理などで自律的に支援活動が可能となるように派遣職員のパッケージ化を行ったわけである。意識せずして「情報事前蓄積型人的支援体制」を構築していたと言えよう（稲継，2015）*。

* 阪神・淡路大震災を経験した神戸市では，意図的に独自の人材データベース「神戸市職員震災データバンク」を構築して，37の大分類に支援経験の有無や専門技能などの別に退職者も含めて約3500名が登録されているという（稲継，2015，187-188頁）。

派遣された職員たちは，被災自治体の負担を避けるために，基本的に自己完結型の組織で行動した。水，食糧，寝具は原則として自分たちで持ち込み，現地での移動手段と仮眠場所確保のために大型バスを使用（先遣隊はワンボックス車）し，通信手段も衛星携帯電話，データ通信が可能なパソコンを活用して独自で確保するだけでなく，活動拠点の設営のための大型テントや机，椅子など

表4-1　兵庫県下の市職員の派遣先

	行先（延べ数）					宮城県比率
	宮城県内	福島県	岩手県	その他	計	（%）
神　戸　市	8,569	378	1,872	91	10,910	78.5
姫　路　市	3,078	50	98	44	3,270	94.1
尼　崎　市	1,958	0	80	0	2,038	96.1
明　石　市	1,345	0	106	0	1,451	92.7
西　宮　市	1,561	77	150	19	1,807	86.4
洲　本　市	554	0	0	0	554	100.0
芦　屋　市	500	0	50	16	566	88.3
伊　丹　市	679	5	68	0	752	90.3
相　生　市	354	0	0	0	354	100.0
豊　岡　市	780	0	132	0	912	85.5
加古川市	638	0	136	0	774	82.4
赤　穂　市	440	0	76	8	524	84.0
西　脇　市	286	0	26	0	312	91.7
宝　塚　市	454	0	225	11	690	65.8
三　木　市	354	5	80	0	439	80.6
高　砂　市	418	0	143	0	561	74.5
川　西　市	503	3	96	9	611	82.3
小　野　市	301	0	16	0	317	95.0
三　田　市	342	5	84	0	431	79.4
加　西　市	331	0	16	0	347	95.4
篠　山　市	371	0	18	0	389	95.4
養　父　市	216	4	18	0	238	90.8
丹　波　市	614	0	101	0	715	85.9
南あわじ市	193	0	0	0	193	100.0
朝　来　市	660	0	30	0	690	95.7
淡　路　市	87	0	0	0	87	100.0
宍　粟　市	804	12	44	0	860	93.5
加　東　市	359	0	62	4	425	84.5
たつの市	714	0	55	7	776	92.0

（出典）　兵庫県庁提供資料をもとに筆者加筆。

も被災地に持ち込んでいた。

　こうして，3月23日，無事に気仙沼市の第2庁舎会議室，石巻市の市庁舎内会議室，そして南三陸町の総合体育館周辺テント（当初，のちに総合体育館内，仮設庁舎内と順次移動）に現地支援本部が立ち上がった。

　(c)上出し・横出し支援の容認

　県は事前に大枠を設定し，大枠の中では緩やかに対応することを容認するという方式を一貫して追求し，県下の市町も県の大枠を受容し，あくまで県の大

枠を満たした上で独自対応を採っていくことになった。明石市や西宮市のように，行政能力が高く，自前でより一層の支援を行いたい市は，県のスキームを満たした上で独自に支援活動を展開した。

物資の取りまとめについて，県としては広域防災センターのある三木市に持ち込むことに決定して一元化を図る。県民は，各市町に持ち込みを行うが，各市町は三木市に持ち込むという県の方針に従った。

以上のように，関西広域連合で広域防災を担当した兵庫県は，自らの阪神・淡路大震災の経験を踏まえ，県下市町に裁量の余地を残しながらも県主導で「統制のとれた協力的支援体制」を構築したと言える（表4‐1参照）。県と市町の職員がパッケージ化された派遣隊を通じて，県下の市町は，関西広域連合の指定した宮城県にほぼ専念して支援にあたり，その上で姉妹都市や政令市や中核市などの提携による支援を行ったのである。

（2）滋賀県

①初動体制の立ち上げ

2011年3月，消防庁からの緊急連絡や全国瞬時警報システム（J-ALERT）で東日本大震災の第一報が滋賀県庁に入った。当時，県庁内の人事異動で着任直後の防災担当者たちは，兵庫県神戸市内にある「ひょうご震災記念21世紀研究機構」での研修中であった。彼らは，急遽，携帯電話で県庁に呼び戻され，県庁内でテレビ報道を見守る他の部局の職員たちと合流して対応の協議を始めることとなる。

発災の知らせから数時間で，特別室にて防災危機管理局地震・防災チームが中心に対応する「警戒2号」体制へ移行したが，ここで想定外の事態に直面してしまう。10名程度の県の担当職員たちは，県下市町や関係団体，そして一般県民から殺到する「問い合わせ」に忙殺されてしまったのである。県庁に被害状況や支援・派遣の内容，規模，方法，一般的な安否確認とその方法について問い合わせが殺到した結果，彼らは対応に忙殺され，本来すべき県庁内外を横断する支援体制の構築に最初から躓いてしまう。

しかし，滋賀県を責めるのは酷である。滋賀県はもともと地震も台風も含め

て災害の少ない県であり，防災意識が希薄であることは否めない。他の府県の担当者のインタヴューの中でも，「滋賀県は常に他人事のような議論をする」「お付き合い感覚で災害の話をしている」とおっしゃる方も1人，2人ではなかった。河川の氾濫などの災害はあるけれども県民全体に被害が及ぶような災害が少ないことは僥倖と言えようが，その分，阪神・淡路大震災で苦労した兵庫県や，常に東南海地震への対策に追われている静岡県と同じ程度の危機意識を持つことは困難である。滋賀県も県下市町や関係団体，そして県民も，結局のところ，未曾有の大災害に対して何をどのように支援すべきなのかが想像ができなかったわけである。阪神・淡路大震災を経験した兵庫県の初動対応の迅速さと事前準備が特殊であったと言えよう。

　いずれにしても，滋賀県は，県内からの問い合わせへの対応に忙殺されるあまり，支援のための初動体制の立ち上げに大きく躓いてしまった。なお，問い合わせが殺到することで初動体制構築が遅れたことについて，既に滋賀県庁では「組織的記憶」としてとどめられているという。あとは，記憶が忘却されないための試みが継続的に講じられていくのかどうかが重要である。

　②展　　開
　(a)県独自の意思決定
　滋賀県は，初動体制での混乱はあったものの，防災監を中心とした統括イニシアティヴを発揮し，県庁内だけで即座にできる支援についての方針案を次々に確定していく。遅ればせながらも，2011年3月16日には東日本大震災災害支援本部の設置を決定し，第1回の支援本部員会議が開催される前後から，防災室を中心に県で対応できる範囲については決定を行っていく。

　第1に，職員派遣については，直接に予算の大規模支出を伴わずにできる範囲で，応援要員，連絡要員の派遣と，医療専門職員の派遣が決まった。職員の勤務先を被災地に振り替えるだけで対応できるとの判断であったという。福島第1原子力発電所の1号機に続いて3号機が爆発した3月14日に，現地連絡員として2名の職員（企画調整課1名，防災危機管理局1名）が派遣された。この点は，通常の大津波や大地震だけでなく，被曝の可能性なども考慮しなければならなかった当時の状況を考えると，迅速な派遣であったと言えよう。沿岸部の

市町村に早い段階から展開した兵庫県とは異なり，滋賀県は，2名の職員をとりあえず新潟県庁に派遣して情報収集するところから始めなければならなかった。この手法もやむない選択だったと言える*。ちなみに，発災直後から保健師などの派遣や土木などの技術職の職員派遣まで準備されていた。3月11日の広域緊急援助隊や緊急消防援助隊，災害派遣医療チーム（DMAT）の派遣に加えて，3月15日には健康相談や衛生面の支援活動のために保健師たちが派遣され，20日には屎尿処理支援要員，27日には管路調査要員，4月10日には児童福祉士，5月15日には放射線技師，18日には手話通訳者，6月20日には農業土木職員，7月1日には土木技術職員，8月22日には建築技術職員が順次派遣されていった。

* 3月14日に滋賀県庁を出発した先遣隊は，14日に新潟県庁に到着して福島県に関する情報収集を行った後に，3月15日に福島県内に入り，同日に会津若松合同庁舎，16日に福島県庁に到着した。県庁内で情報収集を行ったあと，19日には相馬市にて被災地調査をし，20日に滋賀県庁に戻っている。

　第2に，県の備蓄物資の放出・輸送についても検討が始まり，財政課を交えて，予算流用に準じた予備費での対応についての検討もあわせて開始された。3月14日には毛布やアルファ米などの県備蓄物資が送付され，19日は医療用医薬品，4月5日に化学防護服が送付された。輸送手段についても自衛隊への窓口一本化と県による一元的対応が決定された。ただし，市町が県の方針に従ったかどうかは全く別問題であり，後述のように県の方針を無視した市もあれば，県の方針については「知らない」と答えた市もあった。

　第3に，消防機能や給水機能を有する市町への協力要請を行う。実は，ここが滋賀県の支援で最も問題が残るところであった。3月17日，県と市町長との連絡会議が開催された。このことについて，一部の市の担当者は「具体的な現状説明も要請もなく，一般的に協力をお願いしたいという説明であった」と述べている。県側は具体的な要請を行ったというが，県と市町の間には会議の位置付けからして全く認識が異なっていたわけである。

　また，2011年4月17日には，京都府の山田啓二知事とともに嘉田由紀子知事

もカウンターパート方式で支援先として担当することなった福島県を訪問し，県庁から沿岸部まで視察を行っている。兵庫県と異なり，視察のタイミングが遅かったのは，福島第1原子力発電所の爆発があったことを割り引いて考えなければならない。ただ，兵庫県と異なり，知事視察の成果を県下市町にフィードバックする努力はなされておらず，市町への支援協力要請とかみ合って県と市町との協力体制が構築されることにつながらなかった。

(b)分業体制の曖昧さ

関西広域連合で決定したカウンターパート方式によって，府県レヴェルで被災県と支援県のペアリングが行われ，広域な被災地での支援の均衡化が図られることが期待された。しかし，十分な支援体制が整っていない府県では，担当県が決まったとしても，様々な方面からの支援要請への対応を並行して行うことは難しい。兵庫県は，少なくとも関西広域連合の広域防災を担当しているので，関西広域連合との間に齟齬はほぼなかったというが，他の府県では関西広域連合の決定と他の要請との間での煩悶することも少なくなかったという（2013年1月29日，滋賀県庁インタヴュー，同年2月県下市町への書面と電話によるインタヴュー）。

加えて，滋賀県の政治状況に目を転じたとき，県と市町の協力体制の構築とは程遠い状況であり，全国的に見ても最悪な関係であったと言っても過言ではなかった。県知事と県内市町長との間で日常的な対立が発生していたのである。2006年7月に「もったいない」をスローガンにして知事選挙で勝利した嘉田由紀子知事は，新幹線新駅建設をめぐって中止を決断し，新駅を推進してきた栗東市と決裂していた。もともと非自民色を出していた嘉田知事の当選に，自民党系だった国松正一栗東市長が不快感をあらわにしていたことが伏流にあった。しかし，その後，丹生ダム，大戸川ダム，永源寺ダムの凍結・見直しをめぐって，大津市，彦根市といった自民党系の市長の自治体のみならず，知事と政治的に対立していなかった自治体も強く反発していく。しかも，知事選挙擁立に尽力した県会議員の近江八幡市長への転出や高島市での県職員の市長選出馬などに際し，積極的に介入していく姿勢に対して県内市町では不満が高まっていた。市長会を率いる谷畑英吾湖南市長（県職員出身）は，県が午前に市町への

新たな方針を打ち出すと、即座に午後最初の記者会見で県の方針を激しく批判するということも珍しくなかった。

　支援を行う際には市町の協力が不可欠であるにもかかわらず、滋賀県では県庁と県下市町との関係は最悪な状況であった。上述の県が実施した会議すら、ある有力市の防災担当参事は「会議ではなかった」とした上で「県の意見を聞き置いた場はあったかもしれない」と述べていた。県と市町の分業の上での協力とはいかなった。

　県と市町との政治的関係が悪化し、行政的な情報流通回路も機能していなかった結果、福島県への支援が決まった中であっても、県下市町で福島県に職員や物資などを投入した比率は、わずかに52％でしかない。しかも、分野によって両者の協力の濃淡もある。以下、市ごとに分野別の支援内容と支援先を見ていく（表4-2参照）。

　緊急消防援助隊および保健師の派遣については、県のイニシアティヴに従って福島県の被災地を支援していることがほとんどである。しかし、それ以外は福島県にこだわりがない。いくつかの市では、自衛隊で物資輸送を集約するという方針も無視し、自らが借り切ったトラックで自らと提携のあった市に物資を運んだという。

　特に、水道（給水）やガスに関しては県よりも機能別団体からの要請が重要であったという。さらに言えば、厚生労働省からの要請だけでなく、市長会や中核市長会で決定される支援先などとの割り振りも重要であったという。

　発災直後の救援物資として、ある市は「避難所で退屈だろう」と推測して図書館の本を、別の市は「ビタミンが欠乏しているだろう」と推測してフルーツを持参したという。読書をする心の余裕があったとは思えない避難所で本の置き場所をとっただけでなく、フルーツも移送中に傷んでしまったという。また、大都市制度の同格の市の間での協力関係が重視され、大量の物資を特定の市にのみ運び込んだところもあったという。ある市では、福島県以外のある市にトラックで大量の物資を運び込んだが、関西広域連合の担当県下の市から既に大量の物資が届いており、その場で、どこに運んだらいいのか現地で尋ねて、さらに別の県の市に運んだという。

第Ⅱ部　関西広域連合の対応分析

表4-2　支援内容別に見

市	市長と知事との関係	緊急消防援助隊	DMAT，医療関係	給水車など	保健・衛生関連
大津市	対立的	福島県郡山市（県1次，32名），福島県相馬郡新地町（県2次，車両4台，17名）	岩手県花巻市（いわて花巻空港），福島県会津若松市	茨城県河内町，福島県郡山市（浸水施設損傷調査のみ）	宮城県石巻市
彦根市	中間的	福島県郡山市（県），岩手県花巻市（市独自）		宮城県宮城郡利府町	
長浜市	中間的	福島県相馬市，南相馬市，いわき市（県1～7次）	福島県会津若松市	宮城県栗原市，宮城県石巻市	
近江八幡市	中間的		宮城県仙台市（DMAT，仙台医療センター），宮城県石巻市（DMAT，石巻赤十字病院），宮城県内各所（看護師），福島県会津若松市（医師など）	宮城県角田市，岩手県陸前高田市	福島県小野町，福島県郡山市，福島県三春町（いずれも保健師派遣）
草津市	協調的	福島県内で活動（のべ60隊189名）	宮城県仙台市（仙台医療センター拠点本部，草津総合病院DMAT：民間）	宮城県石巻市	福島県小野町，福島県石川町，福島県三春町（県チーム，いずれも保健師派遣）
守山市	中間的	福島県内で活動（のべ60隊189名）	宮城県石巻市，福島県会津若松市	宮城県角田市，岩手県陸前高田市（給水支援職員派遣）	福島県郡山市，福島県三春町（県チーム，いずれも保健師派遣），宮城県内へのし尿処理支援（民間企業委託）
栗東市	対立的	福島県内で活動（8隊，32名）		宮城県角田市，岩手県大船渡市	福島県郡山市，福島県三春町（県チーム，いずれも保健師派遣）
甲賀市	中間的			宮城県栗原市，岩手県大船渡市	岩手県大船渡市（保健師，ケースワーカー派遣）
野洲市	中間的	緊急消防援助隊8隊（32名）		宮城県栗原市	福島県小野町（保健師派遣，厚労省要請）
湖南市	中間的	福島県郡山市，福島県相馬群新地町，福島県相馬市（第1～7次）	宮城県仙台市（DMAT，仙台医療センター）	岩手県盛岡市，岩手県大船渡市，宮城県仙台市	岩手県大船渡市（保健師派遣）
高島市	中間的	福島県相馬市，南相馬市（第1～7次，救急車，消防車，搬送用トラック各1台，職員3～10名）	大阪空港（豊中，池田，伊丹）	岩手県盛岡市，岩手県宮古市，岩手県大船渡市，岩手県大槌町，福島県郡山市	宮城県仙台市（歯科医師，保健師派遣），福島県郡山市，福島県三春町，福島県小野町，福島県富岡町
東近江市	協調的	福島県南相馬市（市独自）		岩手県宮古市，岩手県陸前高田市	
米原市	中間的			福島県福島市（給水支援職員の派遣含む）	福島県郡山市，福島県三春町

（注）　「県内各所」とある場合，最大でも3ヶ所だったということが聞き取りで分かったため，一律に3ヶ所とカウ
　　　ント。知事に対して，選挙時点で自民党であれば対立的であり，同じ非自民であれば協調的であり，無党派だった
　　　率は，半分程度である。
（出典）　自治総研『全国首長名簿』各年度版，および右記の滋賀県のホームページより作成（http://www.pref．

第4章 カウンターパート方式と府県の役割

た滋賀県内市の支援先

物資	見舞金	その他	市民提供物資	福島県比率
宮城県仙台市（ガスコンロ，ボンベ），岩手県一関市（毛布など），福島県いわき市（無洗米），岩手県陸前高田市（生活用品）	岩手県盛岡市・福島県郡山市・福島県いわき市（各100万円）		岩手県陸前高田市（生活用品等10トントラック2台分），福島県いわき市（保存食等0.6トン），福島県郡山市（米・飲料水5.2トン）	55.6%
茨城県水戸市（生活用品，市民提供分含む）		福島県富岡町，福島県川内村の支援（郡山市内の合同災害対策本部）への行政支援，宮城県東松島市および多賀城市（下水道被害調査支援）		55.6%
			岩手県滝沢村，福島県猪苗代町	62.5%
			福島県（県・自衛隊スキーム），宮城県石巻市（生活用品，直線搬送），南相馬市（関西広域連合救援対象への直接搬送），福島県南相馬市，岩手県葛巻町，岩手県宮古市	44.4%
宮城県石巻市（生活用品）		岩手県大槌町への行政支援（湖南4市リレー），大槌町への行政支援・土木技師派遣（市独自）		69.2%
宮城県角田市（消毒物資，生活用品），福島県福島市（水，生活用品），宮城県仙台市（生活用品）		岩手県大槌町への行政支援（湖南4市リレー）	岩手県釜石市，岩手県遠野市，福島県福島市，福島県いわき市，宮城県仙台市（いずれも生活用品）	42.9%
岩手県陸前高田市（生活用品），福島県福島市（水，生活用品）		岩手県大槌町への行政支援（湖南4市リレー）	岩手県陸前高田市（生活用品）	54.5%
岩手県大船渡市（生活用品）		岩手県大船渡市への行政支援・土木職員の派遣	福島県（県・自衛隊スキーム），岩手県大船渡市（生活用品）	14.3%
		岩手県大槌町への行政支援（湘南4市リレー）		66.7%
岩手県釜石市，宮城県湧谷町，福島県富岡町		福島県富岡町への行政支援	岩手県釜石市，宮城県湧谷町，福島県富岡町	40.0%
岩手県滝沢村，岩手県宮古市，宮城県石巻市		岩手県宮古市への行政支援	岩手県滝沢村，岩手県宮古市，宮城県石巻市，福島県南相馬市	40.9%
岩手県陸前高田市，宮城県岩沼市，福島県いわき市（生鮮食品，菓子，図書館車）			福島県いわき市，宮城県岩沼市，岩手県陸前高田市，宮城県石巻市（義捐金，生活用品など）	30.0%
福島県相馬市，福島県福島市			福島県相馬市，福島県福島市	100.0%

ントしている。「福島県比率」の平均は52.0％である。なお，知事と市長の関係については，非自民を標榜していた嘉場合は中間的であるとしている。ちなみに，対立的な関係にあった大津市も栗東市も県との共同歩調をとっている比

shiga.lg.jp/bousai/kinkyu_110428.html 2015年7月1日閲覧）。

4　結語：府県と市町村の協働

　広域的な被災地支援では，カウンターパート方式で担当する被災県が決まっただけでは意味がなく，そこで構成府県が支援活動を完遂して初めて意味がある。カウンターパート方式を論じるのであれば，やはり構成府県がどのように担当被災県の支援を行ったのかを論じなければならない。

　現状では，府県が強制的に市町村を指揮命令できない以上，カウンターパート方式が機能するためには，支援側の府県と市町村との関係が円滑なものでなければならない。市町村に支援のための人員も器材も偏在しているからである。市民と接する上でのノウハウも市町村に圧倒的に多い。仮に，府県と市町村との関係が円滑でないとしても，3以上の都道府県にまたがり1000人以上の犠牲者を引き起こすような「広域巨大災害」の支援の際には，府県がイニシアティヴを取れる制度的な仕組みが必要である。

　阪神・淡路大震災を経験した兵庫県は，日常的に県の市町振興課が市町の職員について，震災あるいは支援の経験歴や専門性について把握しており，支援体制を構築する際にも，効率的に立ち回っていた。他方，水害以外の大災害を経験しておらず，県と市町との政治的対立が激しかった滋賀県では，県庁がまず支援体制構築後の事態についてうまく想定できていなかった。後手に回りながらも体制をなんとか構築した段階で，市町は県の要請にはしぶしぶ従った，あるいは無視して自らの決めた支援先を回っていたのである。

　ただ，両県で共通して言えることは，まず，想定していない大災害の発生に際して，どの機関からの支援要請に応じるのか，県も市町も悩んだということである。リソースが無限でない以上，優先順位をつけざるを得ない。医師や看護師，保健師の派遣をめぐっては厚生労働省との調整も重要である。医療専門職も「希少財」である以上，すべての被災地に投入するわけにはいかない。また，定員や地域配分管理については厚生労働省が大きな権限を有しており，地方自治体だけで決定できない側面もある。さらに，全国知事会やブロック知事会の要請，全国市長会や中核市市長会や各種の姉妹協定などもある。個別の府

県間あるいは都市間の付き合いは、本当の危機のときにこそ一層重要となる。中央省庁の縦割りの支援要請依頼とそれに呼応する県庁内の現業部局の声も、支援先決定での混乱に拍車をかける。関西広域連合の指定した地域と支援に行きたい地域との間に齟齬が出た場合、どのように対応するのか決めておく必要がある。

しかも、2000年の地方分権一括法の施行から地方分権改革が進展し、市町村優先の原則も浸透していく。市町村の自主性と府県との対等性が強調される中で、危機管理の一種とも言える被災地支援での府県と市町村との協力は非常に難しくなっている。特に、ポンプ車などの器材的なリソースや市民対応での経験を持つ職員などの実働部隊を持つ市町村の協力をいかに円滑に確保するのかが、府県レヴェルでの被災地支援で最も重要な点である。

有事の際には、市町村優先の原則を認めつつも支援におけるで府県と市町村との協力を担保する制度的な仕組みの導入を検討しておく必要がある。今後も「広域巨大災害」の発生が想定される中にあって、カウンターパート方式による支援への期待はますます大きくなっている（室崎、2013、162頁）。東日本大震災でのカウンターパート方式での支援は、確かに一歩前進であったが、大きな宿題も残したのである。

引用・参考文献

五百旗頭真『大災害の時代　未来の国難に備えて』毎日新聞出版、2016年。
稲継裕昭「広域災害時における遠隔自治体からの人的支援」小原隆治・稲継裕昭編『大震災に学ぶ社会科学　第2巻　震災後の自治体ガバナンス』東洋経済新報社、2015年。
滋賀県『東日本大震災における滋賀県の支援活動：365日の記録（第1版）』2012年3月。
兵庫県『東日本大震災　兵庫県の支援　1年の記録』2012年3月。
福山哲郎『原発危機　官邸からの証言』筑摩書房、2012年。
室崎益輝「防災の原点としての自治と連携」室崎益輝・幸田雅治編『市町村合併による防災力空洞化：東日本大震災で露呈した弊害』ミネルヴァ書房、2013年。
Heinelt, Hubert and Xavier Bertrana, "Introduction," in Heinelt and Bertrana (eds.) *The Second Tier of Local Government in Europe: Provinces, counties, departments and Landkreise in comparison,* London: Routledge, 2011.

第Ⅲ部

自治体間連携

第5章
災害時相互応援協定は機能したか
―― 被災自治体サーベイを用いた分析 ――

善教将大

1 問題設定：どのような自治体間連携が機能するのか

　本章では，筆者が中心となり実施した被災3県における自治体職員を対象とするサーベイ調査の分析結果に基づき，どのような自治体間連携が有効に機能したのかを明らかにする*。具体的には市区町村レベルの自治体間で締結されている「災害時相互応援協定」に焦点を当て，東日本大震災時にどのような協定を締結している自治体に多くの支援が行われたのかを分析することで，上述した問いにこたえる。東日本大震災から今日に至るまで，自治体間連携のあり方については多くの論者や実務家が検討を積み重ねてきたが，実証的な議論が十分に蓄積されているとはいえない。本研究はサーベイ調査の分析結果に基づき，相互応援協定の機能について実証的に明らかにするものである。

　＊　いわゆる広域連携支援の中には様々な連携のあり方が含まれるが，それらのすべてを本章で議論することは不可能であるため，ここでは市区町村レベルの自治体間の連携に限定し議論する。また相互応援協定には自治体と民間企業間の協定なども含まれるが，これらについては検討しない。

　大規模災害が発生した際，被災自治体以外の自治体による支援が不可欠であることは改めて指摘するまでもない。とりわけ東日本大震災では，被災自治体の職員の多くが直接・間接的に被災者となったため，被災地外の自治体による被災自治体支援が急務となった。それらの中には杉並区（東京都），東吾妻町（群馬県），小千谷市（新潟県），名寄市（北海道）による「自治体スクラム支援」や，関西広域連合による「カウンターパート」など，新しい支援形態も含まれ

第Ⅲ部　自治体間連携

ている*。いずれにせよ，今日においては大規模災害が発生した際，自衛隊による救援活動やボランティア団体など「市民社会」組織による被災地支援に加えて，自治体による広域連携支援も重要だという認識は共有されている。

> *　神谷・桜井（2013）は阪神・淡路大震災が発生した1995年が「ボランティア元年」であるならば，東日本大震災が発生した2011年は「自治体連携元年」だと述べる。東日本大震災以前に自治体が相互に連携しながら被災地支援を行った例が存在しないわけではないが（舩木・河田・矢守，2006），東日本大震災時ほど活発な支援が行われていたわけではないという点で，2011年が自治体間連携について検討する重要な転換点であったと考える。

　しかし，このように自治体間連携の重要性が認識される一方で，望ましい，あるいは有効に機能する自治体間連携は何かという疑問に実証的な見地より解答を提示する研究は多くない。自治体の「現場」に目を転じれば，確かに東日本大震災以降，新たな連携体制を構築する動きは着実に進展している。後にデータ分析を通じて明らかにするように，岩手県，宮城県，福島県下の自治体ではペア型（一対一）の相互応援協定を締結する自治体数が急激に増加している。けれどもこの自治体間連携が発災時に機能するかどうかは不明瞭である。ここに自治体間連携について検討する理由がある。

　もちろん国内外の行政学や政策学などを中心に，望ましい自治体間連携のあり方に関する議論は既に蓄積されている。しかしこれら先行研究は必ずしも十分な説得力を持つものではなく，さらにいえば本研究のように支援を受けた被災自治体（の認識）に依拠したデータを用いる実証研究はきわめて少ないのが現状である。本研究では東日本大震災で被災した自治体職員の経験に焦点をあて，この分析を通じてどのような相互応援協定が実際に機能したのかを明らかにする。

　本章の構成は以下の通りである。まず第2節で相互応援協定の分析枠組みを提示した上で，本章が取り組む課題を述べる。第3節では筆者が実施したサーベイ調査の概略とその妥当性を検討する。第4節では実証分析を通じて，どのような相互応援協定が被職員派遣数と関係があるのかを明らかにする。最後に第5節で結論と含意を述べる。

2　東日本大震災以後の自治体間連携とその課題

（1）相互応援協定の類型化

　第1節で述べたように，東日本大震災以後，自治体間連携への関心は大きな高まりを見せている。もっとも自治体間連携と一口にいってもそこにはいくつかのパターンが存在する。例えば曽我（2014）は自治体間連携のパターンをイニシアティブ（プル型／プッシュ型），組み合わせの時期（事前／発災後），費用負担（被災地負担／支援側負担）といった点から類型化し，それぞれの特徴を整理している。この分類法は自治体間連携についてきわめて示唆に富むものであるが，本研究では単純に「自治体間の（物理的な）距離」と「連携する自治体数」の2点から，相互応援協定を類型化する。

　自治体間連携のあり方を議論する上で検討すべき第1の論点は，連携を組む自治体が相互に近接しているのか，それとも遠隔地なのかという点であろう。なぜなら，自治体間の距離の違いが支援のあり方に影響を及ぼす可能性が高いからである。例えば山田（2012）は，東日本大震災時の宮城県への山形県の支援について，それが迅速に行われた理由は日常的な交流に基づく関係性が存在していたからだと指摘する。十分なコミュニケーションに基づく連携体制でないと有効な支援を行えないことは，日本に限らずアメリカを事例とする研究でも主張されている（Kapucu et al. 2009）。自治体間の距離は信頼関係の規定要因として重要であり，自治体間の距離が遠いと「顔の見える」付き合いが困難となり，それゆえに距離が異なることで支援のあり方も異なると考えられる。

　さらに第2に考慮しなければならないこととして，どのくらいの数の自治体が連携しているのかという，自治体数の問題があることも指摘したい。相互応援協定には特定の自治体が対となって協定を締結する場合と，複数の自治体が締結する場合の2パターンが存在する。ここで問うているのは，それらのうちどちらなのかということである。相互応援協定に含まれる自治体数が多いほど，大規模災害時に被災自治体が支援を受けることのできる確率は高くなるだろう。しかしながらその一方で，自治体数が増えるほど協定を締結する際に，加えて

実際に被災地を支援する際にも，調整に係るコストは増加する。いずれにせよ，数の問題もまた自治体間連携のあり方について議論する上では無視することができない要因であるように思われる。

以上を踏まえて本研究では相互応援協定を次のように類型化する。第1に相互応援協定に含まれる自治体数が2つか3つ以上かという点から，相互応援協定を「ペア型」と「複数型」に分類する。もっとも前者については，実質的には遠隔地の自治体同士の相互応援協定となる傾向があるのに対して，後者は必ずしもそうではなく，近隣の自治体同士が締結する場合もあれば，遠隔地の自治体間で締結される場合もある。したがって後者については，近隣自治体間の相互応援協定である「狭域型」と，遠隔地の自治体を含む「広域型」に，さらに区別することにする。

狭域と広域の操作的定義について説明しておきたい。ペア型と複数型の類型化とは異なり，どこまでを近い，あるいは遠いとするかは論者の主観によって異なる。明確で誰もが納得する基準を設定することは困難であり，したがってどのような基準にせよ不十分なものとならざるを得ない。本研究ではいくつかの操作的定義について検討したが，結果として「隣接しない都道府県にまで協定の範囲が拡がっているか」という点から狭域と広域を区別することにした。

具体的に説明しよう。例えば宮城県内の自治体と山形県の自治体が協定を締結している場合，都道府県レベルで両者は隣接しているので，そこで締結される相互応援協定は，自治体間の距離を問わず狭域型として定義される。これに対して宮城県内の自治体と青森県内の自治体の場合は，都道府県が隣接していないので広域型と定義されることになる*。このように操作的定義の最大の欠点は，狭域型に含まれる自治体間距離の最大値が，広域型に含まれる自治体間距離の最小値を上回ることがある点である。したがってこの分類法を改める必要がないわけではないが，実際に分析を行う際に深刻なエラーが生じるわけではなかったことから，暫定的に本研究では上述した操作的定義に基づく分類法を採用した。

* 宮城県仙台市が締結している相互応援協定を例に説明すると「東北地区六都市災害時相互応援に関する協定」（青森市・秋田市・盛岡市・山形市・仙台市・福島市）

は広域型に分類されるが,宮城県内市町村間で締結されている「災害時における宮城県市町村相互応援協定」は狭域型として分類される。

(2) 東日本大震災後の被災地における動向

東日本大震災以後,それぞれの自治体はどのような連携体制を構築しようとしているのか。相互応援協定の締結数は増えているのか。増えているとしたらそれはどの程度か。さらにどのような相互応援協定が増えているのか。以下ではこれらの点について,データを用いて確認していく。どのような相互応援協定の締結数が増えているのかは,実態としてどのような連携体制の構築が行われているのかを知るための資料となる。

筆者は後に述べるように被災3県(岩手県・宮城県・福島県)の自治体職員を対象とするサーベイ調査を実施した。その際,それぞれの自治体が締結している相互応援協定の数や種類についても調査し回答してもらっている。全国ではなく,あくまで被災3県下の自治体の動向に限定されるが,そこでの知見は近年の自治体間連携のあり方を推測するための資料として有益だろう。

相互応援協定を前項で述べた方法で分類した上で,それぞれの割合や締結数の推移をまとめたものが図5-1である。1990年代以降の各年の相互応援協定締結数の推移と,震災以前・以後の協定類型割合を分かりやすく整理した。左側にある折れ線グラフが締結数の推移であり,右側の棒グラフが協定類型それぞれの割合である。棒グラフの上を東日本大震災以前,下側の棒グラフを東日本大震災以後の状態としている。この調査は後述するように2013年12月末から2014年1月末にかけて実施したため,この図に整理しているものも調査終了時点までに締結されている相互応援協定に限定される点に注意されたい*。

* さらに言えば,調査に回答しなかった自治体が締結している相互応援協定については十分に把握できていないという問題もある。

まずは相互応援協定の締結数から確認しよう。図5-1を見れば明らかなように,2012年以降,すなわち東日本大震災以後,相互応援協定の締結数は急激に増加している。東日本大震災は自治体連携を促す契機となったことがこの図

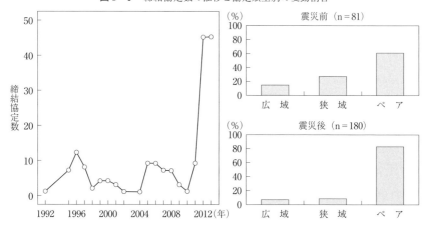

図5-1 締結協定数の推移と協定類型別の変動割合

からは分かる。ただし締結協定数だけでは，どのような応援協定が締結されたのかは分からない。そこで棒グラフに整理した相互応援協定類型の変動割合を見ると，東日本大震災以後に締結された相互応援協定のほとんどがペア型であることが分かる。具体的には東日本震災以前のペア型の割合は60％程度であったが，震災後，80％に近い値となっている。その一方で狭域型と広域型の両者については，いずれも締結数が伸びておらず結果として全体から見た割合は低下している。ペア型の方が協定締結数が増加している理由としては締結の際の調整コストの問題などが挙げられようが[*]，ここでは顕著に増加しているのはペア型である点を指摘するにとどめておく。

[*] 詳細な説明は避けるが，筆者が宮城県におけるいくつかの市の担当者にヒアリングを実施した際（2013年），担当者の方から「顔の見えないわからない複数の自治体と応援協定を締結することは高コストで難しい」という意見を頻繁に耳にした。もっともペア型の協定締結数はそれとは裏腹に増加傾向にあるので，真偽は定かではない。

東日本大震災以後に締結されたペア型の特徴について，さらに詳しく分析する。実は，東日本大震災以前と以後で，同じペア型の相互応援協定でも，自治体間距離という点では異なる特徴を見せる。図5-2はペア型の相互応援協定

第5章　災害時相互応援協定は機能したか

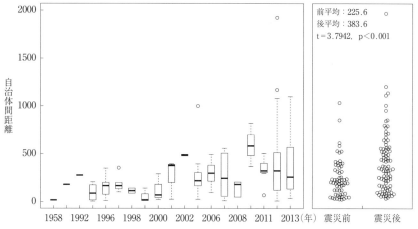

図 5-2　ペア型協定を締結した自治体間の距離とその推移

（注）　自治体間距離は市役所間の距離で計測。単位は km。

を締結している自治体間の距離を筆者が計測し*，その結果をプロットしたものである**。時系列の推移を見ると（図 5-2 左側のボックスプロット），東日本大震災以後，中央値（太いラインの位置）も分散（上下の幅の広さ）も増加傾向にある。ビーンプロット（図 5-2：右側の図）はこれを分かりやすく視覚化したものだが，震災後に平均値も分散も明らかに増加していることが示されている***。これらは東日本大震災以後，遠隔自治体間の連携が強化されていることを明らかにしている。

＊　具体的には市町村の役所の直線距離を計測している。
＊＊　例えば2010年に自治体間距離が 400 km の応援協定が締結された場合，2010に400というサンプルがプロットされる。
＊＊＊　震災以前に締結されたペア型協定における自治体間距離の平均値は約 226 km であったが，震災後のそれは約 384 km へと増えている。なお図中にも示しているが，両者の差は 1％水準で統計的に有意である。

図 5-1 と図 5-2 の結果を改めて整理しておくと，第 1 に東日本大震災以降，自治体間の相互応援協定締結数は急増したといえる。本研究が調査対象としているのは被災地の自治体に限定されるため全国的な動向についてはさらなる調査が必要だが，全国的にもペア型協定の締結数が増えている可能性は高い。第

2に，大震災以後に締結された相互応援協定の多くはペア型であり，複数型（狭域型・広域型）の締結数は増えていない。第3に大震災以後増加したペア型協定の多くは，遠隔自治体間の応援協定の可能性が高い。

（3）どのような協定が機能するのか

　前項で見たように，東日本大震災以後，多くの自治体で連携体制を構築していこうとする動きは加速している。特に遠隔地の自治体同士で締結されるペア型協定について，その締結数が顕著に増加している。もっともその一方で，この動きは必ずしも大規模災害時にペア型協定が有効に機能したことを根拠に生じているわけではないようにも思われる。換言すれば，どのような協定がどの程度機能するのかはそれほど明らかになっていないのである。

　相互応援協定を締結することがどのような帰結の違いを生み出すのかについては，いくつかの調査結果から既に明らかにされている。福本（2013）によれば，相互応援協定の有無は被災地への支援のあり方に一定の影響を与える要因となっており，相互応援協定を締結しているほど，被災地への支援は迅速となり，人的な支援量も増加する傾向にあるとされる。支援の全体量という観点から見ると相互応援協定に基づく支援が占める割合は決して多くないが（明治大学危機管理研究センター，2012），それは相互応援協定を締結することが無駄だということを意味しない。むしろ東日本大震災時に，相互応援協定は迅速に人的支援を行うという点で，有効に機能していた可能性が高い。

　しかし福本（2013）などが明らかにしているのは，相互応援協定を締結することの帰結である。言い換えればどのような相互応援協定が機能したのかについて，先行研究では十分に議論と検討がなされていない。そのためペア型の協定締結数が増加する現状をどのように評価すべきかは，不明瞭である。仮に発災時に機能する相互応援協定がペア型ではなく複数型であるなら，ペア型の協定締結数の増加について，それを肯定的に評価することは困難だろう。どのような相互応援協定が発災時に機能するかを明らかにすることは，大規模災害時における自治体間連携のあり方を検討する際の重要な課題なのである。

　以上に述べた問題意識に基づき，本章では東日本大震災時にどのような相互

応援協定が機能したのかを，筆者が実施した調査の結果に基づきながら明らかにする。より具体的には，ペア型，狭域型，広域型といった相互応援協定の違いが，被災自治体への職員派遣数とどのような関係にあるのかを分析し，上述の問いにこたえる。

3　被災自治体を対象とする調査

(1) 調査の概略

筆者は被災地における広域連携支援の実態等を明らかにすることを目的とする「自治体の災害対応と広域連携に関する調査」(以下「被災地調査」と省略)を，サーベイリサーチセンター静岡事務所に委託する形で実施した。調査対象は岩手県，宮城県，福島県下市町村の災害時相互応援協定の締結を担当している防災関連部局とした。具体的には防災担当部局の管理職級(部長・課長級)職員1名に，広域連携支援や東日本大震災時の状況に関する質問などに回答してもらった。回答者をこちらが指定しているわけではないが，相互応援協定や防災を十分に理解している職員に回答してもらうようにしている*。

> *　被災地調査の実施に際しては，アンケート調査票と回答用紙だけではなく，挨拶状，よくある質問と回答例，別紙の返信用封筒も同封している。この挨拶状に，管理職級の職員であり，かつ，防災について詳しい職員に回答してほしいことを明記している。さらに回答用紙には回答者を別途記入する欄を設け，誰が回答したのかを確認できるようにもしているが，概ねこちらの要望通り，部長級ないし課長級の職員が回答していた。

被災地調査の実施時期とスケジュールについても説明しておこう。調査票の発送を開始したのは2013年12月13日である。その後，2013年12月24日から27日，および2014年1月6日から7日にかけて，調査票を返送頂けなかった市町村に口頭(電話)にて督促を行った。その際，調査票の再送を希望された自治体に対しては調査票一式を再送している(計26通)。さらに2014年1月20日から24日にかけて，調査票を返送頂けていなかった自治体に対して，再度返送してほしい旨を口頭にて伝えた。またその際にも，調査票の再送を希望された自治体に

対しては調査票一式を再送した（計11通）。2度目の督促を行った際の締切日を1月31日としていたため，調査期間は2013年12月13日から2014年1月31日である。なお，有効回収率は67.71％（86票）であった。

　被災地調査の細かな内容については紙幅の都合上割愛するが*，分析に用いる質問については説明しておこう。被災地調査では自治体間の相互応援協定について，東日本大震災時に派遣された職員数，派遣された職員の比重，協定による支援の有効性認識の3点について，1．初動時（発災〜1週間後），2．初期復旧期（1週間〜1ヶ月後），3．本格復旧期（1ヶ月〜1年後），4．復旧・復興期（1年後以降）と4つの時期ごとに質問している。このうち，本章では被災地に派遣された職員数の認識について，これと相互応援協定の締結状況との関連性を計量的に分析する。その作業を通じて，どのような相互応援協定が東日本大震災時に機能したのかを明らかにする。質問文と選択肢は以下の通りである。

　＊　詳しくは善教（2014）を参照されたい。

【質問文】
　相互応援協定に基づく職員派遣についてお伺いします。東日本大震災からの復旧・復興時に，相互応援協定に基づきどの程度の職員が派遣されてきましたか。また，相互応援協定に基づかない場合との比較から見た比重はどの程度でしょうか。それぞれ，あてはまる番号1つに〇をつけてください。

【選択肢】
　1．10人未満，2．10-50人程度，3．50-100人程度，4．100-300人程度，5．300人以上，6．わからない

(2) データの妥当性の検証

　詳しい分析を行う前に被災地調査の妥当性について検討しておこう。なぜなら被災地調査の有効回収率は約68％であり，3割程度の自治体については欠損として扱わざるを得ないからである。もちろん，一般的な世論調査の基準から見れば約7割という回答率は十分に満足できる水準である*。しかし被災地調

査は母集団のサイズが小さいので，3割の欠損については，通常の意識調査以上に慎重に検討しなければならない。

 ＊ 世論調査の実務の現場では，1つの目安として50％が指摘されることがある。ただしデータの信頼性や妥当性は欠損発生メカニズムやサンプルサイズに依存するので，明確な基準があるわけではない。

 被災地調査の妥当性はどのように検証すればよいのだろうか。ここでは欠損の発生が無作為かという観点から，すなわちサンプリングバイアスあるいはセレクションバイアスはあるのかという観点からデータの妥当性について検証することにしたい。仮に欠損の発生が無作為であれば，推定結果に深刻なバイアスが発生する可能性は低いと考えられる＊。これに対して欠損発生のパタンが無作為ではない場合，分析結果には疑念が生じることとなる。

 ＊ ただしサンプルサイズは必然的に小さくなるので，推定結果の信頼性は低下する。

 検証方法としては，調査票返送の有無（返送有：1，返送無：0）を従属変数とするロジット推定を行う。なお独立変数は対数化した自治体の人口，自治体の財政力指数，沿岸部ダミー（沿岸部の自治体：1，それ以外：0），都道府県ダミー（基準カテゴリ：福島県）である。これらの独立変数の回帰係数が統計的に有意ではなかった場合，暫定的ではあるが，欠損は無作為に発生したものだとみなす。逆に何らかの独立変数の回帰係数が統計的に有意であった場合，分析に使用するサンプルには偏りが存在することになる。

 表5-1は妥当性の検証結果を整理したものである。この表では，すべての変数を投入したモデル（フルモデル）と，財政力指数を除去したモデルの2つのモデルに基づく推定結果を，それぞれ整理している。財政力指数を除去する理由は後ほど説明する。

 まずはすべての独立変数を投入したフルモデルの結果から確認する。回帰係数と標準誤差の値を見れば明らかだが，すべての独立変数の係数値は統計的に有意ではない。この推定結果は，返送の有無と人口規模等に関係があるとはいえないことを示すものと解釈できる。しかし，推定結果を仔細に検討すると，

表 5-1 返送の有無を従属変数とするロジット推定の結果

	フルモデル	財政力除去モデル
切片	−2.25(1.69)	−2.69(1.65)
対数人口	0.25(0.20)	0.36(0.18)*
財政力	1.57(1.19)	
沿岸部ダミー	−0.11(0.48)	0.10(0.45)
岩手県	−0.08(0.54)	−0.38(0.48)
宮城県	0.04(0.53)	−0.03(0.52)
AIC	164.37	164.26
BIC	181.44	178.48
Log Likelihood	−76.19	−77.13
Deviance	152.37	154.26
Num. obs.	127	127

(注) ***$p<0.001$, **$p<0.01$, *$p<0.05$. 括弧内は標準誤差。

財政力指数の回帰係数の標準誤差がやや大きくなっている。つまり自治体の人口規模と財政力指数が強い相関関係にあり，そのため標準誤差が大きくなっている可能性があると考えられるのである*。

 * 相関係数（r）は約0.40であり，この値は統計的に有意である（$p<0.001$）。ただし多重共線性が疑われるほどの相関ではない。実際にVIF値は5を上回っていない。

 フルモデルの推定結果には上述した問題があるため，財政力指数を除去して再び分析を行った。その推定結果である財政力除去モデルについて見ると，多くの点では一致するもののいくつかについてはフルモデルとは異なる結果となった。特に対数人口の回帰係数の推定結果が変化しており，統計的に有意という結果が得られた。回帰係数の符号の向きが正であることから，人口規模が大きい自治体ほど返送確率が高くなる結果だと解釈できる。しかしこのように統計的には有意であるものの，回帰係数の値は小さい。フルモデルの推定結果と合わせて総合的に判断するなら，欠損の発生には明確な傾向があるとはいえないと考えてよいのではないだろうか。

 表5-1に整理した結果を受け，本研究では欠損値の補完を行わず分析を進める。ただし次の2点のさらなる問題があることについては予めここに述べて

おきたい。第1に欠損サンプルの発生は調査票の返送の有無だけではない。いわゆる「わからない（DK）」回答を選択した職員の回答も（その質問に限定されるが）欠損として本研究では処理している。そしてこの処理によるバイアスについて，本研究では十分な形で検討しているわけではない。第2に被災地調査は，すべての被災自治体をカバーできていない。例えば茨城県の自治体の中にも被害が大きかった自治体は多く存在するが，それらについてはデータに含まれていない。本章のデータにはカヴァレッジエラーがあることについても留意する必要がある。

4　実証分析

（1）締結協定数と被派遣職員数の関係

本節では被災地調査を用いた分析により，東日本大震災時に，どのような相互応援協定が機能したのかを実証的に明らかにする。そのための方法として採用するのは，回答者（自治体職員）の主観的な認識と，相互応援協定の締結状況という客観的な指標を組み合わせるという方法である。なお，従属変数の尺度は順序尺度であるが，サンプルサイズが小さい点を考慮し，一般的な線形回帰モデル（OLS）で推定を行うことにしたい*。

* 従属変数は4件順序尺度であり，順序ロジットなどを用いる方が適切かもしれないが，最尤法を用いた推定は一定水準以上のサンプルサイズ（100以上）が必要だとされることがある。つまり被災地調査のサンプルサイズだと安定的な推定を行えないという問題が生じる。他方，単純な線形回帰モデル（OLS）に基づく推定は，サンプルサイズが小さくても比較的安定した推定結果となる。さらに本研究の従属変数は，原理的には量的変数である。これらの理由からOLSによる推定が妥当性を欠くわけではないと判断した。

相互応援協定を分類し，それぞれの応援協定と被職員派遣数の関係性を分析する前に，単純な相互応援協定数との関係を分析することにしたい。その理由は，先行研究では相互応援協定を締結しているか否かが重視されているからである。被災地調査を用いた分析でも先行研究と同様の知見を得ることができる

第Ⅲ部　自治体間連携

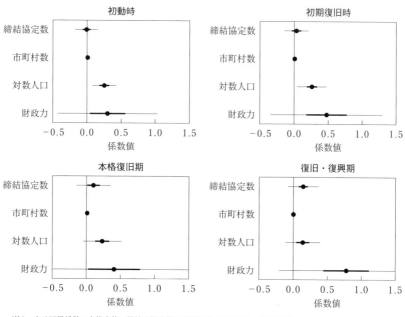

図5‐3　締結協定数と被派遣職員数の関係

(注)　点は回帰係数の点推定値。横棒は推定値の信頼区間（内側50％；外側95％）。

のかを確認する必要はある。また，締結協定数との関係を明らかにすることで，改めて相互応援協定を3つのパターンに分類する意味を示すことができるとも考える。仮に締結協定数と被職員派遣数に関係があるとはいえない場合，さらに踏み込んだ分析が必要だということになる。

図5‐3は，相互応援協定締結数と応援協定に含まれている市区町村数の2点について，被職員派遣数への認識とどのような関係にあるのかを分析した結果を整理したものである。図中の丸印は回帰係数の点推定値であり，横の棒は回帰係数の95％信頼区間である。この横の棒が0のライン（縦棒）と重なっていない場合，その独立変数は従属変数と統計的に有意な関係にあるといえることになる。なお統制変数として人口と財政力指数もモデルに含めている。

図5‐3に整理した結果が明らかにしているのは，被災地調査を用いた分析結果によれば，各自治体が締結している協定総数，および応援協定を締結している市町村総数のいずれも，従属変数である被職員派遣数と関係があるとはい

えないということである。すべてのフェーズにおいて，これら2つの変数の回帰係数は統計的に有意ではなく，点推定値も0に近い。サンプルサイズが小さいことによって標準誤差の値が大きくなったことが，統計的に有意ではないという結果になった原因ではない。

まとめれば図5-3は，次の2点を明らかにするものだといえる。第1に相互応援協定をどの程度，どれくらいの自治体と締結しているかは，派遣された職員数と関係があるとはいえない。言い換えれば被災自治体の視点に基づく分析からは，福本（2013）が述べるような効果を確認することはできない。第2に相互応援協定を締結している数（や自治体総数）とは異なる観点から，相互応援協定については検討しなければならない。相互応援協定を類型化し，それぞれの締結状況と被職員派遣数の関係を明らかにする理由は，協定締結数では十分な考察を行うことができないという点にある。

(2) 3つの応援協定締結数と被職員派遣数

前項の分析結果を受け，相互応援協定をペア型，狭域型，広域型の3つのパターンに分類した上で，それぞれの応援協定締結数を独立変数とする回帰分析を行った。その結果は図5-4に整理した通りである。ペア型と狭域型の回帰係数については統計的に有意ではないという結果となったが，広域型については，締結している協定の数が多いほど派遣された職員数が有意に多くなるという結果となった。ただしすべてのフェーズにおいて増えるわけではなく，その傾向は初動時や初期復旧時などに限定される。

一般に広域型の相互応援協定を締結している自治体は，仙台市など，人口総数も多い自治体であるが，図5-4はそれらの要因の効果を統制してもなお，広域型の協定締結数と被職員派遣数には関係があることを示す。ここから広域協定数との相関関係は，人口（や財政力）などによる擬似相関ではないといえる。もちろん人口をモデルに投入しない場合，回帰係数の点推定値は0.487と，投入した場合の推定値（0.319）よりも大きくなる傾向にある。しかし先に述べたように，これらいくつかの要因の効果を統制してもなお，回帰係数値は統計的に有意である。

図5-4 協定類型ごとの締結数と被派遣職員数の関係

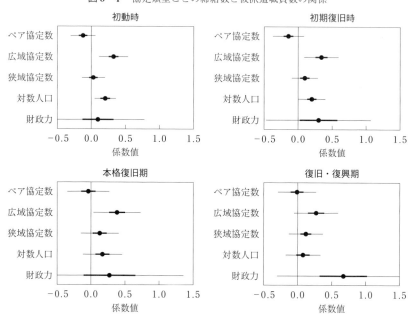

(注) 点は回帰係数の点推定値。横棒は推定値の信頼区間（内側50%；外側95%）

　統計的に有意な関係を確認できなかったペア型と狭域型の2つについて，なぜそのような結果となったのかを考えよう。まず狭域型については，東日本大震災の特徴が大いに関係しているように思われる。東日本大震災による被害は広範囲にわたるものであったために，狭域型に含まれる自治体の多くが支援する側ではなくされる側，つまり被災地になってしまったことで，十分な支援を行えなかったのではないだろうか。次にペア型の協定が機能しなかった理由については，やはり1つの自治体による支援は複数型と比較すると，どうしても数の面で劣ってしまうということではないだろうか。その他，ペア型の協定を締結する自治体は人口規模が必ずしも大きいわけではないので，多くの職員を派遣するほどの余力がなかった可能性もある。狭域型が機能しなかった理由と比較するとやや曖昧な解釈だが，事実としてすべての相互応援協定が東日本大震災時にうまく機能したわけではないことは指摘できる。

（3）沿岸部と非沿岸部の相違

東日本大震災で最も深刻な被害を受けたのは沿岸部の自治体であった。職員の派遣も主に沿岸部の自治体に対して行われたことは自明であり，ここから沿岸部と非沿岸部では協定締結数と被職員派遣数の関係は大きく異なることが予想される。以下では図5-4に示す推定結果の頑健性を確かめるために，沿岸部自治体と非沿岸部自治体に分けて，類型ごとの協定締結数と被職員派遣数の関係を分析する。

分析結果は図5-5に整理する通りである。広域型の協定締結数の回帰係数値は沿岸部では統計的に有意であるのに対して，非沿岸部ではそうではないという結果である。沿岸部の自治体ほど被害規模が大きく，職員を派遣される必要性が高かったことがこのような結果の相違につながったのだろう。また沿岸部であっても，本格復旧期になると広域型の締結数と被職員派遣数の関係が有意ではなくなる*。職員派遣の方法が，発災から時間が経過していくにつれて応援協定以外の方法へと移行した可能性がある。

* 図5-5を見れば明らかだが，サンプルの分割による標準誤差の増加がその原因である。

なおペア型と狭域型については，沿岸部と非沿岸部にサンプルを分けても，被職員派遣数と関係があるとはいえないという結果であった。サンプルを分割してもなお有意な関連を確認することができないということは，裏を返せば図5-4に示す結果は，信頼性が高いことを意味する。ペア型，そして狭域型の相互応援協定は，少なくとも東日本大震災時に関していえば，それほど有効に機能しなかったと考えられる。

以上，本節では相互応援協定が東日本大震災においてどの程度機能したのかを明らかにしてきた。分析結果を改めて整理すると第1に，単純な協定締結数や応援協定を締結している市町村数は，派遣された職員数と明確な関連をもたない。第2に，ペア型や狭域型協定の締結数と派遣されてきた職員数の間に，明確な関連があるとはいえない。これは全サンプルを用いた分析においても（図5-4），またサンプルを分割した分析においても（図5-5），共通して見ら

第Ⅲ部　自治体間連携

図5-5　協定類型ごとの協定締結数と被派遣職員数の関係（沿岸部／非沿岸部）

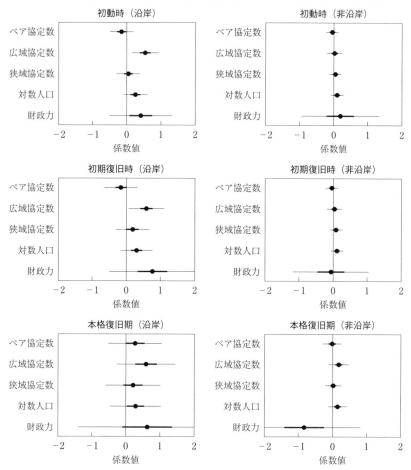

（注）点は回帰係数の点推定値。横棒は推定値の信頼区間（内側50％；外側95％）。

れる結果である。第3に広域型の締結数は，初動時や初期復旧時において派遣されてきた職員数と有意な関係にあった。被職員派遣数の増加にもっとも貢献したのは，広域型の相互応援協定であることを本節の分析結果は明らかにしている。

5　おわりに：さらなる連携体制の構築にむけて

（1）どのような相互応援協定が機能するのか

　本章では，筆者が中心となり実施した被災地調査の分析により，どのような相互応援協定が機能するのかを実証的に明らかにした。そこでの知見を改めて述べれば，第1にすべての相互応援協定が大規模災害時に機能するわけではないということである。本章の分析からは相互応援協定の締結数と被職員派遣数の間には有意な関連を確認することはできず，さらに協定に含まれる自治体数と被職員派遣数の関係も確認したが，これについても有意な関連があるとはいえないという結果であった。第2に，ペア型と狭域型の相互応援協定は，大規模災害時に機能する可能性はそれほど高くない。少なくとも東日本大震災において，多くの職員が派遣されたという認識と関連したのは広域型の協定締結数のみであり，ペア型と狭域型については被職員派遣数と関連があるとはいえなかった。以上より「広域型の相互応援協定が大規模災害時に機能する可能性が高い」というのが，冒頭に掲げた問いへの解答となる。

　以上の知見を踏まえて，近年におけるペア型協定の増加傾向について評価するならば，それは必ずしも大規模災害時に機能するとは限らないという点で課題を抱えるものだということになろう。ペア型の相互応援協定は複数型（狭域・広域）と比較すると締結に係る調整コストが低いという利点を有するが，他方でそれゆえに大規模災害時に多くの支援を望むことができないという限界も抱える。無論，多くの自治体とペア型の相互応援協定を締結すればよいという主張もあろうが，そうなると今度は支援側の調整問題が発生することになり，結果として非効率的な支援が行われてしまうことになりかねない。より適切な連携体制の構築という観点から見れば，ペア型の相互応援協定が増加することは必ずしも望ましいとはいえない。

　もちろん以上は，被災地調査を用いた限定的な分析結果に基づく指摘である。本章の分析結果には多くの課題が残存しており，特に従属変数の被職員派遣数については，客観的な数値ではなく防災担当部局職員の印象も含まれる主観的

な評価という点で問題がある。ただし東日本大震災における正確な職員被派遣数を把握することは実質的には困難であり，そのような状況では，たとえ自治体職員の主観的認識であっても有用な情報になり得ると考えている。自治体職員の主観的な評価であっても妥当な推論を行えること自体は否定しないが，いくらか方法論を含めて，指標を改善していく必要はある。

（2）自治体間連携の構築の課題

締め括りに代えて，以下では今後の自治体間連携のあり方を検討する。本章の分析を通じて明らかにしたように，どのような相互応援協定を締結するかについては，ペア型や狭域型ではなく広域型が望ましいように思われる。被災自治体においてペア型の協定締結数が急増している点から推察するに，全国的にも，このタイプの協定締結数が増加している可能性は高い。しかし本研究の知見に鑑みれば，ペア型の協定が災害時にうまく機能する保障はない。したがって今後は，広域型の協定をどのように締結していくのかについて，考えていく必要があるように思われる。

その際，重要な論点となるのは「災害対策基本法第67条」である。これは，大規模な災害が発生した際，被災した自治体の市町村長等が近隣自治体の市町村長等に対して応援要請をすることができ，かつ要請を受けた市町村長は原則正当な理由がない限りこれを拒否してはならないことなどを定めるものである。ただ実際の災害対応の現場において，闇雲に応援要請をすることはなく，事前に，日頃より交流のある自治体に応援要請することを定めていることが通例である。さらに自治体によっては，この災対法第67条に基づき自主的な形で応援協定が締結される場合もある。例えば郡山市，田村市，三春町，小野町の間で締結されている相互応援協定はそれに該当する。

災対法第67条のポイントは，近隣の自治体間での相互協力を前提とする点にある。言い換えれば，遠隔地同士の自治体間連携のあり方についてはそれほど考慮されていないのである。実際に筆者の調査にも，近隣の自治体間の連携を重視する意見は多く，さらに現在の応援協定の締結状況を不十分だと考えている職員は，全体の3割に満たなかった（善教，2014）。確かに多くの災害対応は，

近隣自治体同士の相互協力で事足りるのかもしれない。しかし大規模災害への対応については，近隣同士の連携が機能する可能性は低い。本章の分析結果から示唆されるように，狭域型の応援協定が常に機能するとは限らないのである。

他方で，広域型の相互応援協定の締結に向けては，多くのハードルを越える必要がある。特に重要な課題として「共通項」が少ない自治体をどうするか，という問題がある。現時点で存在する広域型の協定は「空港所在地」「石油備蓄基地」「政令市」「中核市」「砂防協力」「ボート所在地」「あやめサミット」といった，何らかの共通項を持つ市町村間で締結されるものが多数を占める*。広域型の相互応援協定を締結するにしてもその理由は必要となる。それをどうするのかは残された大きな課題である。

* もちろんすべての広域型が何らかの共通項をもとに締結されているわけではない。例えば宮城県角田市，兵庫県朝来市，宮城県山元町の3者間で応援協定が締結されているが，これら市町の間には何かしらの共通項があるわけではない。東日本大震災の際に，偶然，山元町へ派遣された朝来市の職員が，角田市の宿泊施設を利用したことがきっかけで，応援協定が締結されたのである。

さらに広域型の自治体間連携の構築に際しては，異なる自治体をつなぐ調整ないし媒介役の自治体も必要である。自治体間の関係を調整する主体としての役割を果たすのは都道府県である。ただし都道府県は，あくまで管轄内の自治体を調整する役割を果たすことが多く，異なる都道府県に属する自治体間連携についてはそれほど積極的ではないように思われる。そのため広域型の協定の締結にむけて動きだせる主体とはなりにくい。その際，関西広域連合のような複数の都道府県（や政令市）によって構成される団体ないし機関が，この媒介者としての役割を果たせる可能性がある。広域連合のあり方の1つとしてここでは，都道府県を越える自治体の媒介者という役割があることを指摘したい。

引用・参考文献

神谷秀之・桜井誠一『自治体連携と受援力：もう国に依存できない』公人の友社，2013年。

善教将大「災害時相互応援協定と自治体の初動対応に関する調査について」（公財）

ひょうご震災記念21世紀研究機構研究調査本部『災害時の広域連携支援の考察：研究調査中間報告書』2014年，57-72頁。

曽我謙悟「行政学における緊急事態マネジメントについての研究動向：行政における広域性と非日常性を検討するための予備作業として」（公財）ひょうご震災記念21世紀研究機構研究調査本部『災害時の広域連携支援の考察：研究調査中間報告書』2013年，9-14頁。

曽我謙悟「災害時の自治体間連携についての先行研究の検討」（公財）ひょうご震災記念21世紀研究機構研究調査本部『災害時の広域連携支援の考察：研究調査中間報告書』2014年，7-22頁

福本弘「災害時における自治体による被災地支援のあり方について：市区町村間災害時相互援助協定締結の有効性の検証から」 政策研究大学院修士論文，2013年（URL: http://www3.grips.ac.jp/~up/pdf/paper2012/MJU12620fukumoto.pdf 2016年9月29日閲覧）。

舩木伸江・河田惠昭・矢守克也「大規模災害時における都道府県の広域支援に関する研究：新潟県中越地震の事例から」『自然災害科学』第25巻第3号，2006年，329-349頁。

明治大学危機管理研究センター『防災・危機管理施策に関するアンケート調査　担当課アンケート』2012年（URL: http://www.kisc.meiji.ac.jp/~crisishp/ja/pdf/2012/questionnaire-in_charge.pdf 2016年9月29日閲覧）。

山田浩久「自治体間の交流事業が災害救援活動に果たす役割」『山形大学紀要（人文科学）』第17巻第3号，2012年，71-90頁。

Kapucu, Naim, Maria-Elena Augustin and Vener Garayev, "Interstate Partnerships in Emergency Management: Emergency Management Assistance Compact (EMAC) in Response to Catastrophic Disasters," *Public Administration Review*, Vol. 69, Issue 2, 2009, pp. 297-313.

第6章

災害対応現場における職員間調整
——南三陸町を事例として——

永松伸吾

1 はじめに：職員間調整における残された課題

　巨大災害の発生によって地方公共団体（以下，単に「自治体」と呼ぶ）には膨大な行政事務や災害対応業務が発生する。また行政職員が被災した場合，これらの業務の多くは外部からの応援職員によって担われなければならなくなる。とりわけ，2000年代半ばより進められてきた市町村合併とそれに伴う行政効率化により，自治体の職員数は減少傾向にある。そのような中で発生した2011年の東日本大震災は，その被害の激甚性や広域性と相まって，全国規模で史上最大の自治体間支援が行われるに至った。総務省によれば被災地への自治体職員の支援は2011年7月1日までで5万6923人にも及ぶとされているが，総務省で把握されていない任意の支援や，休暇を利用してのボランティア的な支援を含めると，実際にはより多くの自治体職員が現地に赴いたものと思われる。

　しかしながら，極度の混乱状況において，普段顔を合わせたことのない職員同士が，見知らぬ土地において災害対応業務を滞りなくこなすということは，決して容易なことではない。いかに円滑に行政職員が現地に派遣されたとしても，現地の活動において，その職能を十分に発揮できる調整が機能しなければ，むしろ現地の活動を阻害する可能性もある。だが，こうした応援職員の現場での調整の問題についてはこれまでほとんど検討されてこなかった。

　本稿では，こうした問題意識に基づき，2011年3月の東日本大震災の中心的な被災自治体の一つである南三陸町に派遣された職員へのアンケート調査を基に，応援職員が災害現場でどのような指揮調整系統のもとで活動を行ったかの実態を明らかにする。またそれによって，今後の自治体間支援を有益にするた

めの制度提案を行う。

　なお，本稿の分析の対象は発災から2011年 4 月末までの初動期（ 2 ヶ月弱）に限定している。その理由は，本研究の関心が自治体職員の支援の混乱軽減を大きな目的としているからであり，一定の秩序に基づいてルーティン的な支援が行われるようになった段階は分析から除外したいという考えによる。

　なお，本稿が南三陸町を対象として分析を行っている理由についても述べておきたい。効果的な災害対応を考える上では，最も困難な状況の中でも機能することが条件となる。この点において，南三陸町は庁舎が被災したことに加え，全職員のおよそ 2 割に相当する39人もの職員が犠牲になったために，最も災害対応に困難があったと考えられる自治体の一つである。比較的似たような条件の自治体としては岩手県大槌町があるが，南三陸町については人的支援を受けた自治体が震災直後から記録されていたため，本研究を実施する条件が整っていた。これが南三陸町を事例として取り上げた理由である。

2　応援調整に関するこれまでの研究と実践的取り組み

　大災害の発生時に地方行政に不足するリソースを他の自治体からの応援で補おうとする発想は，1962年の災害対策基本法施行時点で既に存在し，近隣都道府県間のブロック協定が存在した。だが1995年に発生した阪神・淡路大震災では，複数市町村に広域的な被害が発生し，被災自治体が求める支援も広範かつ膨大であった。このような状況において，近隣自治体が支援することを前提とした従来のシステムは機能不全を起こした（渡辺・岡田，2004）。このため，阪神・淡路大震災以降，都道府県を中心として多くの自治体は，従来の都道府県ブロックを中心とした応援協定だけでなく，遠隔の自治体と独自の協定を締結し始めた。

　2004年に発生した新潟県中越地震は，こうした協定の広域化が初めて試される災害となった。舩木・河田・矢守（2006）は，都道府県の支援実態を調査した結果，大規模な支援は災害対応に貢献した一方で，応援の重複といった問題も発生し，応援調整を一元化するための広域的プラットフォームの必要性を提

言した。こうした経験から，首都直下地震や東南海・南海地震などでは大規模支援をどうやって調整するかという問題意識が醸成されてきた（例えば中林[2010]）。

2011年3月における東日本大震災では，発生直後から大規模な被害の発生と応援ニーズの高まりが予想され，様々な支援調整スキームが提示された。最も早かったのは関西広域連合による支援である。関西広域連合は，連合の構成都道府県をそれぞれ岩手県・宮城県・福島県の支援に割り振り，府県内市町村と連携して特定の被災県ないし県内市町村の支援にあたる「カウンターパート方式」を採用した。阪本・矢守（2012）はこの支援について，①受入側の負担軽減につながる，②応援の継続性が確保できる，③応援側の人的財政的負担の軽減という3点から評価している。

また西堀（2016）および難波（2011）によれば，関西広域連合以外に，遠野市が岩手県沿岸部の被災自治体に対して行った「後方支援」，名古屋市・北九州市がそれぞれ陸前高田市や釜石市に対して行った「ペアリング支援」，杉並区が災害時応援協定を締結している自治体の支援をとりまとめて，南相馬市への支援を行った「スクラム型支援」も，現地の調整負担を軽減する効果があったと評価している。また，難波（2011）は静岡県の支援もまた現地支援調整本部を置き，静岡県内市町村の支援調整を自ら行っていたと評価している。中林（2014）は，静岡県の支援モデルも含めた，都道府県と県内市町村とが連携して支援に入る方式を「県・市町連携支援」と呼び，迅速かつ公平な支援を実施する上で評価しつつ，今後の巨大災害時の活用を念頭に置き，事前の検討を進めるべきだとしている。

このように，新潟県中越地震において露呈した広域的な応援調整の課題は，東日本大震災において様々な枠組みで解決が試みられたし，またそれらは多くの先行研究において検証され，一定の評価を受けている。だが他方で，これらを通じて派遣された応援職員が現場で十分に職能を発揮し，効果的な支援ができているのかどうかについての研究は以下に述べるものに限られている。

東日本大震災における応援職員の活動実態に関する研究として河本・重川・田中（2013）がある。この研究では静岡県および富士市からの応援職員と，受

入側である山田町・大槌町の職員，後方支援職員に対するインタビュー調査を行い，巨大災害時の自治体職員の応援の課題について明らかにしている。そこでは，抽出された課題として，①窓口の一本化，②指示系統の整備，③受援各課との調整などといった，現場の応援職員と受援側自治体との指揮調整系統の問題が多く指摘されている。同様の指摘は，本荘・立木（2013）においても行われている。彼らは被災自治体に派遣された神戸市職員96人を対象としてグランドKJ法による課題抽出を行い，指揮命令系統の一元化，他の支援団体との連携課題など，現場の指揮調整系統に関する課題を抽出している。

　こうした支援の受入に伴う課題の解決にむけて，政府は自治体に対して受援計画の作成を求めている。2012年に災害対策基本法の一部改正により，地方公共団体間の応援に関する都道府県の調整規定が拡充され，また国による調整規定が新設された。これを受けて，2012年に防災基本計画が修正され，地方公共団体は円滑に応援を受けるための受援計画を地域防災計画に位置付ける努力規定が盛り込まれることとなった。これを受けてこれから応援を受けることになるかもしれない自治体では，自らが取り組める対策として，災害時受援計画の検討が進められた（本荘・立木，2014）。

　また内閣府防災担当では2014年度に「災害対策標準化会議」を設置し，多様な主体が「相互に効果的かつ効率的な連携を確保しつつ，迅速かつ的確に対応できるような態勢を確立していく必要がある」ことを報告書において明記している。ここには災害対応業務が標準化されていないことが災害対応の円滑な実施を妨げているという認識が示されている。

　しかしながら，これまでの先行研究を見る限りは，なぜ災害対応業務の円滑な実施が妨げられているのかという原因について掘り下げた研究はない。そこで，本稿では現地における応援職員の活動実態と，円滑な事業実施を妨げる要因について分析するために，現地での応援に派遣された職員個人を対象とした調査を実施した。

3 南三陸町に派遣された職員の基本属性

　本分析で用いるデータは，東日本大震災発生後から2011年4月31日までの間に南三陸町に派遣された職員全員を対象としたアンケート個票である。調査項目は，以下のように構成される。①個人属性，②業務上の経歴，③派遣業務の内容，④現地での指揮調整系統，⑤現地での労働環境，⑥活動の評価などである。調査期間や質問項目の設定は，2014年5月に実施した南三陸町総務課へのヒアリング調査に基づいている。対象とする初動期を2011年4月31日までに設定した理由は，次の通りである。南三陸町は多くの職員を津波で失った状態で災害対応を行わざるを得なかったが，同年4月1日の人事異動に合わせて町内組織を大幅に見直し，体制を立て直すことができた。これにより5月の大型連休頃にはある程度業務が回るようになったということから，4月末までを対象とすることが適当であると判断した。

　調査は㈱サーベイリサーチセンターに委託して実施した。調査は次の二段階に分けて行った。第1段階として，対象者の特定と調査協力依頼である。南三陸町の記録から，該当時期に同町に職員を派遣した可能性のある68の地方公共団体を特定し照会したところ，うち21自治体は該当者なしという回答を得た。それ以外の47団体について調査への協力を依頼したところ，業務が多忙であること（東京都特別区），対象職員が多すぎて把握できないこと（宮城県・東京都），対象者を特定できないこと（東京都特別区）などを理由に5団体から協力が得られなかった。その結果，対象となる職員数は42自治体653人となった。担当業務について多い順に給水支援（178人），保健士（187人），避難所（120人），不明（50人）となっている。なおこれらの調査は2014年12月に実施した。

　第2段階として，了解を得られた自治体に調査票を郵送し，当該自治体で該当者へ調査票の配布を行い，㈱サーベイリサーチセンターへ回答済み調査票を直接郵送してもらった。これらの調査は2015年2月から3月にかけて実施した。有効回答数は388であり，回収率は59.4％となっている。

　その後，新たに兵庫県内の17市町村からの派遣者71名が特定できたため，

2016年1月に調査票を再配布し2月初旬に回答を得た。この71名に対する有効回答数は53であり，回収率は74.6％である。これにより，最終的な調査票の配布数合計は724，うち有効回答数は441，有効回答率は60.9％となった。

なお，南三陸町は8月末までの5ヶ月と20日ほどで約2500人の短期派遣を受け入れていることが明らかになっている（人と防災未来センター，2012）。本研究の対象期間がその3分の1未満であることを考慮すれば，同時期に派遣された職員の大多数には調査票が届けられたと考えて差し支えないだろう。

4　応援職員の属性と現地での業務概要

アンケートの回答者の属性について見てみよう。回答者の90.0％は男性であり（図6-1），年代では30代が37.3％，40代が33.4％と，この両世代で全体の約7割を占めている（図6-2）。所属団体については，都道府県が26.5％，市町村が68.9％となっており，市町村の職員が大半を占めている（図6-3）。ただし，今回，東京都および宮城県が調査に含まれていないことを考慮すれば，実際現地で活動した都道府県職員の割合はこれよりもかなり大きかったであろうことが予想される。

また，回答者の職階では，係員・主任・係長・主査で全体の7割以上を占めている。課長補佐級以上は16.0％であり，うち管理職と見られる室長，課長，次長，部局長らはわずか16名であった（図6-4）。このことは，派遣された職員の多くは現場での決裁権限を持たない者であったことを意味している。

また，災害対応の経験がある職員は23.5％に過ぎず，被災自治体の支援の経験がある職員も21.5％に過ぎない。災害対応に関する研修を受講したことがある職員も33.7％に留まっている（図6-5）。なお，災害対応の経験，被災自治体の応援，災害対応に関する研修のいずれも経験なしと回答した職員は197名存在し，全体の47.2％を占めている。すなわち半数近くの職員は，災害対応に関しては経験も知識も全くない状態で派遣されている。

派遣期間について見ると，有効回答数が158と少ないが，9割以上が10日以内の派遣であり，およそ半数が4日以内の派遣となっている。これは初動期の

第6章 災害対応現場における職員間調整

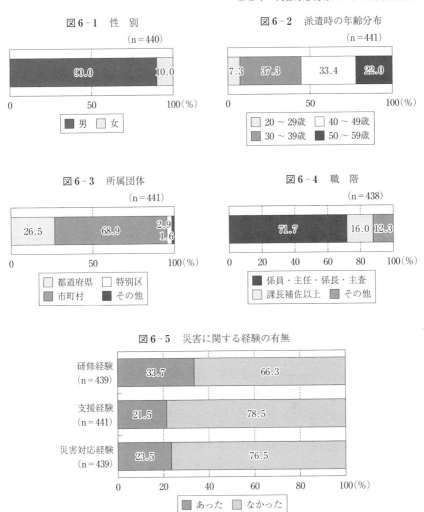

図6-1 性別 (n=440)
図6-2 派遣時の年齢分布 (n=441)
図6-3 所属団体 (n=441)
図6-4 職階 (n=438)
図6-5 災害に関する経験の有無

支援という特徴もあるが，かなり短期間で職員が入れ替わっていったことが分かる（図6-6）。

派遣者が現地で従事した業務は果たしてどのようなものであったのだろうか。現地で従事した業務についてまとめたものが，図6-7である。これを見ると，最も従事者数が多いのは応急給水支援業務であり，次いで，避難所運営業務，保健衛生業務，物資輸送・配布業務と続いている。市町村・特別区・その他職

第Ⅲ部　自治体間連携

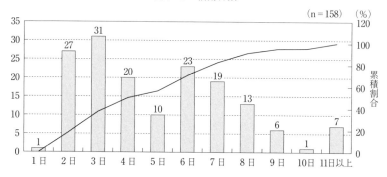

図6-6　活動日数

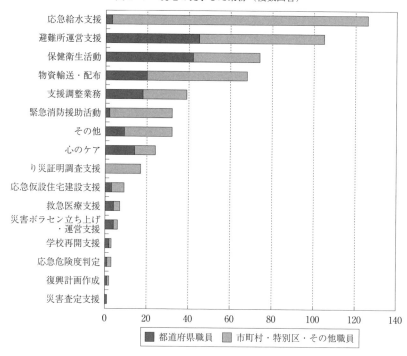

図6-7　現地で従事した業務（複数回答）

員が最も多く従事した業務は応急給水支援であり，都道府県職員はわずか3人である。都道府県職員が最も多く従事した業務は避難所運営支援（44人）となっている。また市町村・特別区・その他職員に比べると，保健衛生業務に従事

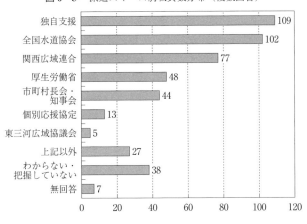

図6-8　派遣スキーム別職員数分布（複数回答）

した職員数（40人，都道府県職員数の24％）また支援調整業務に従事した職員数（17名，都道府県職員の10％）が比較的多いという特徴がある。

派遣されたスキーム別の職員数を図6-8に示す。複数回答となっているが，全体の回答数の合計は410となっており，重複回答はそれほど多くない。

それぞれのスキームの具体的な内容は次の通りである。所属組織の独自支援チーム（以下「独自支援」）は，文字通り派遣側の自治体が独自にチームを組んで派遣しているスキームである。南三陸町との個別応援協定（以下「個別応援協定」）は，災害前に締結していた協定を根拠として南三陸町に支援を行ったスキームである。東三河広域協議会は，地方拠点法に基づき東三河8市町村（豊橋市，豊川市，蒲郡市，新城市，田原市，設楽町，東栄町，豊根村）によって1993年に設立された組織であり，2015年6月に東三河広域連合が設立されたことにより廃止されている。全国市町村長会・知事会スキーム（以下「市町村長会・知事会」）とは，①被災市町村が災害対応に必要な職員の派遣要請を都道府県に対して行い②それらが総務省公務員部によってとりまとめられ③総務省より全国市町村会・知事会に対して派遣要請が行われ④全国市町村長会・知事会から各市町村・都道府県に支援要請を行うものである。総務省によれば，このスキームにおいて2011年11月30日までで被災地全体で57団体1314人の派遣が行われている（詳細は阪本［2014］を参照）。

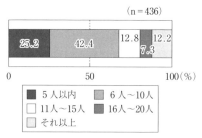

図6-9 所属した派遣チームの規模 (n＝436)

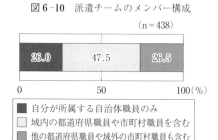

図6-10 派遣チームのメンバー構成 (n＝438)

　関西広域連合による支援チーム（以下「関西広域連合」）は，既に見たように「カウンターパート方式」として知られ，南三陸町には徳島県および兵庫県，また兵庫県下の市町村が南三陸町の支援に入っている。

　厚生労働省による派遣要請スキーム（以下「厚生労働省」）とは，被災地の保健衛生活動のために，被災県から厚生労働省に対して職員の派遣要請が行われ，それに基づいて保健師が派遣されたスキームである。全国水道協会による派遣スキーム（以下「全国水道協会」）は，水道事業者（多くは市町村）を正会員として構成される公益社団法人全国水道協会によって行われた被災地の応急給水活動を示している。

　現地の活動において他の組織や団体と調整を行った最小単位を「支援チーム」と定義して，その規模について尋ねたところ，5人以内が25.2％，6人〜10人が42.4％と，全体の約68％が10人以下の比較的小規模なチームで活動していた（図6-9）。また，そのチームの職員構成について見ると，単独自治体でチームを構成できたのは26.0％に留まり，多くが他の自治体との混成チームである。その中でも，県市町村合同支援，すなわち県職員や同一県内の他市町村との混成チームが47.5％と半数近くを占めている（図6-10）。中林（2014）によれば，このような支援は24都道府県572市町村に及ぶことが明らかになっており，南三陸町でも大半を占める支援形態となっている。

5 現場における活動調整の分析

さて、現場にかけつけたこれらの職員は、どのように業務の調整を行っていたのであろうか。本稿の主要な関心であるこの問題に触れるまえに、分析のための理論的なフレームワークを提示したい。

(1) 指示調整系統に関する規範モデル

危機管理に適した組織運営としては事態対応指令システム（ICS）が有名である。ICSは、一般に次のような原理を要諦とする組織運営手法である。①一元的な指揮統制系統（unity of command）すなわち、指示は必ず一人の上司から行われ、それぞれの構成員が報告すべき相手もその上司一人のみであること。②複数現場の統一指揮（unified command）複数の行政区域や事象に広がりを持つ事案であっても統一的に対応すること。③スカラーの原則（scalar principle）。組織は階層性を持ち、事案規模によって拡大すること。④統制の原則（span of control）一人のボスが指示できる部下の数は制約されること。⑤標準化された用語（standardized terminology）、業務内容や資機材等について統一された用語を用いること、などである（Jensen and Thompson, 2016）。

しかしながら、これらの原則に忠実なICSの指揮系統（「指揮統制型」[command and control]）はきわめてトップダウン的な組織運営であり、また弾力性に乏しいことが、多くの研究者による批判の対象となった。実際にICSが機能するのは、いくつかの特殊な条件が整った場合のみであり、普遍的な危機管理手法とは言えないという実証研究も多く発表されている（Buck et al., 2006; Waugh and Streib, 2016）。指揮統制型による危機管理組織論批判の急先鋒に立ったクアランテリは、相互の自発的協力により共同で意思決定を行うような組織モデル（「調整型」[coordination]）こそが危機時において合理的なシステムであると主張する（Quarantelli, 1988）。

また、ICSに則った活動であっても、意思決定は分権化され、指揮者が命令しているというよりは、関係機関の自発的協力により、その決定を受け入れて

表6-1　危機管理組織の指示調整モデル

	指揮統制型	中央調整型	調　整　型
組織間調整	指示・命令	自発的協力	自発的協力
組織内調整	指示・命令	指示・命令	自発的協力

(出典)　Groenendaal et al. (2013).

いることによって成り立っていると思われることが多い。すなわち，組織間調整がこうした自発的な協力によって行われ，その内容について組織内のヒエラルキー構造を用いて行動するようなモデルは「中央調整型 (centralized coordination)」と呼ばれている。

　これらのモデルの違いを Groenendaal et al. (2013) は組織間 (inter-organization) の調整手法と組織内 (intra-oganization) の調整手法の組み合わせによって表現した（表6-1）。

（2）南三陸町職員の指示調整系統への著しい偏り

　これらのどのモデルが最も適合的であるかは，それ自体が大きな学問的関心である。しかしながら，本稿が指摘したいのは，南三陸町での実態は，これらのいずれにもあてはまりそうにないという点である。上記のモデルは，指示・命令か自発的協力かはともかく，いずれも応援組織内部に自律的な指示調整系統が存在することを前提にしている。しかしながら，南三陸町の応援職員に関しては必ずしもこの前提が成り立っていない。

　まず，指揮調整系統について，職員が現場で直接的な指示を受けた人数（被指示者数）を尋ねた。しかしながら，1人という回答は41.8％にとどまっており，半数以上は2人以上の指示を受けている（図6-11）。先行研究でも指揮調整系統の一元化がなされていないという指摘はあったが，南三陸町の支援においてもこの指摘はあてはまる。

　そうした複数の指示を受けつつも，主要な指示系統が何かしら存在したはずである。応援職員は主に誰の指示に従って活動をしたのだろうか。それをまとめたのが図6-12である。リーダーについては，南三陸町の職員の指示で活動した割合が35.7％であり，その他の指示で活動した者が64.3％となっている。

図6-11 現地であなたが直接的に指示を受けた人数
(n＝402)

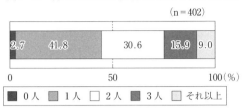

図6-12 チーム内役割別指示系統

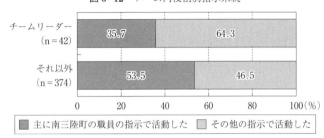

それ以外の職員について見ると，南三陸町の職員からの指示で活動したと回答した職員が53.5％も存在する。すなわち，ほぼすべての職員が何かしらの組織に属して現地に派遣されたにもかかわらず，半数以上はチーム内の指示系統ではなく，南三陸町の指示調整系統に属していたことがうかがえる。多くの同僚が命を落とし，平常業務ですらままならない南三陸町の職員らに，こうした多くの応援職員の調整負担が集中したという事実をまずは改めて認識しなければならない。

（3）直接指示の指向要因の分析

しかしながら，チームリーダーの指示によって活動した職員もそれなりに存在している。南三陸町職員の指示を必要とするか，あるいはそうでないかは何によって規定されているのであろうか。この点を明らかにするために，ロジット分析を行う。被説明変数は主に南三陸町の職員の指示で活動した場合に1，それ以外に0を取る二項変数である。また説明変数として，職員の属性や活動に関する変数を用いる。分析結果を表6-2に示す。

第Ⅲ部 自治体間連携

表6-2 南三陸町職員の指示に関するロジット分析結果

被説明変数 サンプル数		主に南三陸町の職員の指示で活動=1 362		主にチームリーダーの指示=1 362	
		係 数	標準誤差	係 数	標準誤差
定 数		-1.19	0.687	-0.196	0.721
個人属性	都道府県職員ダミー	-0.11	0.662	0.622	0.651
	女性ダミー	1.813	0.779	-0.638	0.694
	リーダーダミー	1.545	0.515**	-4.329	1.144**
	課長補佐以上ダミー	-0.089	0.286	0.152	0.29
	所属組織経験年数	0	0.022	0.001	0.021
	災害対応経験ダミー	-0.362	0.342	0.589	0.358
	応援経験ダミー	0.108	0.34	0.289	0.366
	研修受講経験ダミー	0.616	0.322*	-0.789	0.336*
指揮調整	被指示者数	0.345	0.128**	-0.385	0.135**
	本部調整ダミー	0.125	0.273	0.244	0.285
	同一都道府県内混成チームダミー	0.774	0.382**	-0.293	0.353
	複数都道府県間混成チームダミー	0.865	0.461**	-0.759	0.485
業務内容	避難所運営支援ダミー	-1.175	0.48*	0.974	0.531
	支援調整業務ダミー	-0.732	0.628	0.034	0.684
	心のケアダミー	0.849	0.906*	-1.253	0.916
	緊急消防援助活動ダミー	-3.82	0.97**	1.661	0.732*
	物資輸送・配布ダミー	-0.141	0.535	-0.797	0.581
	保健衛生活動ダミー	-3.412	0.92**	0.835	0.718
	応急給水支援ダミー	-0.59	0.616	0.117	0.735
派遣スキーム	独自支援ダミー	-0.573	0.481	0.348	0.48
	独自支援×都道府県ダミー	-1.676	0.91	1.294	0.833
	個別協定ダミー	0.617	0.887	-0.589	0.948
	市町村長会ダミー	-0.435	0.582	0.276	0.604
	市町村長会ダミー×都道府県ダミー	0.037	1.077	-0.663	1.057
	関西広域連合ダミー	0.259	0.585	-1.036	0.725
	関西広域連合×都道府県職員ダミー	-2.835	1.056**	2.524	1.069*
	厚生労働省ダミー	0.149	0.961	1.48	0.916
	厚生労働省×都道府県職員ダミー	0.285	1.042	-1.133	1.041
	全国水道協会ダミー	0.562	0.614	-0.301	0.738
	全国水道協会ダミー×都道府県職員ダミー	0.885	1.634	-0.02	1.626
対数尤度		361.318		341.358	
Nagaike R2乗		0.424		0.376	

(注) *,**はそれぞれ両側検定で5%有意,1%有意を示す.

リーダーについて南三陸町の職員の指示で活動する確率が高くなっているのは，組織間調整のために必要としたということであり，特に説明の必要はないだろう。興味深いのは，被指示者数が多い職員ほど，主に南三陸町の職員の指示で活動した確率が高いということである。職員はほとんどの場合，チームリーダーの指示も受けているから，南三陸町の職員の指示で行動すれば結果として被指示者数が増えるという結果を示しているだけかもしれないが，この理由は後に検討する。

この分析における最も重要な発見は，同一都道府県内混成チームダミーの係数が正で有意であること，そして複数都道府県間混成チームダミーの係数はそれよりも大きな値を有意に示していることである。これらのダミー変数は，都道府県とその域内の市町村を含む混成チームである場合に1を取る変数であるが，前者は同一都道府県内のチームの場合，後者は複数都道府県にまたがるチームの場合である。いずれのダミー変数も0となる場合は単独自治体から構成されるチームに所属した個人を示している。すなわち，この結果は，単独自治体のチームに比べ，複数の自治体で構成されるチーム，とりわけ都道府県をまたがった自治体で構成されるチームについては，主に南三陸町職員の指示で活動する確率が上昇するということを意味している。

業務内容について，心のケアダミーが正で，避難所運営，緊急消防活動，保健衛生活動のそれぞれのダミー変数について負で有意な値を示すのは，図6-8と整合的な結果である。特に消防活動や保健衛生活動は業務内容が明確であり，指示系統が事前の計画によって規定されていることが大きな要因として考えられる。

最後に興味深い点は，関西広域連合ダミーについての係数は有意ではないものの，都道府県職員ダミーとのクロス項については負で有意な値を示しているということである。関西広域連合に所属した県職員（兵庫県・徳島県職員）については，南三陸町職員の指示を受けた確率が有意に低いということを示している。

これらの結果を総合すると，南三陸町の職員の指示で行動する職員が増えるのは，支援チーム内の調整力が弱いことが原因ではないかという仮説が導かれ

表6-3　リーダー・サブリーダーが指示した職員の割合
(単位：％)

	自分が所属する自治体職員	同じ支援チームに所属する他の自治体の職員
リーダー（n=43）	74.4	55.8
サブリーダー（n=43）	67.4	48.8

る。複数自治体からなる混成チームはチーム内の調整力が単独自治体・単独ミッションからなるチームよりも劣っていることは容易に想像できる。被指示者数が正で有意であった理由も，指示系統が輻輳した結果チーム内の調整がうまくいかず，南三陸町の職員の指示を必要としたと考えることも可能である。

　この仮説を別の角度から検証してみよう。表6-3は，リーダーとサブリーダーが職員別に指示したと回答した割合を示している。自分が所属する自治体職員について直接指示をしているのはリーダーで74.4％，サブリーダーで67.4％であるが，他の自治体職員に対してとなると，この値はチームリーダーで55.5％，サブリーダーで48.8％に減少する。他の自治体職員に対してはチームリーダーといえども職務上の指示権限はないため，指示したと回答する職員の割合が減るのは当然と言えよう。そうすると，複数自治体からなる混成チームは，チームリーダーの指示が及びにくいことになるため，そのことが直接指示型への指向性を強めたと考えることができる。

　さらに言うと約1/4のチームリーダーは同じ自治体の職員であったとしても指示を出していない。同じ職場であっても全く違う部局の職員同士は平時において違う指揮系統で仕事をしており，現地のリーダーがそれを飛び越えて指示を出すことは困難であろう。とりわけ前述のように回答者には管理職はほとんど含まれず，リーダーの職階がせいぜい課長補佐級であったとすれば，このことも十分理解できる。すなわち，単独自治体のチームであっても組織内の調整権限は決して十分ではなかった可能性が高い。さらに他自治体の職員も含む混成チームであれば，なおさらチーム内の指示系統は機能しなかったであろう。

（4）関西広域連合における指示調整系統
　では，受け入れ側の負担軽減が期待された関西広域連合についてはどうだっ

表 6-4 関西広域連合における都道府県職員と市町村職員の組織内調整の比較

	所属組織	度　数	被指示者数平均	主に南三陸町職員の指示で動いた率(％)
関西広域連合	都道府県	30	1.43	12.1
	市町村	42	2.52	68.2
	計	72	2.07	44.2
それ以外	都道府県	80	2.00	32.1
	市町村	226	1.91	53.4
	特別区	11	6.18	84.6
	その他	7	1.71	57.1
	計	324	2.07	49.6

たのだろうか。表6-4によれば，関西広域連合派遣の職員の被指示者数の平均は2.07で全体平均と変わらない。しかしながら，都道府県職員に限定すると，被指示者数が1.43と小さく，指揮系統が比較的一元化されている。さらに南三陸町の職員の指示で動いた割合が12.1％と非常に少ない。それは他のスキームで派遣された都道府県職員と比較しても歴然としており，関西広域連合の組織内調整機能はかなり高かったと推測できる。

だが，市町村職員については，これは全く当てはまらない。市町村職員の被指示者数は都道府県職員のそれを大きく上回る（2.52）し，南三陸町職員の指示を受けた率も高い（68.2％）。いずれも，他のスキームを利用した市町村職員よりも高い数字である。

中林（2014）も指摘するように，関西広域連合の支援は，全体として連携してはいるが，支援先の自治体との関係は個別自治体が対応していた。それは市町村間の支援においてもそうであった。大西（2015）が指摘するように，市町村は都道府県や国とは独立した対等の立場であるから，これらを関西広域連合の名のもとで一元的な指揮下に置くということは制度上困難であった。これらが関西広域連合による支援チーム内の調整力が弱かったことの主たる原因だと思われる。

6　結論：応援側における組織内調整力の向上のために

　以上の分析をまとめると次のようになる。東日本大震災では，被災自治体の負担軽減のために，外部の応援主体の調整のもと，複数自治体でまとまって被災自治体の応援に入る方法が一般化した。しかしながら，現場での実態を見ると，そうした複数自治体によって構成された支援チームほど，南三陸町職員の指示を受けて活動する傾向が強いという皮肉な結果になっている。

　その理由は，第1に派遣された職員に管理職が少なく，最初から現地の指示に服すことを前提として派遣されているということもあるだろう。しかし，第2に，もっと根本的な問題は，複数の自治体職員で構成されたチームにおいては，指揮権限がどの職員にあるのか明確でないということである。都道府県職員や広域連合であっても市町村職員への指示権限は存在しない。いくら応援派遣調整を一本化したところで，現地に駆け付けた職員が結局ばらばらに活動するようでは，受援側自治体の負担が解消されることはない。

　かように，自治体の広域支援を巡る問題は，初動期に限定すれば，受援側ではなく，主に支援側の問題と捉えるべきである。支援チームがその内部にしっかりとした調整力を持たなければ，チーム内の職員は現地職員の指示を仰がざるを得ない。したがって，支援を巡る混乱を解消するためには，支援チーム内の調整力を高めるための方策が不可欠である。そしてそのことを前提として，受援側としては，自律的に活動できる部隊の派遣を要請し，かなりの程度権限委譲して丸投げする勇気と備えが必要かもしれない。すなわち，災害応援を現場の支援として考えるのではなく，マネジメントのレベルの支援まで視野に入れなければならない。そこまで踏み込んだ議論が今後展開されることを期待したい。

引用・参考文献

大西裕「東日本大震災における関西広域連合の支援について（特集　東日本大震災（16）広域連携）」『消防科学と情報』第120号，2015年，10-13頁。

河本尋子・重川希志依・田中聡「ヒアリング調査による災害応援・受援業務に関する考察：東日本大震災の事例」『地域安全学会論文集』第20号，2013年，29-37頁。

阪本真由美「復旧・復興業務に対する都道府県間の人的支援調整に関する研究：東日本大震災の事例を中心に」『地域安全学会論文集』第22号，2014年，245-252頁。

阪本真由美・矢守克也「広域災害における自治体間の応援調整に関する研究：東日本大震災の経験より」『地域安全学会論文集』第16号，2012年，391-400頁。

中林一樹「日本における広域応援と広域協働による災害対応システムの現状——首都圏の巨大災害を事例に」『都市科学研究』第3号，2010年，73-81頁。

中林一樹「大規模災害時の自治体間連携と被災地支援に関する研究：東日本大震災にみる都道府県間支援の実態からの考察（特集　災害時の連携と地域コミュニティの維持）」『自治体危機管理研究：日本自治体危機管理学会誌』第13号，2014年，1-19頁。

難波悠「大規模災害時における自治体への支援の必要性と今後への提案」『東洋大学PPP研究センター紀要』第2号，2011年，118-132頁。

西堀喜久夫『大規模災害時における地域連携と広域後方支援に関する政策研究』東三河地域防災協議会受託研究，2016年。

人と防災未来センター「2011年東日本大震災における災害対応の現地支援に関する報告書（南三陸町対応編）」『DRI調査研究レポート』第28号，2012年。

舩木伸江・河田惠昭・矢守克也「大規模災害時における都道府県の広域支援に関する研究：新潟県中越地震の事例から」『自然災害科学』第25巻第3号，2006年，329-349頁。

本荘雄一・立木茂雄「東日本大震災における自治体間協力の「総合的な支援力」の検証：神戸市派遣職員の事例から」『地域安全学会論文集』第19号，2013年，51-60頁。

本荘雄一・立木茂雄「被災市町村と応援行政組織やボランタリー組織との連携・協働を促す受援計画の考察：東日本大震災を事例として」『地域安全学会論文集』第22号，2014年，21-31頁。

渡辺千明・岡田成幸「全国自治体による激震被災地への支援のあり方(1)　阪神淡路大震災における実態調査と要因分析」『自然災害科学』第23巻第1号，2004年，65-77頁。

Buck, D. A., J. E. Trainor and B. E. Aguirre, "A Critical Evaluation of the Incident Command System and NIMS," *Journal of Homeland Security and Emergency Management*, 3(3), 2006.

Groenendaal, J., I. Helsloot and A. Scholtens, "A Critical Examination of the Assumptions Regarding Centralized Coordination in Large-Scale Emergency Situations," *Journal of Homeland Security and Emergency Management*, 10(1), 2013.

Jensen, J. and S. Thompson, "The Incident Command System: a literature review," *Disasters,* 40(1), 2016, pp. 158-182.

Quarantelli, E. L., "Disaster Crisis Management: A Summary of Research Findings," *Journal of Management Studies,* 25(4), 1988, pp. 373-385.

Waugh, W. L. and G. Streib, "Collaboration and Leadership for Effective Emergency Management," *Public Administration Review,* 66, 2006, pp. 131-140.

第IV部

外国事例との比較

第7章
台湾における防災政策と自治体間連携の展開

梶原　晶

1　なぜ台湾を見るのか

　本章は，台湾の防災政策と自治体間連携による災害対応について検討する。
　災害が発生した際に被災自治体は初期対応を始め，その後の復旧復興政策の担い手となる。しかし，大規模地震や大津波などが発生した場合には，その担い手となる自治体自身が大きなダメージを受けてしまう。特に規模の小さい自治体においては，物的・人的リソースの不足は深刻となる。東日本大震災においても自治体職員の多くが被災する，もしくは行政庁舎の喪失などによって初期対応や復旧復興体制の早期確立が困難となることが示された*。こうした大規模災害発生後の自治体のリソースや行政能力の不足を補完する上で重要となるのが，被災自治体への支援である。他章でも述べられている通り，東日本大震災では自治体支援の枠組みとして関西広域連合によるカウンターパート支援が採用された。このカウンターパート方式は支援側と受援側のペアを作ることによって，自治体間で迅速かつ効果的に支援することを目的とした枠組みである。

* 例えば，宮城県南三陸町，宮城県大槌町のように津波被害によって首長など幹部を含む行政職員が死亡する，または行政庁舎自体が流失するといった事態が発生している。

　カウンターパート方式は，日本では東日本大震災で初めて採用されたものであるが，その源流は震災発生以前にさかのぼる。その一つは，2008年に中国で発生した四川大地震の際に行われた「対口（たいこう）支援」である。四川大

地震の発生後に中国政府は省・直轄市といった規模の大きな自治体と被災自治体との間で一対一でペアを作り，災害対応と復旧復興政策の支援を行わせた＊。更にこの中国における対口支援の先例となったのが，1999年に台湾で発生した921大地震＊＊の際に取られた自治体間支援である。921大地震においては，被災地域となった台湾中部の自治体に対して，被害が少なくリソースと行政能力を有した自治体が支援を行っている。このようにカウンターパート方式支援の起源は台湾にあるのである。さらに，現在台湾においてはカウンターパート方式の被災地支援の枠組みを一定程度制度化している。

＊　四川大地震の対口支援の詳細に関しては，飯塚（2012；2013）を参照されたい。
＊＊　台湾大地震，集集地震とも呼ばれている。

　日本において今後の大規模災害の発生に備えた自治体間連携の枠組みでの被災地支援を検討するためには，上記他国での経験について検討することが求められる。しかし，中国における対口支援に関しては一定の研究蓄積が行われているのに対して，台湾における事例については多くの検討が加えられていない。台湾は日本同様に地震多発地帯に位置しており，さらに台風被害や水害などの発生状況から見ても日本と同様の条件に置かれている。それ故，類似した自然環境のもとで採用されている台湾の防災政策や災害後の復旧復興政策を検討することには大きな意味がある。また日本と台湾は民主主義体制という点では共通点を有するが，政治・行政制度さらに政党間競争の状況など異なる条件も存在する。よって日本とは異なる政治環境にある台湾と比較研究を行うことで，政治的な制度や環境が防災政策や復旧復興政策に与える影響についても検討することができる。
　本章は以上の観点から，大きく分けて以下の3点の目的と内容を有する。第1に台湾の防災政策の概要把握である。日本と類似した自然環境にある台湾は，当地での災害の発生に加えて日本やアメリカなど他国の災害対応の経験も踏まえた防災体制を構築している。現在の台湾の防災体制の中で中心的役割を果たすのは「災害防救法」である。同法は日本で言えば「災害対策基本法」にあたるものであり，その内容と展開について検討する。

第7章　台湾における防災政策と自治体間連携の展開

　第2の目的は，921大地震発生時の台湾の自治体間連携支援の検証である。先に述べたように，921大地震では被災自治体に対して直轄市や県から直接に支援が行われており，震源地に近い被災地である南投県国姓郷に対して行われた台北市からの支援に注目する。この台北市からの国姓郷への支援は，受援側の自治体の長期復興過程に支援自治体をコミットさせた四川大地震の対口支援とは異なり，初動期から復旧期までの支援を行ったものである。この点で日本におけるカウンターパート方式の支援との共通性も存在する。そこで台湾での自治体間支援の実態について明らかにすることで，日本の今後の自治体間支援に対する示唆を得ることができる。

　第3の目的は，921大地震後の復旧復興過程を明らかにすることで，政治環境が防災政策に与える影響を検討することである。本稿で注目する政治環境とは中央政府における政権交代，中央政府と自治体の政権の党派性の問題である。台湾では全国的に二大政党化が進んでおり，中央政府で政権交代が起きている上に，中央政府と自治体との間，さらには異なるレベルの自治体間で政権政党の党派性の一致と不一致が生じている。このことは政治的環境が復旧復興活動をめぐるリソース配分に政治的な偏向を生む可能性をはらんでいる。これら台湾における政治的環境と防災政策や復旧復興政策の関係について検討することは，2000年代に入って政権交代を経験して，今後もその可能性を有している日本にとって重要な示唆を与える。

　上記3つの目的に従った台湾の検討を通して，防災および災害後の復旧復興に関わる今後の日本自身の政策および体制構築に与える含意について最後に述べる。

2　台湾の防災政策

　921大地震における自治体間連携支援と復旧復興政策について言及する前に，台湾における現状の防災政策について概説する。台湾の防災政策については，既に陳（2004），李・李（2008），塩川（2016）等においても記述されている。そこで以下では，これら先行研究の整理に基づき台湾の防災政策の概要について

述べるとともに，さらにインタビュー調査で得られた知見も踏まえて自治体間連携の制度に関しても検討する＊。

> ＊ 本節での記述の基盤となったインタビュー調査は，陳亮全氏に対して行っている。陳氏は後に述べる国家災害防救科技中心での役職を歴任し，台湾の防災政策に精通した人物である。

（1）災害防止救助法

　台湾の防災政策は，2000年に制定された「災害防止救助法（以下，災害防救法）」に基づいて実施されている。同法には1999年の921大地震の経験が反映されているが，法案作成作業は1994年から始まっている。台湾行政院（中央政府の内閣に相当）は災害防救法の骨格となる基本的な枠組みを，同年に「自然災害防止救助方針」および同方針を修正した「災害防止救助指針」として示していた＊。「災害防止救助指針」は法案成立まで6年の時間を要したが，その間に発生した台風などの災害発生や省制度の機能凍結など行政制度の再編成，さらに921大地震の際の経験を経て法律案が暫時修正され災害防救法へと結実している。この災害防救法が台湾における災害対策の基本法となっており，2016年8月までに計6回の法案修正がなされて現在に至る。

> ＊ 当初「自然災害防止救助方針」は1994年1月に発生したアメリカにおけるロサンゼルス大地震の後に自然災害に対応するものとして策定された。しかし同年4月に名古屋空港で発生した中華航空140便墜落事故と日本当局の対応を受けて，人的災害にも範囲を拡大する形で修正されている（李・李，2008，134頁）。

　台湾では，日本同様にアメリカにおける FEMA のような中央政府レベルの防災専門の常設組織は存在していない。故に平時に設置している機関の他に，非常時に災害対応を行う機関を状況に応じて設立している。中央政府では，平時には中央災害防救会報（日本の中央防災会議）が防災政策の基本方針や「防救基本計画」を作成する他，災害対応に関わる中央政府の各機関が作成する「防救業務計画」や自治体の作成する「地域防救計画」の予備審査等を行っている。この中央災害防救会報で決定された基本計画に従い，中央災害防救委員会が具体的な業務計画を立案する。また防災の専門家も参画している国家災害防救科

技中心や災害防救専家諮詢委員会が防災や減災に関わる調査研究を行っている*。こうした平時対応の体制は自治体においても同様に組織されており，第2レベルの直轄市・県・市，第3レベルの郷・鎮・県市・区においても災害防救会報と災害防救委員会が組織され，それぞれ災害防救計画と災害防救業務計画を立案している**。

* 塩川（2016, 51頁）。
** 台湾の地方制度は，6直轄市（台北市，新北市，桃園市，台中市，台南市，高雄市）と3市（基隆市，新竹市，嘉義市）と13県に分かれる広域自治体を有する。直轄市は行政院直轄で省と同等の権限が与えられており，市は省轄市とも呼ばれており県と同等の権限が与えられている。直轄市と市は下位行政区分として区を有している。県の下には，県市，郷，鎮が設置されている。故に台湾の行政区分は①中央政府，②直轄市・市・県（日本で言う都道府県および政令市レベルの広域自治体），③郷・鎮・県市・区（日本の市町村および特別区に相当する基礎的自治体）の三層に分かれており，防災政策もその行政区分に従って行われる。なお，台湾の実効支配地域には法律上台湾省（台湾本島および付属島嶼）と福建省（金門県，連江県）が存在するが，現在はこれら省の行政権限は事実上停止されており，名目上の存在となっている。台湾の地方行政制度の変遷過程については，宮脇（2011）および山形（2016）を参照されたい。

緊急時の対応は，災害応変中心（災害対策本部）において行われる。災害対応は基本的にそれぞれ第3レベルの基礎的自治体において行われる。基礎的自治体には，災害応変中心の設立や住民に対する避難の勧告や指示の責任も与えられている。ただし災害の規模や範囲によっては，基礎的自治体単独での対応は困難となるので，第2レベルの広域自治体での対応が行われる。災害がさらに広域もしくは大規模であり広域自治体での対応にも困難が生じる場合には，中央政府の災害応変中心の設立と災害対応が行われる。災害応変中心の設置は，基本的には災害発生後となるが，巨大台風の接近など重大な災害の発生が事前に見込まれる場合には，被害の発生が予期される自治体において事前に設置される（図7-1を参照）。

なお，台湾の防災体制では災害の内容によって対応の指揮担当が異なる。中央政府では災害ごとに災害予防や発災後の対応，復興政策の計画と実施を担当

第Ⅳ部　外国事例との比較

図7-1　台湾の防災体系

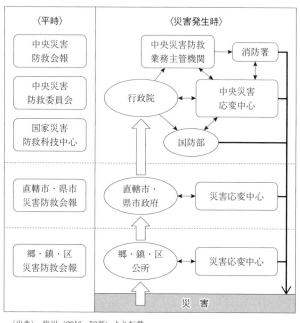

（出典）　塩川（2016, 52頁）より転載。

する機関が表7-1のように「中央災害防救業務主管機関」として設定されている。例えば台風や地震などであれば，内政部が対応することになるが，水害であれば経済部，土石流や森林火災であれば行政院農業委員会である。実際には複合災害も多いため，単一の機関とその担当が決められるのではなく，共同指揮官として各機関の長が複数名任命されることになる。ただ，救助組織を有する消防署（日本で言う総務省消防庁）は内政部が管轄しており，多くの災害に対応することになる*。こうした点は自治体レベルでも同様である。

　＊　塩川（2016, 51頁）。

　通常，防災行政は日本同様に無任所大臣が他の行政分野とともに所管している。所掌事務を独立させて防災単独の大臣を設置する構想もあるが，現段階では実現していない。自治体レベルでも防災の専門職の職員はおらず，他の職種の職員の中から人事ローテーションの中で防災政策担当者が決められている。

表7-1　台湾中央政府の災害内容と対応部局

災　害　内　容	対　応　部　局
台風，地震災害（土壌の液状化を含む），火災，爆発	内政部
水害，干害，鉱害，工業管線災害，石油やガスの輸送管，送電線災害	経済部
寒害，土石流災害，森林火災，動植物疫災	行政院農業委員会
空難，海難，陸上交通事故	交通部
毒物や化学物質による災害	行政院環境保護署
生物病原体による災害	衛生福利部
放射能災害	行政院原子能委員会
その他の災害	法律や中央災害防救会報によって定める

（出典）　災害防救法第3條より筆者作成。

ただし近年，中央政府・自治体両レベルでの防災の専門職設置が決定しているため，今後は職員の専門化が進むものと予測されており，各専門部局をまとめるコーディーネーターとしての役割が期待されている。

（2）自治体間の相互支援

災害防救法は，台湾における自治体間の相互支援についても規定している。同法第22条第1項第8号は自治体間の相互支援協定締結を定めている。これを根拠法として広域自治体である直轄市・県・市レベルでの災害時相互応援協定の策定作業の手続きがマニュアル化されており，中央政府は平時から広域自治体間での締結を促している。具体的に広域自治体間の協定は，「直轄市・県（市）政府災害防救相互支援協定作業規定」に従い締結される。同規定は，締結すべき協定を3種類に分類している。第1に，同一地域内連合の性格を有する「区域型連防」と呼ばれるものである。同作業規定は表7-2および図7-2に示すように台湾本島を6つの連防地域に区分しており，その地域内において広域自治体相互に支援協定が締結されるべきものとしている。この「区域型連防」によって，災害発生時に被災自治体単独での対応が困難な場合には，近接する広域自治体間での迅速な支援を可能にする。第2に，先に示した連防地域の枠を超えた隣接広域自治体との間で締結される「跨区型連防」である。これ

表7-2　区域型連防における地域区分

区　域	自　治　体
1．北基宜	台北市，新北市，基隆市，宜蘭県
2．桃竹苗	桃園市，新竹県，新竹市，苗栗県
3．中彰投	台中市，南投県，彰化県
4．雲嘉南	雲林県，嘉義県，嘉義市，台南市
5．高屏	高雄市，屏東県
6．花東	花蓮県，台東県

（出典）「直轄市縣（市）政府災害防救相互支援協定作業規定」第3條第1項より筆者作成。

図7-2　区域型連坊における地域区分

（出典）　表7-2と同じ。

は近接域外連合と言える。つまり同一連防地域内の多く，もしくはすべての広域自治体が被災によって機能せず相互の支援が不可能な場合を想定している。第3に上記2つの連防形態における地理的近接性以外の特殊な理由（自治体間の規模や環境，有する行政資源の量において近似している自治体間等）により締結さ

表7-3 台南市の締結している支援協定一覧

区域型	嘉義県，嘉義市，雲林県
跨区型	―
結盟型	南投県，高雄市，彰化県，桃園市，金門県，宜蘭県，花蓮県，台東県，屏東県，台中市，苗栗県，新竹県，新竹市，桃園県，新北市，台北市，基隆市

(出典) 臺南市政府災害防救辦公室ウェブページ，張他（2008，100-102頁）を基に筆者作成。

れる「結盟型連合」である。これらをまとめると，「区域型連防」が同一地域内の，「跨区型連防」が地域外の近隣自治体間での支援を想定して締結する協定であるのに対して，「結盟型連防」は近隣の自治体間ではなく，遠隔の自治体間で結ばれているものである。

相互支援協定の締結状況を確認する為に，協定締結状況をウェブ上で公表している台南市（直轄市）を例として挙げると，同一連防区域内に存在している嘉義県，嘉義市，雲林県と区域型の支援協定を締結している（表7-3を参照）。台南市の場合，隣接する他の連防区の広域自治体がないため跨区型の協定を結んでいないことが分かるが，台湾のすべての直轄市と市，さらに中国大陸に近接した島嶼部である連江県と澎湖県を除くすべての県と結盟型の協定を結んでいる。台南市の締結状況を見る限り，相互支援協定は台湾本島のほぼ全域でネットワーク化していることが確認できる。

相互支援協定の内容は，区域型・跨区型・結盟型のいずれも先述の作業規定に基づき作成される。具体的には相互支援の開始時期や平時と緊急時の連絡窓口の他に，支援内容，申請手続き，費用負担等が協定内で定められる。もちろん，自治体間の協定なので支援内容に多少の違いが存在する場合があるが，いずれも作業規定に沿ったものとなっている。基本的には，被災自治体のみでの災害対応が難しい場合に，被災自治体からの文書による申請を行うが，文書申請が困難な場合もあることから電話やファックスによる申請も規定上可能である。ただ実際には，行政機能が停止している場合には被災自治体から他自治体への支援要請自体も困難となることが起こり得る。そのため，実態としては支援の開始が必ずしも被災自治体の申請に基づかない，いわゆる「押しかけ支援」も実施されている*。支援側の自治体は，災害応援の開始後最低72時間は

第Ⅳ部　外国事例との比較

自分たちのリソースのみで応援任務が遂行できるように，必要となる資源を準備することが定められている。これは応援部隊の自己完結性を定めているものである。

　＊　陳氏へのインタビュー調査による。

　費用負担の問題に関しては，支援側自治体が事後的に受援側自治体に請求できる規定となっている。ただし，災害の規模が大きく受援側自治体から支援側自治体への支払いが困難な場合には，中央政府から支援側自治体への財政支援も可能になっている（規定第10条第2項）＊。

　＊　この中央政府の経費負担は，当初作業規定には盛り込まれていなかったが，災害防救法の改正によって，中央政府から自治体への災害復旧費用の支出規定が盛り込まれた。ただ，インタビューによれば，実際の支援過程においては支援費用が支援自治体の自己負担となる場合もあるようである。

　さらに台湾の自治体間支援の特徴は，直轄市・県・市レベルでの相互支援が，受援側の下部自治体を直接支援することもある点である。つまり，支援側の直轄市・県・市が受援側の下位自治体を支援することがある。また実際の災害発生時に，それまで協定のない個別自治体間で応援を行う場合には，自治体間のコーディネートを中央政府が行う仕組みが取り入れられている。このことは，日本で言うカウンターパート方式の支援のペアリングの決定を中央政府が行うことを意味している。先述の通り921大地震の時にはこの災害防救法は成立していなかったが，各地で姉妹都市協定などを基盤とした支援が行われている。なお，自治体間を含めた被災地支援のことを台湾では「認養（にんよう）」という用語を用いる。

（3）民間組織や軍隊との連携

　民間組織と行政機関との災害発生時の協定も台湾では各種締結されている。災害対応に必要な人材や作業，このほか物資や重機，機材等の調達を平時から契約によって定めている。この民間組織との契約は費用負担に関して平時には

支払いは発生しないが，緊急時に提供を受けた際にのみ支払いが発生する仕組みを取る。こうした契約の方式は「開口（かいこう）契約」と呼ばれており，中央政府各機関や自治体などが民間の会社や組織と結んでいる*。また制度上は徴用規定も存在しており，事前の協定がなくとも民間資本を災害救助に動員できる仕組みも規定されている**。

> ＊　契約は内容と種類により定められた契約の手本となる「契約範本」などに従い締結される。例えば中央政府の各機関が締結する契約には「災害搶險搶修開口契約範本」などがある。自治体の契約に関しては「各級地方政府訂定災害搶險搶修開口契約應行注意事項」等が存在する。
> ＊＊　「災害防救法」第32条。この徴用規定は，元来は戦争などの緊急事態の発生を想定したものだが，これを災害支援にも適用可能にしている。

この他に，各政府レベルで軍隊組織との連携が図られている。先に述べたように災害の発生が事前に予期されるような場合には，中央政府・自治体の各層の対策本部が災害発生前に立ち上げられる。この際中央政府や自治体の各機関だけで対応が難しい場合には，軍の支援を要請できる（災害防救法第34条）。軍隊の支援は災害防救法の成立以前は，総統による緊急命令による国軍の出動によって開始されていた。921大地震の際には当時の李登輝総統による緊急命令の発動により軍の支援が開始されている。こうした経緯から当初2000年に成立した災害防救法は中央政府と自治体の防救業務主管機関によって，軍の災害派遣を要請することを可能にしている。ただ2009年に発生したモーラコット台風の災害発生の際に軍隊派遣の初動が遅れたことの反省から，自治体の軍隊への派遣要請は直接に近隣の軍施設に駐在する部隊に行うことが可能となっている。また重大災害の場合には要請がなくとも軍独自の判断で緊急出動が可能な形に法律改正されている*。さらに災害の発生が予期される場合に，被害発生が予測される地域に軍は部隊を事前に派遣することが可能であり，災害応変中心において防救業務主管機関とともに支援内容の調整を行う。

> ＊　塩川（2016, 53頁）

（4）事前防災

　台湾において災害発生以前の平時に取られる政策も注目に値する。例えば，過去に土砂災害が発生した地域や急傾斜地，地盤の弱い地域等，将来的に大規模台風や集中豪雨の際などに災害の発生が予見される土地に居住する住民に対して，居住地の集団移転事業が進められている。最近の大規模な例としては，2009年のモーラコット台風の被災地域において災害復旧復興事業の一環として進められている「永久屋基地（再移住地）」への移転事業が挙げられる。具体的には災害の危険性の高い地域を「特定区域」として指定し，「特定区域」に居住する住民に対して無償での居住地移転を促進している＊。「特定区域」からの移住に同意しない場合には，台風や大雨などの警報発表の度に強制避難に従う必要がある。こうした強制避難制度による事前防災の取り組みによって，土砂災害に関わる警報発令時の住民避難は日本に比べ台湾で高い割合で実行されているとする研究もある＊＊。

　　＊　モーラコット台風後の「永久屋基地」の集団移住に関しては，陳他（2012），垂水（2014）を参照。事前防災政策としての集団移住に関しては，移住者の生活再建やコミュニティーの維持，さらに旧居住地文化の継承など多くの課題が発生している点も指摘できる（陳他，2012，922-924頁）。こうした集団移転の問題は，東日本大震災後の高台移転とも共通した性質を有する。

　　＊＊　このような研究として Chen and Fujita（2013）を参照。なお土石流災害に関わる事前防災に関しては，2005年より「土石流防災専門員」制度を創設している点も指摘できる。この「土石流防災専門員」は防災リーダーとして山間地の危険地区を中心にコミュニティー単位での防災で中心的役割を果たしている（笹田他，2015）。

3　921大地震の際の自治体間被災地支援と復旧復興政策

　前節までに台湾の防災制度について概観したが，以下では921大地震の際に自治体によって行われた被災地支援とその後に取られた復旧復興政策について検討する。既に921大地震の被災地支援に関しては，中央政府の初動対応について日本でも分析が存在する（例えば，青田他［2000a］）。またその後の復興政策に関しても一定程度の研究が蓄積されていると言えるだろう（陳［2004］，垂

水他［2004］，垂水［2014］など）。しかし自治体間で実施された被災地支援の実態や実施の経緯に関しては分析されてはいない。921大地震の自治体間支援は，その後の中国の四川大地震の対口支援，そして東日本大震災でのカウンターパート支援に先駆けて実施されているにもかかわらず，その内容に関してこれまで焦点が当てられてこなかった。

　日本では東日本大震災での実践を経て，今後の大規模災害発生時の支援方式としてカウンターパート方式が検討されている。しかし，この方式を今後改善・発展させていくためには課題も多い。例えば支援側自治体と受援側自治体とのペアの決定方式，支援の開始時点，受援側の要望に応じた支援内容の決定，支援活動時の指揮命令系統等が挙げられる。よって台湾のおける過去の実践例について改めて検証しておくことは，日本での今後のカウンターパート支援の実施可能性を検討する上で重要となるのである。

　さらに本節では，921大地震の復興過程にも注目する。台湾では921地震の後，2000年に行われた総統選挙の結果，国民党から民進党への政権交代が起きている。この結果，中央政府の初動対応と初期復旧活動は国民党政権によって行われたが，長期にわたる復興政策は民進党政権で行われている。さらに台湾では国民党と民進党の二大政党を中心とする政党間競争が地方選挙にも浸透しており，自治体の首長も党派性が明確化している場合が多い。よって，中央政府と直轄市や県・市などの広域自治体の間で政権政党が異なっている場合が多く発生している。これに加えて，さらに郷・鎮・県市レベルでの首長にも党派性の違いが明確となる傾向にある。このことから，いわば中央・地方間のマルチレベルで政権政党の違いが発生するのである＊。よって921大地震の復興過程はこうした党派性の絡んだ政治的環境の影響を受けた可能性がある。

　＊　もっとも，台湾における政治対立が国民党と民進党の二大政党間の競争のみに集約されるものではない点に留意は必要である。例えば国政選挙や地方選挙において無所属や第三勢力の候補者擁立がなされて当選者が存在している他，近年では首都として位置付けられる台北市の2014年市長選挙でも二大政党以外の第三勢力の無所属候補者（柯文哲氏）が勝利している。（渡辺，2015）。ただし，二大政党の競争が民主化後の台湾政治における重要な対立軸であることに疑いはない。

第Ⅳ部　外国事例との比較

図7-3　台北市と国姓郷, 埔里鎮の位置

（出典）筆者作成。

日本でも東日本大震災の後に政権交代が起こっており，首長を中心とする地方選挙での党派性の明確化が見られる場合もある。しかし，災害後の復旧復興政策と党派性の関係について多くの議論は進んでいない。この意味で，政治との関係を踏まえた日本の今後の防災体制構築を考える上でも台湾の921大地震の事例は有効となるのである。

　上記の観点から，以下では921大地震に関わる2つの事例を検討する。第1に発災後の初動対応以降，復旧活動期まで行われた自治体間連携による支援活動である。事例として取り上げるのは，台北市から震源地近くの台中県国姓郷に対して行われた支援であり，その実施過程を明らかにする。なおこの調査に関しては，台北市側と国姓郷側の両方の政策担当者にインタビュー調査を実施しており，「支援側」と「受援側」の双方から焦点を当てる。第2の事例は復興政策の実施過程である。ここでは中央政府と自治体のそれぞれで復興政策形成と実施に関わった人物にインタビュー調査を行い，政治的環境と復興政策の関係を明らかにする（地理関係は図7-3参照）。

（1）発災後の自治体間支援

　921大地震の発生後の自治体間支援に関しては台北市と国姓郷それぞれの政策担当者に対してインタビュー調査を行っている。以下ではそのインタビュー調査に基づいて，支援の側と受援の側それぞれの自治体間支援の受け止めと評価について明らかにする。

①支援の側から

台北市に関しては当時副市長を務めていた欧晋徳氏にインタビューを行った。台湾本島北部に位置する直轄市である台北市は，921大地震の発生の際，ビルなど建物倒壊等の被害は発生したものの，震源地付近の台湾中部に比べれば被害の程度は小さかった。通常災害発生時には市長が指揮官として対応するが*，公選職の市長は防災やその他の専門知識を必ずしも有していない。そのため副市長をはじめとする官僚たちが市長のサポートを行う。官僚には技術系官僚（テクノクラート）が多数在籍しており，例えば地震とは異なるが，2003年の新型肺炎SARSの発生時には，医療部門（台北市衛生局）が市長をバックアップしている**。

* ただし災害の発生規模が小さい場合には，先にまとめたように下位の自治体である区単位での対応もあり得る。
** インタビュー調査を行った欧氏は，建築の専門家であり大震災発生後に台北市内の建物倒壊の現場で陣頭指揮も取っている。

こうした防災体制の中で起きたのが921大地震である。台北市は，この際に国姓郷への支援を決めている。欧氏によれば国姓郷への支援決定が行われた理由に関して，元々国姓郷との具体的な交流が多く存在していたわけではなかったが情報交換はあったという。そして，国姓郷からの支援要請があったことを挙げている*。また支援先決定に関して，中央政府との調整は行われていなかった。このことは当時台湾「省」政府の機能凍結からさほど時間が経過しておらず，自治体と中央政府間での意思疎通と連絡が円滑に進む状況になかったことや，中央政府が自治体の行動を調整することができなかった点が挙げられる。

* 欧氏によれば，国姓郷からの支援要請が無ければ，他の自治体への応援に向かった可能性もあるという。なお，台北市は国姓郷以外にも，南投県中寮郷も支援している。また，国姓郷には台南市や高雄市からも一時支援が行われている。

具体的な支援の進め方としては，まず台北市はスタッフ少数を先遣隊として国姓郷に派遣して必要な物資や人材に関する情報収集を行い，その後に本格的な職員派遣を進めたという。支援のための人材は，台北市下の区単位で組織し

たことも特徴である。欧氏によれば，国姓郷に「台北市の新しい区を設置したかのように」支援を実施したとしており，台北市下の12の区の職員を一週間交代で半年ほど派遣している。この派遣期間内において，当初は電力や道路復旧，住宅被災認定関連の専門職員を派遣し，時間が経過してからは民生担当の行政職員を多く派遣することで国姓郷側の行政ニーズに応えている。

　被災地支援のために必要とされる資金・資源に関しては，市独自の予算を使用するのではなく義援金を元にしているため，台北市としての実際の予算支出はほとんどなかったそうである＊。このため市議会（議員）などの政治家からも被災地支援に関して特に具体的なアクションは見られず，被災地の首長の党派性などの政治的状況に関係なく一括して支援をしている点に特徴がある。
　＊　当時には，先に述べた相互支援協定などがなく，支援活動に関する費用負担の規定もなかったことも影響している。

　なお台北市としては，支援の際の問題点として支援側の文化を被災側に持ち込み押し付けてしまうことによるコンフリクトの発生を挙げている。特にこれらのコンフリクトは先住民族居住地において見られたようである。
　②受援の側から
　次に受援の側から見た自治体間支援の姿について考察する。調査対象としたのは，先述の通り復旧過程で台北市からの支援である「認養」を受けた南投県国姓郷である。我々がインタビュー調査を行った現郷長の丘埔生氏は大地震当時には国姓郷職員として勤務しており，台北市からの支援受け入れの窓口役として活躍した人物である。

　受援側の国姓郷としては，台北市の支援に対して高く評価し，強い感謝の念を有していた。特に，台北市側からの専門職員の派遣が重要な役割を果たしたことを当事者は指摘している。先に挙げた家屋倒壊の認定や道路被害状況の把握・復旧に携わる技術系職員である。こうした専門職員の派遣によって，復旧活動を的確に進めることが可能になったとのことである。また復旧復興活動には，台北市の行政職員だけではなく，他の自治体や軍隊・NGOも参加している点も挙げられる。ボランティア組織・個人も多く支援に来たが，それらのコ

ーディネーションに関しては国姓郷の側で行うことができた模様である。なお，指揮命令は基本的に国姓郷の側で行っており，課題が発生した際には台北市や中央政府の設置した現地対策センターと調整を行って問題を解決している。故に国姓郷は受援側として支援に際して特段問題があったとは認識していない。

　被災地支援に関して，受援側と支援側で認識を異にするものはほとんど見られなかったが，一点「認養」の決定過程について齟齬が見られた。台北市側としては，大地震発生後に国姓郷側からの支援要請を受けて支援を始めたと認識していた。これに対して，国姓郷側は，発災直後に台北市側がやってきたので，支援要請を台北市の先遣隊が到着した後から出したと政策担当者は語っている。つまり国姓郷の側としては，台北市の支援の開始を「押しかけ型」として捉えており，台北市側の認識とは異なっている。また台北市からの支援に関して，中央政府や上位政府（南投県）との調整のもとで行われたものではないと台北市同様に国姓郷の側も答えている*。

> ＊　国姓郷としても，中央政府に直接支援を求めることは困難であったと認識している。その理由として台湾省が行政機能を有していた際には省政府を通じた調整も可能であったが機能凍結がなされていた点，さらに大規模災害の経験が少なく中央政府が基礎的自治体と直接に連絡を取ることが困難であった点を挙げている。さらに，国姓郷の他に被災自治体が多くあり，特定の自治体への緊急支援に直接参加することは難しかったであろうとも語る。

　なお災害発生からより時間の経過した復興期の段階では，自治体間支援ではなくNGOなどの民間の中間支援団体が支援の多くを行っている。特に全国組織としての「仏教慈済慈善事業基金会（慈済）」，「全国民間災後重建連盟（全盟）」や「九二一震災重建基金会（921基金会）」の活動などが挙げられる*。これらNGOや中間支援団体は国姓郷を含む被災地への民間からの多額の義援金の受け入れ先となると同時に，義援金を使用した被災地の復興プログラムの作成や審査等も行っている**。また国姓郷の側でもこうしたNGOの活動や民間の義援金の存在を高く評価している。例えば，義援金を活用して崩壊した小中学校の再建事業などを早期に進めることが可能になった他，家屋再建や防災関連の資材購入，観光事業の実施などを行ったという。なお，これらNGOは被

災地のコミュニティー再建にも大きく関与している。現地調査を行った国姓郷の場合，復興事業の終了後に，921基金会の現地支部は高齢者に対する地域福祉サービスなどを行う事業体として存続している***。

　　＊　これら団体名に含まれる「重建」とは日本語で「復興」もしくは「再建」を意味する。

　　＊＊　921大地震の復興政策におけるNGOの果たした役割に関しては，照本他（2008；2009）を参照。慈済は仏教系の民間団体であり，災害発生直後から復旧復興期まで幅広く活動していた。全盟は学術経験者を中心に1999年に2年間限定で設立された中間支援団体である。921基金会は1999年に行政機関が大きく関与する形で設立され，2000年に民間出身のメンバー中心の構成に代わっている。921基金会は特に台湾政府に集まった義援金の配分と使用に大きく関与している。全盟の慈済や全盟の活動に関しては青田他（2000b），青田・室崎（2002），921基金会の活動に関しては謝・蔡（2011）がそれぞれ詳しい。

　　＊＊＊　この点は，国姓郷の重建委員会の関係者から情報を受けた。

（2）政治的環境と災害復旧復興政策

　これまでに921大地震における自治体間連携支援について，台北市による国姓郷への支援の事例をもとにしてその一端を明らかにした。次に検討するのは政治的環境が災害復旧復興政策に与える影響である。特に本稿で検討する政治的環境とは，政党の存在である。日本では，中央政府レベルの政党対立が必ずしも自治体レベルでも見られるわけではない。例えば，国政政党では与野党関係にある複数政党から選挙時の支援を受ける「相乗り」の知事が都道府県レベルで存在する。これに対して，台湾では中央政府と自治体双方のレベルにおいて国民党と民進党の二大政党の対立関係が明瞭に存在している。また大地震の発生時には中央政府は国民党政府であったが，その後民進党へと政権交代が起こっている。よって二大政党間の対立構造が災害復旧復興政策に与える影響ついて考察する事例として適していると考えられる。本研究の調査では上記の視点から，中央政府と自治体の双方の政策担当者に対して調査を行った。

　①中央政府レベル

　中央政府レベルでの党派対立の影響について考察するにあたり，本調査では

2000年の政権交代の後に民進党政権下で復興行政を担当して，後に教育部長（日本で言うところの文部科学大臣）に就任している黄栄村氏にインタビューを行った。黄氏は元々台湾大教授で民進党に近い教育の専門家であり，2000年の民進党政権の樹立時に行政院に行政委員として入閣している。黄氏は九二一震災災後重建推動委員会（復興推進本部）の執行長（事務局長）であった。この重建推動委員会は行政院（内閣）の下に設置された組織であり，行政院各部長，政務委員や行政委員（各省大臣と無任所大臣）と地方代表，被災者代表から構成されていた。重建推動委員会のトップである委員長は行政院長（首相）であるが，執行長である黄氏が総統と行政院長間の調整と陳情の整理を行っていたという。故に黄氏は復興計画の策定を行っている他，莫大な額の復興事業経費の優先順位を決める権限を持っていた。公共事業を中心とする被災地での復興事業に関して陳情等による実施の要求は強いものの，自治体自身の事業執行能力が伴わない場合も多かった。また選挙などの時期に合わせた歳出要求の高まりもあり，体系的な復興計画の策定と実施には苦心したという。

　この重建推動委員会の関わる復興政策の過程で注目されるのは，何より政権交代の影響である。先述している通り，復旧政策が取られる大地震発生時およびその直後には，中央政府の政権政党は国民党であった（総統が国民党）。しかし，政権交代が起こり復興政策の策定と実施過程は民進党となっている。また民進党政権下において地方選挙が行われた際には国民党が勝利した地域が多くあったことから，中央政府と県，もしくは県と基礎的自治体との間で党派性の不一致が被災地でも見られている。しかし黄氏は党派性の異同を背景とした自治体への予算配分は行っておらず，党派性の影響はなかったと語っている。黄氏は党派性が政策に影響を与えなかったことの理由として，NGOを政策過程に参画させていた点を挙げている。先に挙げたように921基金会，全盟などのNGOが義援金配分や復興プログラムの作成と審査等に関与している。これらNGOは中間支援団体として政府から独立しており，政治的にも民進党・国民党の両方に接近可能な存在であった。故にNGOを通した政策実施に党派性の影響は生じなかったと黄氏は認識している。

第Ⅳ部　外国事例との比較

②自治体レベル

　自治体レベルでの復旧復興政策への党派性の影響を調査するため，被災地の地方政治家に対してもインタビューを行った。調査対象としたのは，現在は国民党所属の立法委員（国会議員）であり，震災当時は南投県議会議員を務め，2002年から2008年まで921大地震の被災地である南投県埔里鎮の鎮長（市長に相当）を務めていた馬文君氏である。彼女は民進党政権下の復興政策の過程に被災地で携わっていた人物である。

　発災直後の初動対応と復旧政策の実施に関して，国政野党に属していた馬氏も特に党派性が大きく作用したという認識は有していない。馬氏自身は，災害発生後には現地対策本部に詰めていた。そして埔里鎮内の被災した各地を巡って必要な生活物資のニーズを集めるなど情報収集にあたり，外部機関との連絡等を行っていた。当時馬氏以外の地方議員も対策本部に詰めていたが，議員達の行動が政党単位で行われたことはなかったという。

　しかし，地震発生からある程度時間の経過した復興政策の実施段階に関して，埔里鎮長だった馬氏は党派性が大きく作用したと証言している。ただし，党派性の影響は中央政府との関係において生じたものという認識はない。当時の中央政府は民進党政権であるが，そもそも基礎的自治体から中央政府に対して直接要求を行うようなチャンネルはなかった。また総統や行政院長といった中央政府の要職者は被災地に頻繁に視察を行っていたが，直接の意見交換の機会はなかったという。

　復興政策への党派性の影響を馬氏は埔里鎮（基礎的自治体）と南投県（広域自治体）との間で発生していたと認識している。馬氏が鎮長であった埔里鎮の上位政府にあたる南投県は民進党政権であった。このため復興政策プログラムを立案して補助金などの申請を行っても，採択されない事例が多くあったという。また馬氏の実感によれば，南投県下の被災地の自治体では，県政与党である民進党の首長によって統治されている基礎的自治体に比べて国民党統治の基礎的自治体には予算配分が少なかったという。このため，党派色が弱く二大政党の両方に影響力を持つ921基金会などのNGOの関係人物に折衝や陳情等を行うことで復興政策の実現を図っていたという。もちろん，インタビュー調査の結

果は財政資料の統計的な分析によって明らかにしたものではなく必ずしも一般化できないが,馬氏の証言は復興政策の実施に党派性の違いが影響していたことを示唆している。

③党派性と復興政策

上記にまとめた2人の政治家の証言は,災害復興政策の予算配分における党派性の影響について,相異なる見解を我々に提供している。一方で中央政府の与党担当者は政策や予算配分に対する党派性の影響を否定しているものの,他方で基礎的自治体の野党首長は政策過程における党派性の影響を強く意識しているのである。ただ中央政府レベルでなされる復興政策は,かなり大枠の資金配分などに限定されるために党派性の影響が意識されなかった可能性がある。これに対して,自治体レベルではより具体的な政策プロフラムの採否として政策帰結がもたらされたことで党派性の影響が強く意識された可能性もある。もちろん今回の調査だけをもって党派性の影響についての明確な結論を得ることは難しい。今後,特に広域自治体と基礎的自治体レベルでの党派性の一致・不一致に基づく枠組みで,調査を進める必要があるだろう。

また一点興味深いのは,2人の政治家が党派間対立を防止もしくは緩和させる要因としてNGOの存在を挙げている点である。台湾のように二大政党化の進んでいる政策過程において,政権交代の可能性を念頭に置いた場合,政権政党が自らに過度に有利な政策形成や制度設計を行えば,将来的な政権転落の際には諸刃の剣として自党を苦しめることになる。中央政府が復興政策にNGOといった党派的に中立な存在を政策過程に参画させていることは,こうした政権交代の可能性を加味した上での行動の可能性がある。また自治体レベルでもNGO関係者の存在が国政野党首長の自治体の復興政策の実現に寄与している点からも,NGOが政治的に中立な存在として認知されていることを物語っている。

4　結論：今後の日本の防災政策にむけて

本章は以下の3つの目的から論を進めてきた。第1に台湾の防災政策の概要

第Ⅳ部　外国事例との比較

と自治体間連携による災害支援活動の現状の把握であり，第2に日本でも実践されたカウンターパート支援の源流となった921大地震の支援の実態解明である。さらに第3に，921大地震後の復旧復興政策を事例とした二大政党の対立構造が復旧復興政策に与える影響の分析である。以下順に概要を述べ，日本の防災政策に与える示唆について考察する。

　現状の台湾の防災体制に関してまとめると以下の2点が指摘できる。第1に，台湾では災害発生後の対応に加えて，災害発生にむけた平時からの対応が取られている。自治体間支援の協定締結を3種類に分けて中央政府が後押ししている点や防災担当職員の専門職化を図っていることなどは，台湾の災害行政が平時においても重視されていることを物語る。第2に，平時もしくは災害発生以前の対応において，災害の予防と起こるべき災害への準備や低減化の概念が明確に分けられて政策化されている。住民の集団移転を図っている点などは災害発生を予防する観点から進められていると言える。また台風等によって災害の発生が危惧される場合に，あらかじめ災害対策本部を立ち上げて，被害発生の予測される地域に事前に軍隊派遣する仕組みは，発生不可避な災害の被害を最小化させる効果を持つ。これら2点は日本の防災行政においては必ずしも実現しておらず，台湾を参考にして導入することが期待される。

　921大地震の際の自治体間連携支援については，台北市の国姓郷支援の事例から以下の3点が明らかになった。第1に，支援先（カウンターパート）の決定方式は必ずしも明確ではなく，支援の開始に関して要請に基づいたものか支援側の自発性によるものかは判然としなかった。こうした支援開始時の不明確さは，先に述べた台湾の現在の自治体間支援協定締結において明確にされているようである。また非常時の自治体間のカウンターパートの決定を中央政府が行っていることも特筆されるべきである。これら台湾の自治体間支援のあり方は，日本にも示唆を与える。東日本大震災時のカウンターパート支援は，関西広域連合の構成団体による自発的なペアリングの決定であった。しかし今後の広域災害の発生を見越した場合には，自治体間支援のペアリングを当事者間に委ねることが常に成功するとは期待できない。この意味で，中央政府のよるペアリングの指定は一つの有効な決定方式として検討されるべきであろう。

次に政治的環境と災害復旧復興政策の関わりである。二大政党化の進んでいる台湾では一部で復旧復興政策への政党対立の影響が見られた。ただし本調査の限りでは、影響が見られたのは時期としては災害発生直後ではなく比較的時間の経過した復興政策の実施時期である。また中央政府のレベルではなく、広域政府と基礎的自治体間の間で党派性の影響が政治アクターによって認識されている。しかし、重要なのは党派性の影響それ自体はなく、国政与党・野党それぞれの所属の政治家が、復興政策の党派性を乗り越える条件として、NGOの参画を指摘している点である。台湾のように二大政党の対立が激しい状況において、政治的中立性を担保させるNGOや社会中間団体の存在は、復興政策への支持と正統性を与える上で大きな鍵となっているのである。日本では災害復旧復興政策への党派性の影響について言及されることはさほどないが、第三者としてのNGOの存在が災害の復旧復興政策における政治的対立を緩和する点について、今後の政策や制度設計においても一考に付されるべきであろう。

引用・参考文献

青田良介・室崎益輝・小川雄二郎「台湾大地震直後の1週間における台湾当局の対応について」『地域安全学会論文集』第2号、2000年 a、187-194頁。

青田良介・室崎益輝・小川雄二郎「台湾大地震における民間団体の支援活動」『地域安全学会梗概集』第10号、2000年 b、21-24頁。

青田良介・室崎益輝「台湾大地震後の全国民間災後重建連盟から学ぶ防災における中間支援団体の役割について」一般社団法人日本建築学会『学術講演梗概集 F-1、都市計画、建築経済・住宅問題 2002』2002年、961-962頁。

飯塚智規「日本版対口支援（ペアリング支援）に関する研究」『政治学研究論集』第36号、2012年、221-238頁。

飯塚智規『震災復興における被災地のガバナンス——被災自治体の復興課題と取り組み』芦書房、2013年。

笹田敬太郎・林怡資・佐藤宣子「台湾における山間部土石流危険区域に対するソフト対策の展開と日本への示唆」『自然災害科学』第34巻第3号、2015年、189-211頁。

塩川太郎「台湾における災害文化と防災事情」『海外事情』第64巻第7・8号、2016年、44-58頁。

謝志誠・蔡培慧、陳來幸・郭まいか訳「921災害後社区の更新型再建とNGOの参加経験」『災害復興研究』第3号、2011年、51-71頁。

垂水英司・邵珮君「台湾集集大地震の住宅再建・まちづくり復興」『日本建築学会総合論文誌』第2号，2004年，37-38頁．

垂水英司「台湾の大規模災害——近年の二つの災害とその復興をめぐって」『海外社会保障研究』第187号，2014年，20-30頁．

陳海立・劉怡君・牧紀男・林春男・澤田雅浩「災害復興における集団移転と生活再建の課題：台湾モーラコット台風の「永久屋基地」の基礎分析を踏まえて」『都市計画論文集』第47巻第3号，2012年，919-924頁．

陳亮全「台湾集集大震災から得られた防災と復興の課題」『日本建築学会総合論文誌』第2巻，2004年，19-22頁．

照本清峰・中林一樹・澤田雅浩・福留邦洋「台湾921地震後の地域再建支援施策に関する研究」『地域安全学会梗概集』第22号，2008年，101-106頁．

照本清峰・中林一樹・澤田雅浩・福留邦洋「台湾における921地震後の地域再建支援施策と復興過程」『日本建築学会計画系論文集』第74巻第639号，2009年，1239-1248頁．

宮脇淳「台湾の直轄市制度」『政策研究』第12号，2011年，2-6頁．

山形勝義「台湾における六大都市への変遷：戦後台湾における地方自治制度と行政院直轄市を中心として」『アジア文化研究所研究年報』第50号，2016年，103-92頁．

李建中・李至倫，尹龍澤・劉継生訳「台湾における防災政策の現状と課題」『創価法学』第37巻第2・3号，2008年，133-145頁．

渡辺俊彦「台湾政治の特質と現状——藍・緑対立の体制化と動揺」『中央大学経済研究所年報』第46号，2015年，567-589頁．

Chen, Chen-Yu and Masaharu Fujita, "An analysis of rainfall-based warning systems for sediment disasters in Japan and Taiwan," *International Journal of Erosion Control Engineering*, 6(2), 2013, pp. 47-57.

［台湾資料］
張寬勇・黃麒然・周世彬・謝呉嘉「内政部消防署委託研究報告：區域聯防機制之研究」2008年12月．

「災害防救法」(http://law.moj.gov.tw/LawClass/LawContent.aspx?PCODE=D0120014 2016年10月15日閲覧)．

「災害防救法異動條文與立法總說明」 内政部消防署消防法令査詢ウェブページ（http://law.ndppc.nat.gov.tw/GNFA/Chi/FLAW/LW02047.asp 2016年10月15日閲覧）．

「直轄市縣（市）政府災害防救相互支援協定作業規定」(http://law.ndppc.nat.gov.tw/GNFA/Chi/fn4.asp?id=783 2016年10月15日閲覧)．

臺南市政府災害防救辦公室ウェブページ「相互支援協定」(http://www.tainan.gov.tw/publicdisaster/page.asp?nsub=A1A000　2016年10月15日閲覧)。
「災害搶險搶修開口契約範本」(http://www.rootlaw.com.tw/LawContent.aspx?LawID=A040340001017200-1030610　2016年10月15日閲覧)。
「各級地方政府訂定災害搶險搶修開口契約應行注意事項」(http://www.rootlaw.com.tw/LawArticle.aspx?LawID=A040340001017200-1050112　2016年10月15日閲覧)。

[インタビュー調査対象者リスト]
　本稿作成に際しては，台湾にて下記の調査対象者にインタビューを行い，また資料提供を受けた。また国立台湾大学の謝志誠先生には，現地調査のコーディネートを行って頂き多大なご協力を頂いた。ここに明記して厚くお礼申し上げる。

①陳亮全氏（銘傳大学都市規劃與防災学系客座教授）2015年1月29日。
②欧晋徳氏（台湾新幹線CEO，大震災時台北市副市長）2015年1月30日。
③黄栄村氏（台湾医薬大学教授，元行政院921震災重建委員会執行長，元教育部長）2015年1月30日。
④南投県国姓郷公所災後重建委員会関係者2015年1月31日。
⑤丘埔生氏（国姓郷長）ほか国姓郷職員並びに元職員各位2015年1月31日。
⑥馬文君氏（国民党立法委員，震災時南投県議会議員）2015年1月31日。
⑦新故郷文化基金会関係者2015年1月31日。
⑧林超琦氏（台湾政治大学政治学系助理教授）2015年2月1日。

第8章

アメリカにおける大規模災害と協力的ガバナンス
——連邦緊急事態管理庁（FEMA）の役割に注目して——

待鳥聡史

1 ガバナンス組織の形態選択という視点

　今日，世界中のあらゆる国は大規模災害のリスクに直面していると言えよう。地震や火山の噴火のように，発生する地域が比較的限られている災害に加えて，近年では地球温暖化の影響もあってか，台風や大雨に伴う河川の氾濫あるいは堤防決壊，熱波に伴う高温や干ばつ，寒波に伴う豪雪などが世界中で生じやすくなっているとされる。気象学の専門家からは，熱波，寒波ともに20世紀後半以降，世界的に見て増加傾向にあるという見解も提示されている（気象庁，2015, 109-110頁）。大規模災害への対応は，現代国家にとって不可避の課題である。

　このように大規模災害のリスクが遍在しているにもかかわらず，それに対応するガバナンス組織の形態には相当のヴァリエーションが存在する。本章に言うガバナンス組織とは，一般に用いられる行政組織という言葉と重なる部分もあるが，行政部門以外の政府他部門，あるいは当該組織の置かれた政府レヴェル（例えば中央政府）とは異なったレヴェル（例えば地方政府），さらには公的役割を担うものの政府には含めがたい組織（例えば中央銀行）にまたがって活動する政府内組織を含む概念である。

　ある国において，特定の形態のガバナンス組織が大規模災害に対応するために選択されるのは，なぜなのだろうか。どのような要因が，ガバナンス組織の形態についての選択を規定しているのだろうか。この問いについて，アメリカ合衆国の連邦緊急事態管理庁（Federal Emergency Management Agency: FEMA）の位置付けと役割に注目し，検討を加えることが，本章の目指すところである。

もとより，共通した課題に対応するためのガバナンス組織が異なっていること自体は，何ら珍しいことではないかもしれない。例えば，日本とイギリスの警察組織を考えてみよう。同じように法執行機関であり，地方ごとの警察組織になっているという点において両国は共通しているが，日本の警察庁にあたる中央組織は，イギリスには長らく設置されてこなかった。全国的，さらには国際的な組織犯罪の増加に対応するために，2005年になってようやくイギリス版FBIとも称される重大組織犯罪対策機構が設置されたのである（岡久，2005, 177-179頁）。したがって注目すべきは，異なったガバナンス組織が選択されている理由であり，その背景にある規定要因である。

表8-1　大規模災害対応ガバナンス組織形態の概念的把握

	集権的	中間的	分権的
平　時			
緊急期			
復旧期			
復興期			

（出典）筆者作成。

　大規模災害に対応するためのガバナンス組織のあり方について，国ごとの差異の理由を考えていくためには，分析上いくつかの軸を組み合わせて考えていく必要があるように思われる。すなわち，一つには決定権限の所在という軸がある。具体的には，集権的組織が採用されるのか，分権的組織が採用されるのか，あるいはその中間的形態か，という問題である。もう一つには，時間軸の問題である。例えば，大規模災害が発生する前である「平時」，発生直後（おおむね72時間程度まで）の「緊急期」，1ヶ月程度までの「復旧期」，その後の「復興期」といった時間軸に沿った区分を行い，それぞれについてガバナンス組織の形態を考える必要がある。これをまとめると，表8-1ができる。

　考慮すべきはこれら2つの要素に限ったことではないし，仮に限定できたとしても，集権と分権の区分，緊急・復旧・復興の区分はあくまで理念型ないしは概念的なものである。実際の対応に際しては複数の区分にまたがらざるを得ないことは，改めて指摘するまでもないことであろう。しかし，このような概念的把握を行っておくことによって，当該ガバナンス組織が何を意図したものなのか，その意図に対して適合的な形態になっているのかどうか，不足しているとすればどの部分なのか，といったことについて，理解を深められるであろう。

本章では，先に提示した支援組織形態を考察し理解するための軸を念頭に置きながら，アメリカの大規模災害対応ガバナンス組織であるFEMAの分析を行うことにしたい。FEMAについては，2005年のハリケーン・カトリーナ直撃の後に行われた組織再編以降に限ってみても，邦語で既にいくつかの明晰な調査報告や研究論文などが存在している（例えば，土屋［2007］；佐藤［2011］；岡村［2012］）。基本的な業務概要や組織形態については，これらの文献によって知識を得ることができる。しかし，いずれも基本的にはFEMAのあり方やそれを規定する法的枠組み自体に主たる関心を寄せており，災害時のガバナンス組織に関する一般的な視座と結びつけた検討がなされているわけではない。

以下の分析では，FEMAのあり方そのものについての情報を提供したり，さらには日本の大規模災害ガバナンス組織について直接に何かを引き出そうとするのではなく，FEMAはアメリカ政治の基本構造やガバナンス組織形態に関する一般的な枠組みの中でどのように位置付けられ，いかなる特徴が生まれているのか，という点について主に考える。つまり，本章は政策提言を目指すものではない。ただし，日本の政治行政制度に適合的なガバナンス組織の形態についても，間接的な知見を得ることができるかもしれない。本章の末尾においては，若干ではあるが，そのような考察も行っておきたい。

2 アメリカ政治の基本構造

（1）合衆国憲法への道

FEMAはアメリカの大規模災害ガバナンス組織である。したがって，その存在意義はアメリカ政治あるいは政府の基本構造と切り離して理解することはできない。日本で提示されてきたFEMAに関する検討や紹介において，しかしながら最も欠けていたのは，アメリカ政治の基本構造の中にFEMAを位置付ける作業であった。仮にFEMAのあり方を日本での大規模災害ガバナンス組織を検討する上での参照事例にしようとしても，FEMAが置かれている文脈を無視してしまっては，説得力は持ち得ないであろう。そこで以下の本節では，アメリカの政府が持つ基本構造を歴史的な制度形成の観点から説明する。

第8章　アメリカにおける大規模災害と協力的ガバナンス

次節では，それを踏まえてFEMAが現在のガバナンス組織形態で存在する意義を検討したい。

　歴史的に見れば，アメリカはイギリスが北アメリカに形成した各植民地の連合体として成立した。1606年にイギリス国王ジェイムズ1世の勅許に基づいて設置されたヴァージニア会社が，翌年にジェイムズタウンを建設したことを皮切りに，18世紀の前半までには大西洋岸に13の植民地が形成された。13植民地はそれぞれ異なった勅許に基づいて創設されており，社会経済的特徴や宗教的特徴も多様であった。地理的に近接していたことから，相互に無関係であると思っていたわけではなく，「アメリカ」としての一体性も次第に醸成されてはいた（有賀，1988，38-40頁）。だが，別個に成立した多様な植民地であるという事実も，厳然として存在していた。

　1775年に独立戦争が勃発し，76年にアメリカは独立宣言を行った。しかし，その後も戦争は続いており，フランスとの同盟関係が形成されるまで戦況はなかなか好転しなかった。当時のアメリカでは，対英独立戦争を勝ち抜くため植民地連合の合同会議として形成された「大陸会議」が事実上の中央政府機能を果たしていた。アメリカ合衆国としての統治構造は1781年の「連合規約（Articles of Confederation）」によって整えられたが，その名の通り，連合規約時代の合衆国は国家連合（confederation）であり，各植民地すなわち独立後の邦（state）はきわめて高い政治的自律性を保ったままであった（Taylor et al., 2014, pp. 89-90）。

　独立宣言が出される頃から，各邦は相次いで憲法を制定し，独自の統治機構を形成するようになった。植民地時代にはイギリス国王の代理人として植民地政府を統轄していた総督がおり，それに対峙する形で植民地議会が構成されるのが一般的であった。総督の選任方法は様々だったにしても，議会との間に均衡関係が存在していた。しかし，独立後の各邦には総督はいなくなり，後継ポストである知事の権限は乏しかったため，議会の政治的影響力が著しく拡大した。当時としては広範な政治参加を認めていたこともあり，各邦議会には非富裕層が代表されて，社会経済秩序が混乱する傾向が生じた。

　国家連合は今日のヨーロッパ連合（EU）がそうであるように，参加各国の

同意に立脚している。連合規約時代のアメリカの場合にも，中央政府は邦政府の合意によって形成されているに過ぎず，各邦に対して何かを強制したり，邦政府の頭越しに国民に権利義務を付与することはできなかった。その結果として，連合規約時代のアメリカは，合衆国として行った各種の対外約束が履行できない，邦相互間の関係が悪く統一した政策が形成できない，さらには各邦内にいわゆる大衆政治の弊害が目立つ，といった深刻な課題を抱えることになった（阿川，2013，18-23頁）。

よく知られているように，これらの課題に対処するため，1787年のフィラデルフィア憲法制定会議において連合規約の全面改正，すなわち合衆国憲法（Constitution of the United States）の制定が進められた。連合規約時代の課題から考えれば，強力な中央政府を創設し，そこには大衆政治の悪弊が及ばないようにすることが新しい憲法の狙いとなる。しかし，中央政府が強力になることは，各邦の自律性が低下することを意味しており，人口が少なく社会経済的基盤の弱い小邦は単純な中央政府への集権化には抵抗した。また，邦レヴェルでの大衆政治化は邦議会の権限が強力であったことと密接に関連していたが，議会権限を弱めることは「代表なくして課税なし」を唱えた独立革命の意義とも絡んで容易ではなかった。

かくして，合衆国憲法は「妥協の束」と呼ばれるほど様々な工夫をこらし，植民地時代から続く邦の自律性確保と強力な中央政府の両立，独立革命の成果である有権者代表の重視と大衆政治の抑止の両立という，矛盾しかねない複数の価値を追求することになった。前者を追求する手段が連邦制であり，後者が権力分立制である（待鳥，2016，39-47頁）。

（2）多元主義とコーディネーション問題

合衆国憲法における連邦制は，アメリカ国民が本来的に持つ自然権のうち，ある部分を連邦政府（中央政府）に，別のある部分を州政府に委ね，残る部分を自らに留保するという論理構成によって支えられている（図8-1参照）。連邦政府と州政府は国民から委ねられた内容が異なるため，当然に分業が行われるとともに，連邦政府の所管事項に州政府は介入できず，州政府の所管事項に

図8-1 連合規約と合衆国憲法の差異

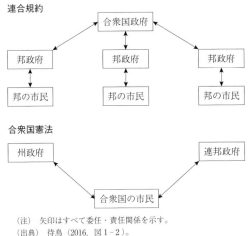

(注) 矢印はすべて委任・責任関係を示す。
(出典) 待鳥 (2016, 図1-2)。

連邦政府は介入できない。そして，連邦政府の所管事項はほとんどが連邦議会の権限として合衆国憲法に限定列挙され，それ以外の事柄は担うことができないとされた。ただし，複数の州にまたがる事項については連邦政府が対応する（州際通商条項など）ほか，連邦議会の権限を行使するための「必要かつ適切な」立法も行えるとされ（必要適切条項），連邦政府の権限拡大の余地が残された。これらの規定によって連邦政府の役割が大きく拡大するのは，20世紀以降のことである（木南，1993）。

　権力分立制は，連邦政府内部において議会（特に下院）が過剰な影響力を行使しないよう定められた。先にも述べたように，内政面における連邦政府の権限はほぼすべてが連邦議会の権限であり，イギリス植民地時代や連合規約時代の各邦から継承した議会重視の基本的特徴は残っている。しかし，議会立法に対する拒否権を持つ大統領ポストを創設し，19世紀に入って間もなく判例によって連邦最高裁判所が司法審査権を確立したことから，議会の権限行使への抑止が加えられることになった。

　また，連邦議会の下院と上院，さらに大統領はそれぞれ別の選出母体から公選され，選挙区や任期も異なったものにすることで，それぞれの地位に就く政治家が異なった動機や目的で行動するように促した。すなわち，下院は各州に

人口比例で議席が配分され，有権者の直接公選で任期2年，上院は各州2議席が一律に配分され，州議会による間接選挙で任期は6年（ただし2年ごとに3分の1ずつ改選），そして大統領は各州に上下両院の議員数と同じ選挙人が割り当てられ，選挙人の自律的な投票で選出されて4年の任期を務めるとされた。このような差異を設けることも，議会に対する抑止を意図していた。

　連邦制と権力分立制は，いずれも政治権力の担い手を分散させて多元化し，従来よりも強力な中央政府の創出や議会中心の政府運営といった合衆国憲法の狙いを維持しつつも，特定のアクターが過剰な影響力を行使しないようにすることを意図していた。それは植民地時代にイギリス本国との関係で，また連合規約時代に邦内部や邦相互間の関係で生じていた，権力集中の弊害を避けるためであり，実際にも大きな効果をもたらした。多様なアクターの競争と相互抑制を基調とする多元主義（マディソン的自由主義）こそ，アメリカ政治の基調的な理念になったのである（待鳥，2015，32-34頁）。

　しかし，多元主義的政治過程の出現は，それが連邦制と権力分立によって制度的に表現される以上，政治的意思決定（政策決定）に際して多様な意思決定主体が別個の判断を下すことにつながる。もちろん理論的には，連邦政府と州政府は別内容の委任を受けており所管業務は重ならないし，同じく連邦政府内部での議会と政権の関係や各省庁の関係にも重複はないはずである。だとすれば，連邦政府と州政府といった各意思決定単位が別個の判断を行っても問題にはならないはずなのだが，実際には公共部門に対する社会のニーズや期待を充足する際に重複が生じ，協働が必要となることは少なくない。

　とりわけ，アメリカがいわゆる夜警国家の時代を終えて政府の業務量が増大する20世紀になると，それぞれの意思決定単位が持つ自律性は放置できない課題を生み出すことになった。連邦政府と州政府の間で，あるいは連邦政府内部で，政策の整合（コーディネーション）を図ることによって，政府部門が持つ資源を効率的に活用することが必要になってきたにもかかわらず，それが実現困難であるという問題，すなわちコーディネーション問題である。

第8章 アメリカにおける大規模災害と協力的ガバナンス

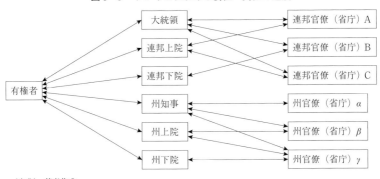

図 8-2 委任と責任の連鎖関係

図 8-3 アメリカにおける委任・責任の連鎖

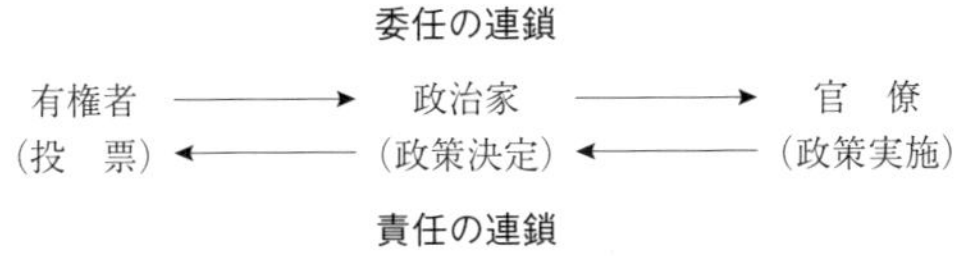

（出典）待鳥（2015, 図 0-1）。

（出典）筆者作成。

（3）委任関係の錯綜

　連邦制と権力分立制を採用したことがなぜコーディネーション問題につながるかを理解するには，アメリカ政治における委任構造を把握するのが近道であろう。委任構造，あるいは委任と責任の連鎖関係とは，代議制民主主義の根幹部分に存在する，有権者から政治家を経て官僚に至る委任関係と，官僚から政治家を経て有権者に至る責任関係の2つからなる（図 8-2 参照）。この関係に注目しながら代議制民主主義の特徴やヴァリエーションを把握するのは，今日の比較政治学における標準的な視座である＊。

　＊　委任・責任の連鎖関係を中心とした代議制民主主義の理論的検討については，参考文献を含めて待鳥（2015）を参照。また，行政組織における委任の意味に関する検討は，曽我（2013）が最も体系的である。

　図 8-2 においては単純な関係に見える委任構造は，アメリカのように連邦制と権力分立制を導入すると，著しく複雑化する。それを模式図として示した

のが図8-3である。矢印が両方向になっているのは、委任の流れと責任の流れの両方をあわせて描いているためである。

この図から明らかなように、有権者を起点とする委任の連鎖は6つの方向に進んでおり、かつ政治家から官僚への委任に際しては、同一の官僚に複数の政治家が委任を行っているケースがある。これは、大統領や州知事が指名し、連邦あるいは州の議会上院が同意することで任用がなされるポストなどがあることを意味している。任用人事がこのように複数の政治家（機関）の関与によってなされる場合、任用された官僚は異なった選好を持つ政治家の意向を汲んだ行動を取ることになるが、政治家間での選好の差異が両立しがたいほどである場合には、行動そのものが困難になる。なお、職位が低い官僚は政治家によって直接任用されるわけではないが、上司が政治家の関与によって任用されている場合には、行政組織内部に再委任が発生するだけのことであり、究極的には任用者である政治家の選好を体現した行動を求められることに変わりはない。

異なった任用者に対して責任を負った複数の官僚が存在している場合には、官僚相互間の不整合の問題も生じることになる。すなわち、政治家Aによって任用された官僚（省庁）A、政治家Bによって任用された官僚（省庁）B、政治家AとBがともに関与して任用された官僚（省庁）Cが、同時に政府内部で仕事をしている場合には、それぞれの官僚が任用者に対する説明責任を果たそうとするならば、政治家間の選好不一致の影響を直接に受けることになるのである。これ以外にも、省庁など各行政組織が伝統的に持つ独自の選好も組織ごとに異なる。なお、委任を受けていても自律的な行動の余地は残るため、独自選好を持っている意味はある。

委任関係の複雑さと行政組織の独自選好の差異が、コーディネーション問題を引き起こす。一般的に言って、異なった委任関係や選好を持つアクターは、異なった政策の優先順位を持ち、何らかの意思決定を行おうとする場合には調整が必要となる。このうち独自選好によって生じる問題は、ほぼすべての官僚制において見られるものであり、日本であれば「割拠制」や「官僚支配」といった行政学の伝統的諸概念によって説明されてきたものである。それに対して、委任関係の複雑さから生じるコーディネーション問題は、アメリカの政治構造

の特徴である連邦制と権力分立制，さらにはその根底にある理念としての多元主義に起因する。そして，今日では大統領制を採用する国であっても，権力分立がアメリカほど徹底していない場合や連邦制を採用していない場合が大多数であるため，多元主義によるコーディネーション問題は，アメリカにおいて最も深刻だと言えるだろう。

3 コーディネーション組織としてのFEMA

（1）FEMAの位置付け

　アメリカは国土が広大なこともあり，大規模災害をしばしば経験してきた。とりわけ，ミシシッピ川をはじめとする大河川が引き起こす洪水，南部のメキシコ湾岸から東部の大西洋岸地域に襲来するハリケーン，南部から中西部の内陸部に起こりやすいトルネード，ロッキー山脈以西の西海岸諸州で起こる地震，そして中西部から北東部に大規模な停電や交通マヒをもたらす大寒波や豪雪などが，代表的な大規模自然災害である。例えば，2005年8月に襲来したハリケーン・カトリーナでは死者が1500人近くに達し，住宅被害が約120万戸，被害総額は750億ドルに達したとされる（株田，2012, 167頁）。この他にも，西海岸からロッキー山脈地域で毎年のように起こる広域の森林火災など，自然災害には事欠かない。

　これら大規模災害に対応するのは，基本的には州政府の役割である。先にも述べたように，連邦制と権力分立制によって各意思決定主体の自律性を確保するアメリカの政治制度のもとでは，連邦政府は合衆国憲法に明記された議会の立法権限に由来する行為のみが認められているが，災害対応は連邦政府の権限範囲には含まれていない。事実，20世紀前半までの災害対応は主に州政府によってなされてきた。しかし，その内容はしばしば貧弱であり，連邦政府は個別の特別法を制定して，アドホックな支援を行ってきたのが実情であった。前節で触れた各意思決定主体が自律性を持つというアメリカの政治構造に対して，やむを得ない場合に限って個別の越権的支援を行うという体制だったのである。

　ニューディール期以降，合衆国憲法の州際通商条項や必要適切条項，さらに

はデュープロセス条項の解釈を改めることによって，明示されていない事項に対する連邦政府の介入と，そこでの大統領の主導的役割が多くの政策領域において正当化された。このような動きは，憲法構造の柱であった連邦制と権力分立制の双方において重大な変化をもたらすもので，アメリカにおける「現代大統領制」の出現と言われることが多い（待鳥，2016，68-71頁）。変化の中心となったのは経済政策だが，災害対応にも同じ傾向が見られた。すなわち，従来の個別特別法に代わり，1950年には連邦災害援助法が制定されて，州政府や地方政府からの要請に基づいて連邦政府が支援を行うという基本的な枠組みが定められた＊。

> ＊ この点について，本章と同じように現代大統領制の出現を大規模災害対応への連邦政府の関与と関係付けながら，そのタイミングについて20世紀初頭のセオドア・ローズヴェルト政権期に求める見解も存在する（Roberts, 2013, pp. 32-35）。

ただし，連邦政府内での所轄組織は安定せず，冷戦期だったこともあって軍事攻撃などに対する民間防衛のスキームが混在したこと，各省庁に権限や責任が分散したことによって，効果的な支援を実施できる体制としては不十分なままであった（岡村，2012，6頁；Roberts, 2013, pp. 52-69）。連邦災害援助法のみによっては，各意思決定主体相互間のコーディネーション問題は解決できていなかったと言えよう。

このような課題を解消すべく，カーター政権期の1979年に創設されたのがFEMAである。その基本的な役割は，大規模災害対応に際して，連邦政府と州政府の間および連邦政府内部での調整やマネジメントの一元化を担うことである。FEMA創設当初にはなお国防的要素が残っていたが，1990年代前半までには業務内容の整理が進み，大規模自然災害を主対象とするガバナンス組織としての性質が明瞭になった（岡村，2012，7頁）。以下では，FEMAの業務について主に現地調査によりながら，組織については文献調査によりながら，述べていくことにしよう＊。

> ＊ 首都ワシントンでのFEMAおよび関連機関への現地聞き取り調査は，2014年3月に，曽我謙悟氏，砂原庸介氏とともに行った。調査のアレンジメントに御助力頂いた深見真希氏に，心より御礼申し上げる。

（2）業務の3つの柱

FEMAの業務は，具体的には次の3つに集約することができる。1つは，平時における情報交換，計画策定，ネットワーク形成である。これは，FEMAが持つ10の地方支局と各州政府・地方政府の間で進めるもので，危機管理手法の標準化や共通化を図るとともに，組織図上のカウンターパートの明確化に大きな意味がある。大規模災害のような意思疎通の混乱が生じやすい局面で，単に事前に各種の計画を策定しておくだけではなく，標準化された手法や概念に基づいて，同一のトレーニングを受けて日頃から相互にカウンターパートとして認識している相手と協働すれば良い状態を作ることは，災害対応の円滑化に大きな効果をもたらすと考えられている。FEMAは，このようなネットワーク形成を州政府や地方政府に促すだけではなく，大学の防災プログラム教育などへの支援も行うことで，概念や手法の発展やNGOやヴォランティアを含めた人材育成も目指している。

2つ目の業務は，緊急期・復旧期における連邦政府リソースを使った支援である。FEMAは自ら大量の支援物資や輸送手段を保有しているわけではなく，大規模災害発生直後の緊急支援をまかなうのが精一杯である。それ以降の支援に用いられるのは，軍など他の連邦政府機関が持つリソースと，FEMAが平時に結んでいる契約に基づいて使用する民間業者のリソースである。前者については，州知事からの要請に基づいて大統領令が発出されることが，使用に際して必要となる。大統領令が出された場合には，当該大規模災害への対応に関してFEMAが大統領の専権的な代理を務めることができるようになり，他の連邦政府機関に対してリソース拠出などの命令を下すことができる。きわめて集権的な意思決定だと言えよう。大統領令が出されない場合には，平時からの対応計画に基づいてFEMAが要請を行い，その範囲で各連邦政府機関が対応するに止まる。

第3の柱が，復旧期・復興期における州・地方政府への支援である。州政府や地方政府は，大規模災害への対応にあたり，連邦政府への要望や依頼を多く抱えることになる。連邦制のもとで日常的な接点が乏しいため，これらを連邦政府に伝達するルートの確立が課題となるわけだが，FEMAは現地に対策本

表8-2　支援組織形態の新たな概念的把握とFEMAの位置付け

	集権的	中間的（協力）	分権的
平時（災害発生前）		■	
緊急期	■		
復旧期		■	■
復興期		■	■

(注)　アミかけ部分がFEMAの活動領域。
(出典)　筆者作成。

部を立ち上げて，いわば要望などを伝達するためのワンストップサーヴィスを確保するのである。また，大規模災害対応に十分な予算を持たない，州政府や地方政府に対する財政支援も大切になる。特に復旧期においては，FEMAが行う財政支援の9割は州政府向けであるという。その後，次第に個人支援も行うが補償としての側面が大きく，どの段階で終わらせるのかといった難しい問題も常に生じている。この時期になると，FEMAは自らの方針を州政府や地方政府に実施させるのではなく，州政府などが立てた計画を側面から支援する色彩が強まる。

　これら3つの柱を踏まえて，先に掲げた表8-1（大規模災害対応ガバナンス組織形態の概念的把握）にFEMAの主機能を当てはめると，**表8-2**のようになる。特徴として理解しておくべきは，「緊急事態管理庁」という名称や従来の日本での多くの紹介とは異なり，アメリカの政治構造から生じやすいコーディネーション問題への対応に，FEMAが相当の資源を割いていることである。その意味で，FEMAはまずもってコーディネーションを行う組織だと言えよう*。

* なお，自治体国際化協会ニューヨーク事務所（2015）は，主として緊急期から復興期までの活動に焦点をあわせながら，減災のための平時の活動を含め，FEMAの具体的な業務内容を手際よくまとめている。

（3）組織的課題

　大規模災害が生じるたびに不十分さを指摘されつつも，災害支援における連邦政府の役割を明確化し強めた1988年のスタッフォード法の制定，クリントン政権下の1993年に任用されたウィット長官の活躍などにより，FEMAは災害

支援組織として高い評価を受けるに至った（岡村，2012, 7-8頁）。阪神・淡路大震災後の日本が参照しようとしたのは，この時期のFEMAであった。それはまさにFEMAの黄金時代とも呼ぶことができるかもしれない。

しかし，2000年代以降のFEMAは大きな困難に直面する。一つは大規模な組織改編である。2001年9月の同時多発テロ事件への対応として，G・W・ブッシュ政権は国土安全保障省（Department of Homeland Security: DHS）を創設することにしたが，FEMAは国土安全保障省の一部門として統合されることになった。国土安全保障省はテロをはじめとする人為的な安全保障上の懸念を最大の関心事としており，自然災害への対応を主任務とするFEMAがマイナーな扱いを受けることは自明であった。

この組織改編は深刻なモラール低下と省内での意思疎通の困難さや責任所在の曖昧さをもたらしたとされる。追い打ちをかけるように，2005年にはハリケーン・カトリーナが襲来した。先にも少し述べたように，この大型ハリケーンは，ルイジアナ州をはじめとする南部諸州に甚大な被害を与えた。しかし，ハリケーン・カトリーナによる大規模災害に対して，FEMAの対応は完全に後手に回ってしまい，激しい批判を受けることになった。ブラウン長官は引責辞任し，2006年にはポスト・カトリーナ緊急事態管理改革法が制定されて，組織改編がなされたのである（佐藤，2011）。

2006年の組織改編後，FEMAは12年のハリケーン・サンディなどいくつかの大規模災害への対応を行ったが，これらはいずれも顕著な問題はなかったという評価が一般的である。組織改編が適切であり，ブラウン長官を引き継いだポーリソン長官，オバマ政権下で任用されたフューゲイト長官の組織運営が成功したということになるだろう。2016年5月に大統領が自らFEMAに出向いて国民向けの演説を行ったことからも分かるように，大規模自然災害とその際のFEMAの役割を軽視しないという立場を，オバマ政権は明瞭にした。なお，2017年のトランプ政権発足に伴ってフューゲイト長官は退任し，今後についてはまだ見通せないところも多い。

とはいえ，現在においても組織的課題がなくなったわけではない。大きく分けると，3つの点が指摘されているように思われる。

1つには，連邦政府内部でのFEMAの位置付けである。国土安全保障省の一部門であるという基本的な位置付けは，独立機関として大統領府に直結していた2003年以前とは異なり，大統領とのコミュニケーションという意味では弱体化している。FEMA長官は，G・W・ブッシュ政権下では国土安全保障省の一部門になる以前から閣僚として扱われていなかったが，ポスト・カトリーナ緊急事態管理改革法によってFEMAの重要性が改めて強調されるようになった現在も，大統領との直接連絡は緊急時に限られている（Department of Homeland Security, Office of Inspector General, 2009, p. 8）。

スタッフォード法により，州政府や地方政府の要請がなくとも大統領令によってFEMAの災害支援活動は開始できるようになっているだけに，大統領とFEMAの間のコミュニケーション・ギャップは大きな影響を生み出している可能性がある。さらに言えば，大統領との直接的な結びつきが弱まることは，連邦政府内部のコーディネーション問題への対処というFEMAの基本的な設置目的に対してマイナスに作用する恐れもあろう。

第2に，FEMA内部の組織構造にも依然として課題が残っている。災害支援という専門性が高い職掌であるにもかかわらず，政治任用ポストの比率が大きいことがFEMAの特徴である。これは一方において，災害支援に必要な連邦政府内部の省庁間コーディネーションを行わねばならないというFEMAの組織的位置付けの帰結ではある。また，政治任用者とプロパー職員の間にどのような関係を構築するかは，アメリカの行政組織が一般的に有する大きな課題であることも間違いがない（Lewis, 2008）。

他方において，一般に指摘されるように，政治任用者は所属組織の安定的な運営よりも短期的な成果を重視する傾向にある。FEMAの場合も例外ではなく，政治任用者の業務に対する関心は相対的に弱いと考えられるので，専門能力を持ったプロパー職員のモラールを制約する恐れすらある。FEMAのように高度な専門性が要求され，州政府や地方政府のカウンターパートに当たる職員との密接な関係も保たねばならない組織の場合には，政治任用が生み出すマイナスは他の行政組織よりも高い可能性がある。

最後に，州政府や地方政府との関係がある。FEMAが州政府や地方政府と

十分な協調や情報共有を進めることができなかったことは，ハリケーン・カトリーナへの対応に関する事後検証で広く指摘された（例えば，*THE FEDERAL RESPONSE TO HURRICANE KATRINA: LESSONS LEARNED* [2006, pp. 55-56]）。先に述べたように，州政府や地方政府との平時からの連携やネットワーク形成は，FEMA が重点的に取り組んできた課題であり，ハリケーン・カトリーナへの対応のような FEMA の存在意義が最も大きくなる場面で，それが機能しなかったことは痛恨事だと言えるだろう。

その後，同様な問題を指摘される事態には至っていないが，連邦制の採用を淵源とする連邦政府と州政府・地方政府間のコーディネーション問題は，FEMA が取り組むべき永遠の課題だと言えるのかもしれない。FEMA としてもその認識は明らかに持っており，大規模災害発生後の対応よりも，連邦政府内部での機関間コーディネーションや，連邦政府・州政府・地方政府の間の政府間コーディネーションを平時からいかに良好にしておくかが重要であるという説明は，聞き取り調査においても幹部職員から繰り返し述べられたところであった。

4 「日本型 FEMA」の可能性

（1）アメリカにはなぜ FEMA が必要か

ここまで見てきたところから，FEMA の主たる役割が，連邦政府と州政府・地方政府の間，および連邦政府内部における複数の政府機関の間での，相互調整や意思疎通の円滑化にあることが分かる。緊急時における集権的な危機対応は，大統領令を得られた場合に限定的かつ短期間のみ行われるもので，いわば例外的な役割と考えるべきであろう。むしろ FEMA の本来的な関心事は，平時における緊急事態対応のための計画策定や人材育成，ネットワーク形成にある。その意味で，日本での一部の議論において，いわゆる危機管理のための組織として FEMA を理解しようとする傾向が見られるのは，やや実相から逸脱していると言わざるを得ない。FEMA が行っているのは「危機管理」というよりも，大規模災害などの緊急事態に対応する諸組織間関係の「管理」なの

である。

　アメリカになぜ FEMA のようなガバナンス組織が必要なのか。あるいは，大規模災害への対応のため，アメリカはなぜ FEMA のようなガバナンス組織を選択するのか。本章の冒頭に提示したこの問いを解く鍵は，合衆国憲法制定以来続く，多元主義的な政治構造にある。強力な中央政府の創出を目指しつつも，植民地時代から受け継がれてきた州の自律性の尊重と，連合規約時代に顕著になった議会の過剰な権力行使の抑止への配慮から，合衆国憲法においては政治権力の担い手を多元化することになった。連邦制と権力分立制の採用はその制度的な表現であり，連邦政府と州政府，連邦政府内部の諸機関がそれぞれに異なった業務を担い，かつ相互に自律性を保つことで，強められた連邦政府（中央政府）が過剰な政治的影響力を持たないようにしたのである。それは，合衆国憲法制定時にアメリカという国家を解体せずに継続する，ほぼ唯一の方法だったのかもしれない。

　だが同時に，多元主義的な政治構造がもたらす権力の抑制と均衡は，公共部門を構成する諸機関が協働せねばならない局面においてもそれが得られないという，コーディネーション問題を引き起こすことになった。この問題は，公共部門への役割期待そのものが小さかった19世紀まではほとんど顕在化しなかった。だが，産業革命などを経てアメリカの社会経済が大きく変容した20世紀に入る頃には，公共部門に国民から寄せられる期待に応答できない一因となった。その典型例は経済規制などに見られたが，連邦政府の警察権力である FBI（連邦捜査局）が十分な権限や能力を与えられていなかった時代に複数の州にまたがって活動した強盗「ボニーとクライド」の存在なども，問題の一端を示している。

　20世紀以降のアメリカは，連邦制においては連邦政府，連邦政府内部の関係においては大統領が，それぞれ憲法に想定された以上の役割を果たすことによって，コーディネーション問題に対応してきた。大規模災害への対応についても，同じ流れの中に位置付けることができる。すなわち，元来は州政府の専管事項である大規模災害対応については，20世紀に入ると個別事例ごとに特別立法を行って連邦政府が関与することを認めるようになり，それでは不十分であ

るという認識が強まると，最終的には1979年に FEMA を創設して，連邦政府が州政府と協働して対応する途を恒常的に確保したのである。

そして，FEMA は2003年に国土安全保障省の下部組織に再編されるまで，長らく大統領直属のガバナンス組織として大規模災害対応にまつわるコーディネーション問題の解決に取り組んできた。組織再編後には2005年のハリケーン・カトリーナ襲来時の失敗などを経験し，その後に再び組織再編がなされるなどの動きはあるが，FEMA の基本的な役割が変わったわけではない。つまり，アメリカの政治構造から生じるコーディネーション問題の解決を，大規模災害対応において図るガバナンス組織，それが FEMA なのである。

（2）「日本型 FEMA」は不要か

アメリカの多元主義的な政治構造がコーディネーション問題を引き起こし，それを解くために FEMA が必要とされていると考えれば，FEMA は特殊アメリカ的な組織だと言えるのかもしれない。確かに，アメリカと同じように大統領制を採用している諸国の場合にも，今日では平時から大統領権限を強めてコーディネーション問題が生じにくくしているのが通例であって，むしろアメリカは古典的な大統領制と呼ぶべき存在になっている（待鳥，2015; 2016）。連邦制のもとで州政府の行財政能力が十分でないというアメリカのもう一つの特徴についても，ドイツやカナダのように州政府をより強力にするか，オーストラリアのように財政面ではむしろ連邦政府に集権化することで，コーディネーション問題の発生を抑止することは可能であろう（Taylor et al., 2014, table 4.2）。

しかし，アメリカの場合にはそれが顕著だとしても，コーディネーション問題が連邦制と権力分立制にのみ起因すると考えるのは早計である。特に大規模災害対応の場合には，FEMA も業務の重要な一部としてそれを行っていたように，どの国であれ民間部門からの資源調達が不可欠となる。また，日本のように議院内閣制を採用する単一主権国家であっても，地方政府との協働が必要となる局面は常に存在するし，首相や閣僚，あるいは内閣危機管理監といったごく少数の人物に省庁間調整まで委ねることは事実上困難である。

注意しなければならないのは，ここで必要なのは決断ではなく調整だという

ことである。東日本大震災の際に改めて認識させられたのは,大規模災害には想定外の事態が必ず随伴するということであった。想定外の事態においては,関係する諸アクターの予測がそれぞれ異なってくるために,コーディネーション問題が起こりやすい。「具体的内容は分からないが,何らかの想定外の事態が起こることを想定する」ためには,アクター間の意思疎通を平時から円滑化し,共通の発想や用語,スキルに基づいて行動できる真のカウンターパートを確立しておくことが必要だろう。大規模災害のように,その影響が広範かつ長期的に続く場合には,コーディネーション問題は決断によってではなく,意思疎通と調整によって解決されねばならない。

したがって,大規模災害対応に生じるコーディネーション問題を解く,あるいは少なくとも低減するためなのであれば,日本にも FEMA のような組織を置くという選択はあり得る。大規模災害への対応の適切性を高めるという観点だけから考えるならば,どこの国であってもコーディネーション問題に直面する確率は高いのだから,「日本型 FEMA」を創設することはプラスになる可能性が大きいと言えよう。

だが,それを中央政府の行政組織として位置付けるのであれば,日本の政治制度構造や官僚制の特徴との整合性にも十分な注意を払う必要がある。例えば,地方政府や民間部門とのカウンターパート関係を確立するには,FEMA のような業務(日本の通常の言い方をすれば防災業務)を長期にわたって担当する専門性の高い職員が必要になる。そうしたスペシャリストは,中央であれ地方であれ,2〜3年の頻度でジョブローテーションを行い,いわゆるジェネラリストとして人材を育成する日本の官僚人事システムとの整合性を欠く。日本の行政組織にもスペシャリストはいるが,いわゆるノンキャリアであることがほとんどであり,大規模災害時などにキャリア官僚や政治家と直に向き合いながら意思疎通を主導することは期待しにくい。

このような課題について十分な考慮をしないまま,大規模災害対応に特化したガバナンス組織が必要だという理由だけで「日本型 FEMA」を創設したところで,それはいわゆる組織いじりに終わってしまい,本来追求しようとしたコーディネーション問題の解決にはつながらない恐れが強いのではないだろう

か。FEMA が対応している課題の中で何が日本にとっても深刻であり，どのようにすれば日本の政治制度構造の中に適切に位置付けられるのかを考えることなく，意味のある組織を作ることはできないのである。

引用・参考文献

阿川尚之『憲法で読むアメリカ史』ちくま学芸文庫，2013年。

有賀貞『アメリカ革命』東京大学出版会，1988年。

岡久慶「2005年重大組織犯罪及び警察法」『外国の立法』第225号，2005年。

岡村光章「米国連邦緊急事態管理庁（FEMA）と我が国防災体制との比較論」『レファレンス』5月号，2012年。

株田文博「米国ハリケーン・カトリーナ被害　復旧・復興からの教訓」『平成23年度カントリーレポート　米国，カナダ，ロシア及び大規模災害対策（チェルノブイリ，ハリケーン・カトリーナ，台湾・大規模水害）』農林水産政策研究所，2012年。

気象庁『異常気象リポート2014』気象庁，2015年。

木南敦『合衆国憲法と州際通商条項』東京大学出版会，1993年。

佐藤智晶「アメリカ合衆国の災害関連法制から考える」『Policy Issues』2011年3号，東京大学政策ビジョン研究センターウェブサイト掲載。(http://pari.u-tokyo.ac.jp/policy/policyissues_disaster.html　2017年3月23日閲覧)。

自治体国際化協会ニューヨーク事務所「アメリカで発生する竜巻災害とその対応」『CLAIR REPORT』第413号，2015年。

曽我謙悟『行政学』有斐閣，2013年。

土屋恵司「アメリカ合衆国の連邦緊急事態管理庁 FEMA の機構再編」『外国の立法』第232号，2007年。

待鳥聡史『代議制民主主義』中公新書，2015年。

待鳥聡史『アメリカ大統領制の現在』NHK ブックス，2016年。

Daniels, M., "The FEMA Disaster: Politics, Patronage and Privation," *PA Times*, 29(8), 2006, p. 4.

Department of Homeland Security, Office of Inspector General, "FEMA: In or Out ?," OIG 09-25, 2009.

Lewis, D. E., *The Politics of Presidential Appointments: Political Control and Bureaucratic Performance*, Princeton University Press, 2008.（稲継裕昭監訳・浅尾久美子訳『大統領任命の政治学——政治任用の実態と行政への影響』ミネルヴァ書房，2009年)。

Roberts, P. S., *Disasters and the American States: How Politicians, Bureaucrats, and the Public Prepare for the Unexpected*, Cambridge University Press, 2013.

Taylor, S. L., M. S. Shugart, A. Lijphart and B. Grofman, *A Different Democracy: American Government in a Thirty-One-Country Perspective*, Yale University Press, 2014.

THE FEDERAL RESPONSE TO HURRICANE KATRINA: LESSONS LEARNED, The White House, February 2006.

第Ⅴ部

将来にむけて

第❾章

災害対応をめぐる行政組織の編成
―― 内閣府と兵庫県の人事データから ――

砂原庸介・小林悠太

1 政府はどのように災害に対応するか

　災害に対応するためにどのように行政組織を設計するかという取り組みは，大きな困難をはらんでいる。なぜなら，災害対応は恒常的に一定の資源を必要とするような業務ではなく，特定の時期に大規模な資源を動員することを求めるからである。資源に余裕があるならば，災害対応のために特別な部局を設定しておくということも一つの対応策であるかもしれない。明治以降，大規模災害を受けた部局の新設・再編は多く存在するし（生田, 2013），近年では東日本大震災のあと，大規模な災害対応部局を設置するような再編（「日本版FEMA」）を求める意見もある。しかし，現実に資源に限りがある中で，平時には大きな機能を持たない部局は，常に冗長（redundant）であるという批判にさらされる可能性がある。また，災害対応と言っても災害直後の応急的な対応のみならず，復興過程までをも含むとすれば，平時に同様の業務を行う既存の部局との間に紛争が生じることも考えられる。

　災害対応のための行政組織の設計にあたっての問題は，資源だけではない。もう一つの問題は，災害に対応するためのリーダーシップを行動にどのように反映させるかという点に関連する。発災直後に多くの命が危機に瀕している状況や，復興の過程で関係者の利害が複雑に絡み合っているようなとき，政治の強いリーダーシップによって問題を解決することを重視するのならば，災害対応にあたる部局には，専門家として働きつつも最終的な責任者である政治家の意思に従い，政治家を支えることが求められる。他方で，危機後の復興のような側面までを考えると，災害対応時の判断を中心にすべてを決めていくのは難

しい。災害対応の専門家といえども，復興を見据えた専門性を十分に備えているわけではないし，関連する業務を長く担当し，知識や経験を蓄積したものが中心となって対応を行う必要が増すことになる。とはいえ，平時の業務を中心とする部局が災害対応を行うとすると，「縦割り行政」に象徴されるような平時の業務実施のロジックに縛られて他の部局との調整が困難になることも考えられる。

1990年代の統治機構改革によって，首相をはじめとする政治家のリーダーシップが強調されている中で（竹中, 2006；待鳥, 2012)，このような行政組織の設計はとりわけ重要な問題となる。統治機構改革以前は，政治家と官僚が分業するかたちで，いわば政治家は官僚に任せつつも「最後の責任を取る」ような態度を取ることが望ましいと考えられてきたが，改革によって首相をはじめとしたリーダーが表に立ち，その評価が次の選挙に影響するとなると，政治家としても官僚に任せきりというわけにはいかなくなるからである。そこで，平時に業務を行う部局との調整を考慮しつつ，統治機構の変化を受けて政治家のリーダーシップを災害対応部局に伝えることができるようなかたちでの組織再編が模索されることになる。

以上の問題意識を踏まえて，本稿では，(1)政治と行政の関係，(2)行政組織を構成する部局間の役割分担，(3)職員の専門性，の3点に注目しながら具体的な分析を進めていく。まず，東日本大震災のような災害時に政治家を補佐する部局をどのように設計するかについて，現状の取り組みを確認し，近年の組織再編や人事慣行から，政治家のリーダーシップが強調される傾向にあることを確認する。次に，膨大な人員を必要とする即時の災害対応における「実施機能」を担う部局と，災害の被害を事前に減少させる減災を進めるための国土計画と連携した防災計画や，発災後の対応を定める訓練内容の策定などの「企画立案機能」を担う部局が，異なる組織原理を持つ中でどのように相互の調整を行うこととされているかを検討する。さらに，こうした実働部隊と企画立案について，職員の専門性をどう確保するのかという問題を検討する。災害対応については，危機時において必要な現地のカウンターパートとの関係性の構築など，長期を見据えた能力構築が必要な場面が少なくなく，日本の行政組織における

ジェネラリスト養成に主眼を置いた人事慣行では，必要な専門性を確保することが難しい。そのような中で，災害関係分野において新たな人事慣行が生まれつつあることを析出し，さらにその今後の課題について考察する。

分析の対象とするのは，内閣府防災担当・総務省消防庁を中心とした中央政府と，地方政府のうち阪神・淡路大震災を経験して，他の都道府県と比べて高度な災害対応体制を築いていると評される兵庫県における災害対応部局の構成とその人事異動データである。災害対応において政治的な応答性を高めるとともに，行政組織の専門能力を引き出すというのは非常に難しい要請だが，それに対して中央政府・地方政府がどのように取り組んでいるかを分析することによって，将来のより良い体制構築を検討する第一歩となるだろう。

以下ではここまでに説明してきた分析視角をもとにして，2000年代における中央政府と兵庫県庁の防災行政組織を見ていく。第2節では，中央政府の組織再編として内閣危機管理監の設置に加えて，国土庁防災局から内閣府防災担当*への変化と，内閣府防災担当と総務省消防庁の分業について分析する。第3節では，地方政府の組織再編としてまず防災監を，そして兵庫県庁防災企画局・災害対策局について，課の編成に着目しながら分業について論じる。最後に得られた知見を対照させる形でまとめ，望ましい行政組織の再編について政策提言を行う。

> * 以下，本稿では個人・役職としての政策統括官でなく内閣府内部の組織を指す場合に，内閣府防災担当と呼ぶ。この内閣府防災担当は，2014年の原子力防災会議設置を承けた内閣府原子力防災担当の新設など，現在も変化を続けている。とはいえ，これらの問題についてはエネルギー行政など別の文脈を含んだ形でなければ議論することは困難である。そのため，本稿ではこの点については分析対象としない。

2 中央省庁の防災体制

（1）危機管理担当部局

中央省庁の防災体制としてまず注目するのは，危機管理を担当する部局である。現在，首相をはじめとした政治に近いところに位置し，災害が発生したと

きの危機管理対応を主導するのは，内閣官房に置かれている内閣危機管理監である。内閣危機管理監は，阪神・淡路大震災や地下鉄サリン事件，ペルー日本大使公邸占拠事件などにおいて，複数の省庁をまたがる連絡調整に依存した危機管理や情報伝達の仕組みが十分に機能しなかったという反省を踏まえて，橋本内閣の行政改革の一環として設置されることになった。政府全体の司令塔である内閣として，あらかじめ危機の類型別に対応策を研究し，突発事態に対処することができるように，危機管理を専門に担当する内閣官房副長官に準ずる高位のポストを設置することになったのである。この内閣危機管理監は，特別職の公務員として内閣と運命をともにすることが想定されているが，同時に一般職の服務規程の適用を受けており，元官僚など一定の専門性を評価されたスタッフが配置されることとなっている（出雲，2014）。

　内閣危機管理監を補佐することになったのは，従来の内閣安全保障室を改組した内閣官房内閣安全保障・危機管理室（安危室）であった。それまで国防・安全保障を担当していた部局が，内閣危機管理監のもと，国防に関する事項だけでなく大規模な自然災害も含めた広い意味での危機管理を担うことになったのである。その結果，それまで内閣官房において自然災害などの対応の窓口になっていた内政審議室（中央省庁改革後の内政担当の内閣官房副長官補室）は担当を外れることになった（千々和，2015，133頁）。各省庁からの出向者によって構成される内政審議室は連絡調整を主眼としていたが，それでは不十分ということで，国防を担う内閣安全保障室が改組されて安危室となり，内閣危機管理監を助ける部局としたのである。

　広い意味での危機管理の一元化が図られたものの，問題となったのは国防・安全保障と災害対策の境目である。内閣危機管理監は，国防については担当しないものの，通常の体制では適切な対処が難しいような「重大緊急事態」を含めた危機管理を担当する一方で，国防を中心として対処にあたる安全保障会議は，国防と「重大緊急事態」を管轄する。両者の担当は重なりあいながら，内閣危機管理監のもとにある安危室が安全保障会議の事務局を担うような体制となったのである。このような体制は，中央省庁改革後においても継続され，安危室を引き継いだ内閣官房副長官補（安全保障・危機管理担当）が，内閣危機管

理監の事務局を担当することになる。そして，歴代の内閣危機管理監には警察官僚が，安危室長・内閣官房副長官補には防衛官僚が就任している*。

＊　ただし，第三代目の内閣官房副長官補となった西川徹矢は，警察庁出身の防衛官僚である。

このように，内閣においては，内閣危機管理監を中心として首相・官房長官を補佐する体制が整えられているが，国防というもう一つの重大な使命が常に意識されていて，官僚のトップも警察・防衛といった即時の実施機能を担う部局から出されることが特徴となっている。この点を考慮すると，災害の当初対応はともかく，防災のための企画や訓練，そして復興を視野に入れた総合的な災害対応が可能であるとは言えない。そのような対応を考えるときに重要なのは，内閣府を中心とした平時と連なる部局である。

（2）内閣府防災担当

前項で見たように，内閣危機管理監の任務は危機時に官僚機構をまとめ上げることである。個々の課題への対処や防災計画の立案等に関しては，首相を議長とする内閣府重要会議の一つである中央防災会議と，そのもとで事務局を務める内閣府防災担当による水平的調整が基軸となっている。内閣府防災担当を率いる内閣府政策統括官（防災）は，防災計画の企画立案を担当し，後述する総務省消防庁次長とともに中央防災会議の幹事会で各省間の調整を主導する*。なお2001年の中央省庁再編以降，内閣府特命担当大臣としての防災担当大臣が常に置かれて首相を補佐しているが，防災担当大臣は必置ではなく，首相から防災担当大臣を経由して内閣府防災担当へとつながるラインが明確に法定されているとは言えない。また防災担当大臣は，防災以外にも複数の特命担当を持つケースが多く，大臣と官僚の関係は，任命された大臣のパーソナリティに依存する部分が少なくない。

＊　この幹事会には，顧問として内閣危機管理監も参加している。

内閣府防災担当の組織としての前身は，国土庁防災局である。橋本内閣の行

政改革会議では，様々な政策分野で，企画立案機能と実施機能の分離が問題となったが，それは防災の場合も例外でない。国土庁の政策は基本的に国土整備省（仮称・当時）に移管されることが決定していたが，防災局は企画立案に関係する中央防災会議事務局としての役割を有するため，各省間での争奪戦が生じた（行政改革会議事務局 OB 会編，1998, 734-735頁）。ここでの中心的な問題は，防災政策の総合調整部局を，警察・消防機能と社会資本整備機能のどちらを基軸に設計するのかということであった。

中央省庁改革の各省ヒアリングで，国土庁は「防災に関する機能をすべてまとめることは現実的でない」とした上で，「一部でも実施部門を持つとともに，それを核にその他の部分についても総合調整を担うという体制が良い」との見解を示していた。また，実施部隊の出動を要する激甚災害はそう多くないとの指摘が出たものの，一体的な危機管理運用という観点から，発災時に自衛隊や警察との連携をどう確保するのかなども問題となった。つまり，各省に散らばる防災関連部局との関係規定が論点となったのである（行政改革会議事務局 OB 会編，1998, 321頁）。

特に重要な問題として，地方自治を所管する（旧）自治省との関係が指摘されていた。自治省は地方政府と密接な人的ネットワークを構築しており，災害発生時の情報集約がなされやすい部局の一つである。さらに，消防庁を所管し，災害対応などの実施機能を広範に有している。そのため，自治省ヒアリングでは国土庁からの機能移管も選択肢としてあり得るのではないかという指摘があった（行政改革会議事務局 OB 会編，1998, 324頁）。しかしながら，自治省に連なる総務省に事務局を設置して災害対応を集約した場合に，平時の地方自治・消防の文脈に強く引っ張られてしまうことも危惧された。例えば，防災行政について発生前の予防と発生後の危機管理が別物であることなどが指摘されている（行政改革会議事務局 OB 会編，1998, 459頁）。そのため防災局の移管は実現せず，結果として国土庁防災局を継承した形で，内閣府防災担当が創設されることになった（行政改革会議事務局 OB 会編，1998, 693, 734-735頁）。さらに，次の**表9-1**に示すとおり，局長級の政策統括官の下に置かれる課長級ポストは定められた担当を所管する分掌官となり，担当が柔軟に変わり得るようになったものの，

第❾章 災害対応をめぐる行政組織の編成

表9-1 内閣府防災担当の組織再編(2000年・2012年)

国土庁	
防災局長	建設省
長官官房審議官	自治省
防災企画課長	建設省(住宅系)
防災調整課長	農林省(例外有)
防災業務課長	自治省
復興対策課長	通産省
震災対策課長	建設省(河川系)

内閣府防災担当(2001年〜)	
政策統括官	国土交通省
官房審議官	総務省
防災総括担当	国土交通省
災害予防担当	国土交通省
災害応急対策担当	総務省
災害復旧・復興対策担当	経産省→厚労省
地震・火山対策担当	国土交通省

内閣府防災担当	
政策統括官	国土交通省
官房審議官	総務省
総括担当	国土交通省
災害予防担当	国土交通省
災害応急対策担当	総務省
災害復旧・復興対策担当	経産省→厚労省
地震・火山・大規模水害対策担当	国土交通省

内閣府(2012年〜)	
政策統括官	国土交通省
官房審議官	総務省
総括担当	国土交通省(+経企庁)
防災計画担当	国土交通省
災害緊急事態担当	総務省
被災者行政担当	厚生労働省
調査・企画担当	国土交通省
普及啓発・連携担当	国土交通省
事業推進担当	農林水産省
地方・訓練担当	国土交通省

基本的にはかつての人事慣行が維持されている。

この表から分かるように，内閣府防災担当においては，国土交通省（旧建設省）および総務省の存在感が大きい。各省からの出向者が多くの幹部ポストを占めているが，彼らは勤務経験を通じて本省以上に防災担当への所属意識を持つようになると言われる（国土庁編，2000）。また，内閣府は分掌官制を取るため，組織改編を柔軟に行うことができる。そのため2001年以降は，参事官の名称・担当の変更や定員の微増，関連法制の移管等の要因によって，漸進的な制度変化が生じている。東日本大震災を経て，防災部局が膨張しているのである（表9-1）。特に2012年には，それまで避難所の運営や仮設住宅の建設などを含むために厚生労働省によって所管されていた災害救助法が内閣府の所管へと変更されたことに伴って，内閣府防災担当においてかつてエネルギー・インフラの復旧を担っていた参事官（災害復旧・復興対策担当）は，被災者行政を主軸とする厚生労働省の関係ポストになった。

第Ⅴ部　将来にむけて

表 9-2　政策統括官（防災）のキャリアパス

名　前	前　職	その後
村瀬興一	建設省大臣官房審議官	総務審議官→道路公団副総裁
福田秀文	建設省大臣官房総括監査官	辞職→住宅・都市整備公団理事
山本正堯	建設省土地局次長	都市局長→西日本高速道路公団
林　桂一	建設省大都市圏整備局長	総務審議官→地域振興整備公団理事
吉井一弥	国土庁防災局長	国交省政策統括官→住宅金融公庫理事
高橋健文	国土交通大学校長	辞職→首都高速道路公団理事
山本繁太郎	都市再生本部事務局次長	国交省政策統括官，住宅局長，国土交通審議官→衆院選
尾見博武	国土交通省関東地方整備局副局長	国土計画局長→UR理事
柴田高博	国土交通省大臣官房総括審議官	都市・地域整備局長→北九州市長選
榊　正剛	国土交通省総括審議官	住宅，総合政策局長，国土交通審議官→NEXCO東日本
増田優一	国土交通省道路局次長	都市・地域整備局長，官房長，総合政策局長，国交審，次官
加藤利男	国土交通省官房審議官（都市・地域整備局）	都市・地域整備局長（都市局長），地域活性化統合事務局長
大森雅夫	国土交通省大臣官房総括審議官	建設流通政策審議官，国交省政策統括官，国土政策局長，岡山市長選
原田保夫	国土交通省土地・水資源局長	国土交通審議官，復興庁次官
日原洋文	国土交通省建設流通政策審議官	辞職→道路新産業開発機構
加藤久喜	国土交通省水資源・国土保全局次長	現職

　内閣府防災担当を構成する人事において注目されるのは，トップである政策統括官（防災）である。中央省庁再編以前は，国土庁防災局長であったこのポストは，伝統的に建設省の都市住宅系の官僚が多い。そして，再編後に時間の経過とともに見られる顕著な傾向として，都市・住宅関係部局との結びつきが強まっていることが指摘できる（表9-2）。このポストを経験したあと都市・地域整備局長や地域活性化統合事務局長へとつながっていくとともに，自民党から国・地方自治体の選挙に立候補する官僚が続いていたのである。「国土強靭化」という言葉から想起されるように，減災という観点から政治的な決定に関わる都市・住宅ときわめて重要なつながりがある防災という分野が，政治家と強いつながりを持ちながら，関連する部局を統合する必要が生じていることが推測できる。また，相対的にこのポストの重要性が増していることも指摘できる。従来は次長級の官僚が初めて就く局長ポストであったものが，近年では局長級のポストを経験してから就くシニアの局長ポストになりつつあり，経験者が国土交通審議官や事務次官を務めるケースが増えている。

政策統括官を補佐する官僚として，まず官房審議官の人事を見ると，このポストは旧自治省出身者の任用が続いており，後述する総務省消防庁や地方自治体との情報共有を進めるための重要な結節点となっていると考えられる。中央省庁再編以前，すなわち国土庁長官官房審議官時代には，必ずしも専門性が強いポストとは言えなかったが，2003年に就任した山口勝己以降，消防庁総務課長や消防庁国民保護・防災部長といった，総務省消防庁における危機管理の担い手を経験した官僚が起用されることが続いている。また，総括担当の参事官（旧国土庁防災局防災企画課長）には，やはり建設省の都市・住宅系の官僚が就任することが多いものの，現在のところ，その後に局長を経験するような官僚は非常に限られている。

（3）総務省消防庁

総務省消防庁は，国と地方の実施組織をつなぐ重要な役割を持っている。既に述べたように，内閣府政策統括官（防災）と並んで中央防災会議の幹事会において事務方を代表するのが消防庁次長であり，国から地方への通知は消防庁次長を通じてなされる。さらに災害発生時など，地方から国への報告の窓口となるのも総務省消防庁となっている。ただし，地方自治体の消防部局は，総務省消防庁の指揮下にあるわけではないので，総務省消防庁は地方においての災害対策の取り組みの中心となるが，一元的に地方自治体の決定に影響を与えることができるほどの権限はない。

総務省消防庁において，特に危機管理に関する機能が強く求められるようになったのは，2004年に定められた「武力攻撃事態等における国民の保護のための措置に関する法律（国民保護法）」の影響が大きいと考えられる。これ自体は，法律の名前からも分かるように，外国などからの武力攻撃に対して国民を保護するための仕組みづくりを行うものであるが，市町村と協力するその仕組みは，大規模災害に対しても有効なものであると考えられる。実際，国民保護法の制定以降，大規模災害を視野に入れた新たな立法として緊急事態法の議論も行われている。

総務省消防庁では，2005年に国民保護・防災部を設置し，国民保護法の施行

表 9-3 消防庁次長のキャリアパス

	前職	その後
細野光弘	京都府副知事	辞職→地域振興整備公団理事
片木 淳	選挙部長	辞職→公営企業金融公庫
高田 恒	消防庁長官官房審議官	辞職
北里敏明	内閣府審議官（防災）	辞職→参議院選挙
東尾 正	消防庁長官官房審議官	辞職，日本消防設備安全センター
大石利雄	自治大学校長	官房長，消防庁長官，次官
株丹達也	内閣官房審議官（行政改革）	自治大学校長，自治税務局長
原 正之	政策統括官（情報通信）	辞職，危険物保安技術協会
長谷川彰一	内閣府審議官（防災）	辞職，危険物保安技術協会
市橋保彦	内閣官房審議官（安全保障・危機管理）	辞職，危険物保安技術協会
高尾和彦	地域創造事務局長	辞職
西藤公司	広島市副市長	辞職
大庭誠司	内閣官房審議官（危機管理）	現職

に伴って生じた情報伝達の仕組みなどの整備に取り組むことになった。「旧来からの「政策庁」から「政策・実施庁」への変革」（2005年消防白書）という表現にも示されるように，内閣府防災が防災企画を中心に担当するのに合わせて総務省消防庁は実施に力点が置かれるようになるのである。2000年代以前の消防庁では，自治省・総務省における消防行政の位置づけが低かったこともあり，スペシャリストの養成が行われてこなかったと指摘されている（永田，2009）。しかし，2000年半ば頃からは，人事面における専門化が観察されるようになっているのである。

　総務省消防庁において，長官ポストは総務省全体での重要性が高く，局長を経験して次官に昇格する幹部の「待機ポスト」として利用されることも少なくない。そこで注目すべきは，実質的なトップである消防庁次長以下の人事である。この人事をまとめた表9-3を見ると，近年では内閣府防災や消防庁で官房審議官を務めた経験を持つ官僚と，より高位で地方財政などを担当してきた官僚のどちらかが占めている。さらに，防災関係のポストで長く務める官僚たちの消防庁次長に至るキャリアパスを確認すると，核となるポストは消防庁総務課長であることが推測できる。このポストの経験者の多くが，その後内閣府防災や消防庁の審議官，国民保護・防災部長，さらには消防庁次長を務める傾向があり，総務省（旧自治省）における「消防畑」の存在を想起させる。

近年の総務省消防庁の特徴は，防災に限らず危機管理のエキスパートとしての性格を強めているところにもある。例えば，2014年9月の時事通信の報道によると，消防庁総務課長や国民保護・防災部長を経験して消防大学校長にいた大庭誠司氏が，就任から1ヶ月ほどで異動する異例の人事があったが，これは「自然災害などに対する官邸の機能強化を図る狙い」があり，内閣危機管理監と危機管理に関する事務を担当する内閣官房副長官補（事態対処・危機管理担当）のもとに継続的に消防関係者を置きたいという狙いがあったとされる＊。報道によれば，9月27日の御岳山噴火を受けてその重要性が認識されたことが重要であったという。なお，この大庭氏は，2016年6月に再び消防庁に戻り，消防庁次長の職についた。

　　＊　なお前任者である北崎秀一氏の異動先は総務省消防庁長官官房審議官であった。

　このような事例は総務省消防庁が実施部局としての性格を強め，上述の内閣官房副長官補室などと競合していることで，人的資源が不足状態に陥っていることを示していると考えられる。しかし他方で，消防関係での専門性を強めることは，官僚にとって必ずしも望ましいとは限らない。既に述べたように，総務省消防庁の最高位である長官には，消防を専門としない官僚が置かれており，消防の分野でキャリアを積む官僚の最高位は今のところ消防庁次長である。専門分化が進んでいるように見えているが，永田尚三が指摘したように，消防行政の位置付けが相対的に低いために（永田，2009），スペシャリストにとっては「ガラスの天井」が出現することになるのである。その人材を質量ともに確保するためには，内閣官房副長官補室の体制整備と併せて処遇を考慮する必要があるだろう。

3　地方政府の防災体制：兵庫県

（1）兵庫県防災監

　地方政府にも，中央政府の「危機管理監」に相当するポストが設置されており，有事に際しては知事を助け全庁的なリーダーシップを発揮することが期待

されている。本稿では，阪神・淡路大震災の経験から最も先進的な防災体制を整えた地方政府として，特に兵庫県について検討する。兵庫県において防災監は，阪神・淡路大震災で従来の防災体制が十分に力を発揮できなかったことから，地方自治体の災害対応力を強化する目的で，当時の県知事である貝原俊民の主導により1996年に設置された。その後，井戸敏三県政（2001年〜）の中で試行錯誤を経ながら現在に至っている。

防災監の設置が目指したのは，専門性・継続性・総合性の向上である。特定の職を設けることで，専門的・継続的な業務が可能になるというのは言うまでもない。その上で，特に総合性については，「各部長の上位に位置づけ危機管理事案に関して県庁全組織を指揮する権限が与え」られるなど，きわめて強い権限が付与された（斎藤，2015，89頁）。

兵庫県のように，特別職として「危機管理監」に相当する職を設置することは，「各部局への指揮命令，総合調整が最もスムーズ」と評されるなど，防災体制の構築において優れた制度として認識されている。他の都道府県では「危機管理監」の設置形態として，次長級・部長級・知事直轄部局への設置などのパターンが見られる。これらのパターンに対して，特別職の危機管理監は政治と行政の関係を緊密に保ちながら行政組織全体を動かすことができる点で，優位性があると見なされているのである（永田他，2012，100頁）。

このように，兵庫県では防災監が知事の意向に沿って全庁的に災害対応を行う体制が整えられている。その上で，より効果的な防災行政の構築にむけた試みもなされている。一例として，副防災監の設置が挙げられる。兵庫県の副防災監は，2010年度から設置されており，防災監を補佐・代理することができる*。副防災監就任者は例外なくその後防災監に就任しており，長期在任者を確保する効果を有する。

* ただし副防災監が継続して設置されているわけではなく，幾度か試行的に組織改正が行われている。一時期副防災監が置かれない時期もあった（「平成25年度組織改正について」）が，2015年には副防災監は再設置され，防災企画局局長との兼任ポストとなっている（「平成27年度組織改正について」）。

第❾章　災害対応をめぐる行政組織の編成

表9-4　兵庫県防災官僚担当のキャリアパス（局長級以上）

	名前	キャリアパス
A1	東田雅俊	国体準備局長→但馬県民局長→防災監
A2	中瀬憲一	防災局長→県民生活部企画調整局長→西播磨県民局長→健康生活部長→防災監
A3	大西孝	産業労働部科学・情報局長→県民生活部芸術文化課長→産業科学局長→阪神南県民局長→県民政策部長→防災監
A4	木村光利	県民生活部芸術文化課長→阪神・淡路大震災復興本部総括部復興推進課長→兵庫県立芸術文化センター整備局長→同副局長兼局長→地域協働局長→兵庫県立美術館副館長
A5	藤原雅人	阪神・淡路大震災復興本部総括部復興推進課長兼人事整理員→企画管理部企画調整局長→県民政策部政策室長兼西播磨県政策室長→住宅復興局長→神戸県民局長→副局長兼<u>防災企画局長</u>
A6	杉本明文	企画管理部総務課長兼人事整理員→防災局長→県民政策部政策部長→北播磨県民局長→農政企画調整部部長兼企画管理部副局長→<u>防災監兼防災企画局長</u>
B1	合公一	企画調整局総務課長兼人事管理部長→企画調整局長→<u>防災監</u>→県民政策部政策部長
C1	北林泰	中播磨県民局長→企画調整局長→<u>防災局長</u>→阪神北県民局長→監査委員→兵庫県代表監査委員
C2	長横健二	産業労働部・農林水産部課長→企画管理部課長→<u>情報局長</u>→淡路県民局長→兵庫県道路公社理事長
C3	木村博樹	防災企画課長→阪神県民局副局長兼企画調整局長→<u>災害対策局長</u>→人とみらい防災センター副センター長
C4	藤原雅人	A5を参照
C5	杉本明文	A6を参照
C6	杉原基弘	長期ビジョン部市長振興課主幹兼住民基本台帳ネットワークシステム係長→課長（長期ビジョン担当）→市町振興課参事→大学課課長→教育委員会総務課長→産業政策課長→中播磨県民局民生部副参事→兵庫県立大学事務局長→<u>防災局局長</u>
D1	小林利格	消防課長→<u>災害対策</u>→県土整備→新宮市企画局長→新宮市ヨットハーバー株式会社代表取締役社長
D2	元治正明	阪神・淡路大震災復興本部（県土整備担当）→派遣→同都市計画課長神戸東部新都心担当→同都市整備推進室長神戸東部新都心担当→同都市計画課参事（神戸東部新都心担当）→兵庫県住宅再建共済基金常務理事→<u>災害対策局長</u>→派遣（小野寿の郷社長）→県土整備
D3	木村博樹	C3を参照
D4	藤原由成	阪神・淡路大震災復興担当部総括部災害担当課長→同災害政策課長→企業庁総括推進室長→産業政策課長→西播磨県民局総括参事→人と防災未来センター整備室長→中播磨県民局地域振興部長→西播磨県民局副局長兼<u>防災企画課長</u>→復興企画課長→兵庫県立歴史博物館次長→産業労働局長（産業科学局長）→知事室広報課長→北播磨県民局長
D5	松原浩二	防災企画課兼防災企画室長→<u>災害対策室長</u>→阪神・淡路大震災復興本部総括部復興企画調整課長→西播磨県民局総括部復興企画調整部長兼防災企画調整部副局長（産業構造対策部→災害対策）

（注）　表9-4および表9-6において、A：防災監、B：防災企画局長、C：防災局長、D：災害対策局長、E：災害対策課長。なお人事データの範囲は、2001（平成13）～2013（平成25）年度である。公務員がいくため、A～Eまでのポストに下線を付した。該当ポストを複数経験する者もいるため、A～Eまでのポストに下線を付した。

防災監には，初代の斎藤富雄以来一貫して企画県民部の総務系組織で，企画調整課長といった調整業務を担当するポストを歴任してきた官僚が任命されている（表9-4）。県庁全体を指揮する必要がある以上，防災監には各部局の業務に通じつつ，県庁内部で人的ネットワークを構築することが求められているからであろう。そこで，歴代の防災監（・副防災監）就任者のキャリアパスから，どのように防災監の指揮能力の向上が図られているのかを検討する。

　防災監は，防災に限らず調整一般の経験を積むことにより，官僚組織の隅々まで通暁していることがうかがわれる。また，防災監昇進以前の部局長級ポストとしては，県の出先機関である県民局での勤務経験が見られる。これによって，実際の災害対応にあたる各県民局と，県庁の連絡を密にする効果が期待できるだろう。ただし，調整部門を中心にキャリアを重ねてきた防災監が機能するためには，専門的なスタッフ部局による補佐が必要となる。そこで次項以降では，防災監直下の官僚組織の編成について検討する。

（2）兵庫県庁防災企画局

　前項で見たように，防災監の任務は危機時に県庁全体の指揮を行うことである。続いて，県庁内部における役割分担について検討する。一般的に，地方自治体の組織は総務系組織と事業系組織に分類されるが（柴田・松井，2012，180-181頁），防災政策の場合どちらに設置するかが問題となる。これは，言い換えれば，災害対策を行うための企画立案や調整を重視するか，実際に災害が起きたときに対応を行うことを重視して組織を設定するかという問題である。

　兵庫県では，防災計画に関する企画立案機能は防災企画局が，緊急時の実施機能については災害対策局が担うこととされており，企画立案機能と実施機能の分離が強く意識されていると考えられる。内閣府防災担当の課題は，もともと様々な省庁内に存在していた防災関連部局との調整をどう設計するかという点にあった。それに対して，兵庫県庁の場合は単一の組織が担っていた業務を，どう2つの組織間に分配するかという点が課題となった*。2004年以前に，兵庫県で防災行政を担っていたのは防災局であり，防災企画課・消防課・産業保安課の3課体制をとっていた。産業保安課の業務は，主に高圧ガス・電気など

表9-5　兵庫県防災担当部局の変遷

2004年	2005年	2008年	2009年	2011年	2014年	2015年
防災局	防災企画局	防災企画局	防災企画局	防災企画局	防災企画局	防災企画局
防災企画課 産業保安課 消防課	企画課 防災計画課 産業保安課	企画課 復興支援課 産業保安課	企画課 復興支援課	防災企画課 防災計画課 復興支援課	防災企画課 防災計画課 復興支援課	防災企画課 復興支援課
	災害対策局	災害対策局	災害対策局	災害対策局	災害対策局	災害対策局
	災害対策課 防災情報課 消防課	災害対策課 消防課	災害対策課 消防課	災害対策課 消防課	災害対策課 消防課 産業保安課	災害対策課 消防課 産業保安課

に関する整備といった，社会資本整備機能にある。それが2005年の組織再編によって，企画課・防災計画課・産業保安課を擁し事前予防を司る防災企画局と，災害対策課・防災情報課・消防課を擁し事後対応を担当する災害対策局に分離することになった。その後も，これら2つの局の間では課の移動が何度も生じている。

　＊　この組織再編が生じた原因は阪神・淡路大震災ではなく，2004年に生じた台風被害の教訓にあった（『朝日新聞』関西版，2005年3月31日朝刊2面）。

このうち，前項で述べたように防災監との一体性がより緊密なのが防災についての企画立案を担当する防災企画局である。2016年度現在の防災企画局は，防災企画課・広域支援室・復興支援課の2課1室体制となっている。この変遷をまとめたのが表9-5であり，これまでの組織編成のポイントとして，(1)防災企画課と防災計画課の関係，(2)復興支援課の移管，(3)産業保安課の移管，の3点が重要である。このうち(3)については現在災害対策局に設置されていることから，項を改めて論じる。

まず(1)の防災企画課と防災計画課について検討する。現時点で両者は合併しているが，それ以前は防災企画課が平時の調整機能を，防災計画課が地域防災計画の立案などの計画機能を担っていた。キャリアパスからもこの傾向は明確であり，防災企画課長への就任者は防災企画局長と同じく，企画県民部の総務系組織出身者である。それに対して，防災計画課課長（現：防災計画参事）に就

任する官僚は，防災計画に関する専門性を高めるような人事異動を経験する傾向がある。具体的には，人と防災未来センターなどの専門機関との関連が強い。そのため，防災計画課およびその後継ポストは，防災企画局において具体的な実施体制を検討するスタッフ機能の主軸を担っていると考えられる。

(2)の復興支援課は，2008年に復興局が廃止された際に，被災者の生活支援を担当する課が移管されたものである（「平成20年度組織改正について」）。現在では，防災に関する県民への啓発や東日本大震災の復興支援を所管しており，災害復旧・復興に関するノウハウを蓄積しようとしている。復興支援課長に就任した官僚の前職は防災計画課長であるものの，防災企画課等における調整業務の担当を主軸とした経歴を歩んでいる。このため，復興支援課長はどちらかと言えば防災企画課長と同じく，総務系組織の一部として見なすことができるだろう。

このように人事データからは，防災企画局にはスタッフ機能を担当する部局である防災計画課を除いて，総務企画系の調整業務の担当者が集められており，平時や災害発生時において防災監の総合調整機能を補佐する体制が整えられていると考えられる*。

* その他，2016年度の組織改正によって企画県民部に計画監（人と防災未来センター副センター長と兼務）が新設され，調整部門と専門スタッフの融合が推し進められている。

（3）兵庫県庁災害対策局

続いて，災害時の復旧・復興など実施機能を担っている災害対策局について検討する。現時点で災害対策局は3課1室体制を取っており，災害対策課（訓練・調整参事と防災情報室を含む）・消防課・産業保安課からなる（表9-5）。このうち災害対策課については，2004年度以前の防災局時代から引き続き，現在でも防災企画局と密接な関係を有しており，その課長ポストを見ると人的ネットワーク上の一体性がうかがえる。災害対策課は，「県庁防災体制の整備，市町防災体制整備の支援，各種防災訓練の実施，広域防災拠点の管理・運営，県有施設の耐震化などを進めるとともに，危機管理事案への対応，国民保護計画の策定等」を所管している。体制整備のために他の組織と調整を行う必要があ

第❾章　災害対応をめぐる行政組織の編成

表9-6　災害対策課長のキャリアパス

〈災害対策課長〉

名前	キャリアパス
E1 足立 誠	北播磨県民局企画管理部主幹（滝野町派遣）→同企画調整部主幹（滝野町派遣）→商工労働局経営支援課参事（金融担当）→災害対策課長→東播磨県民局県民室室長→退職
E2 坂本誠人	阪神・淡路大震災復興本部総括部生活復興課課長補佐（協働復興担当）→同本部復興企画課課長補佐（計画担当）→防災局防災企画課主幹兼企画調整係長→防災企画局企画課主幹→観光政策課主幹兼政策係長→復興支援課支援推進参事→災害対策課課長→防災企画課長
E3 北本 淳	防災局防災企画課防災係長→防災企画課課長補佐兼防災第1係長→県土整備局総務課主幹兼第1係長→災害対策課副課長→県土企画局総務課企画調整参事→東播磨県民局総務企画室室長→災害対策課長

るため，防災企画課長と同じように災害対策課長もまた総務系組織の出身者となっていると考えられる。ただし，企画県民部全体の中で経歴を積む防災企画課長に比べ，防災企画局内での昇進を多く経験する傾向にある（表9-6）。

　消防課・産業保安課の人事は，他の防災関係部局と一線を画している。両課ともに，課内での人事異動・昇進を中心としながら，事業系組織の出身者が課長に就任している。特に「高圧ガス，火薬類の使用並びに電気工事業の業務の適正化等について指導・監督を実施」することが職務であり，災害時に火災が起こらないようエネルギー・インフラを整えることが求められている産業保安課は，2008年まで防災企画局に設置されていたものが，産業労働部，ついで近年災害対策局に移管される経緯をたどっている。局単位での所属が変わっても，組織としての一体性は維持され続けていることからも，他の部局とは異なる特徴を持つと言える。

　最後に，2008年まで設置されていた防災情報課（現：防災情報室）について検討する。以前の防災情報課長経験者は，防災計画課長と同様に人と防災未来センターへの勤務経験を持つなど，専門性を高めるようなキャリアを経験していた。阪神・淡路大震災の経験から兵庫県は情報の一括管理を重視しているが*，災害対策局には基本的に実施に関する部局が集められる傾向にあり，即応性が高められている。

＊　青砥謙一「防災情報の共有化に関する兵庫県の取り組みと課題」(http://www.bousai.go.jp/kaigirep/chousakai/kyoyu/4/pdf/04-02shiryo03-hyogo.pdf　2016年3月16日アクセス)。

　ここまで確認してきたように，兵庫県では企画立案と実施を分けつつ，防災企画局と災害対策局には人的ネットワークの結合性が見られる。災害対策局長は防災企画局の経験者であり，また（旧）防災計画課・復興支援課・防災情報室の官僚はそれぞれのポストを往復しつつ人と防災未来センター等への異動も経験することで，防災行政の専門性を高めることが期待されていると考えられる。こうした人事異動のパターンからは，防災企画局と災害対策局を分ける組織設計が行われているものの，一つの組織であった防災局時代の傾向が色濃く残っているように思われる。防災企画局長以下，防災企画課長・災害対策課長が調整の要として位置付けられ，防災計画課長・防災情報課長等は，防災系統部局や専門組織での勤務経験をもとにして，専門性を蓄積してスタッフ機能を発揮することが期待される。

　総務省消防庁の場合「ガラスの天井」が存在することを前節で指摘したが，兵庫県の場合は防災監の地位が他の部局長と比べて高く，そのため上位ポストが多いことで，防災企画局長をはじめとした高位の官僚が，防災関係の部局を歴任することができている。防災行政に長く携わる官僚が多いことは，専門性の向上という観点からは望ましいと言えるだろう。他方で，それが常に維持されるとは限らない。本稿の冒頭で指摘したように，平時に成果の見えにくい防災は，常に「冗長」という批判にさらされやすいし，特に都道府県の防災部局は消防のような実働部隊を持たないので，財政的に厳しい状況においては縮小への圧力が厳しくなることが予想される＊。

　＊　この点，府県によっては大規模な消防の実働部隊を持つ政令指定都市との連携を図ることで実働部隊との関係を強化することも考えられる。例えば，京都市消防局の消防正監を次長級の防災監に充てる京都府の例がある。

4 専門家による調整にむけて

　本稿では，防災政策を担う行政組織について，中央政府と地方政府の双方を対象として検討してきた。最後に，冒頭で述べたように(1)政治と行政の関係，(2)行政組織を構成する部局間の役割分担，(3)職員の専門性の3点から望ましい行政機構のあり方に検討を加え，本稿を閉じることとしたい。

　まず政治との関係を考えると，発災時の災害対応において，行政組織全体の業務が転換を迫られることを考慮しなくてはいけない（曽我，2016）。様々な機関の中に散らばる防災関連部局の影響力を最大限発揮するためには，政治と密接に調整が進められる必要がある。本稿で確認したように，中央政府においては内閣危機管理監・内閣府防災担当が中心となる水平的調整を基軸とした形で，災害時の調整が試みられている。それに対して，多くの地方政府では「防災監」を次長級ポストや局長級ポストとして設置することで，選挙で選ばれる知事や市長と直結した調整を狙う傾向を指摘できる。とりわけ，兵庫県では防災監を特別職として位置付けることによって，より強い垂直的調整機能を担保させていると言える。

　次に，防災担当部局の設計について見ると，中央政府・地方政府ともに，上記の政治に直結する部局とは別に調整を担う部局（内閣府防災・防災企画局）と実施に近い部局（総務省消防庁・災害対策局）を分けた上で，人事異動を通じて両者を統合することが試みられている。調整を担う部局が防災の中心を担う一方で，実施に近い部局は総務省消防庁のように平時にも一定の稼働が見込まれることになるだろう。その点を考えると，兵庫県のように消防の実働部隊がない中で実施に近い部局を独立して設定しているのは特殊であると言うべきかもしれない。基本的には総務省消防庁と同様に，実働を担う市町村消防との関係をどのように構築するかが課題になるだろう。

　最後に，行政職員の専門性について検討しよう。防災政策の専門性には，都市計画の策定等や災害研究によって抵抗力を高める「平時」の専門性と，緊急時に実働部隊を指揮して復旧・復興作業にあたる「危機」の専門性の両方が存

在する。本稿では，前者を内閣府防災担当・兵庫県庁防災企画局が，後者を総務省消防庁・兵庫県庁災害対策局が担っているものとして，それぞれの部局においてどのように専門性の育成が図られているのかについて考察してきた。ここまでの議論を踏まえると，中央・地方を通じて部局間の調整を担当する官僚が上位のポストに配置され，同じ職務を続ける「専門家」は下位に置かれやすいことが分かる。

　日本の行政組織において，このような部局・専門家の配置は少なからず見られるが，災害対応について考えるとき，このような配置が望ましいとは言えない。なぜなら，いざ有事というときに，災害対応の専門性よりも部局間の調整が優先される可能性があるからである。さらに，少なくとも中央政府では，1990年代の統治機構改革を経て，調整における政治の役割が重要性を増している。政治家が意思決定に直接関わるとなると，選挙における有権者の支持を無視して専門的な決定を行うことは難しくなる。

　また，調整に長けた政治家や官僚が上位のポストを占めて意思決定を行う方法が抱える問題として，当該組織を超えた連携を困難にする点を指摘できる。中央政府・地方政府がそれぞれの政府内で完結した意思決定を前提とした垂直的な調整に依存すると，大規模な災害のように組織を超えて水平的な調整が求められる場面ではそれが有効に機能するかどうかは分からない。地方分権が進展していることを念頭に置けば，中央政府が関係する地方政府などに対して集権的に指揮命令を行うのは困難になるだろう。

　そこで今後より重要になるのは，従来下位に置かれていた専門家をいかに活用するかという点であろう。検討すべきは，平時と連続する既存の組織を前提とした部局間調整よりも，専門的な言語を通じて組織を超えた水平的調整を行うことによって広域の災害に対応することである。そのために求められるのは，専門的な仕事を行う官僚がより高位のポストを得るためのキャリアパスの明確化であると考えられる。それぞれの組織で「ガラスの天井」を設定して専門家を囲い込むのではなく，中央政府・地方政府を問わず他の組織との人事交流を行いながら，組織を超えた水平的調整の準備を進めるほうが，来るべき大災害への備えとして効率的なものになる可能性が高いのではないだろうか。

第❾章　災害対応をめぐる行政組織の編成

引用・参考文献

生田長人『防災法』信山社，2013年。
出雲明子『公務員制度改革と政治主導　戦後日本の政治任用制』東海大学出版会，2014年。
行政改革会議事務局OB会編『21世紀の日本の行政』行政管理研究センター，1998年。
国土庁編『国土庁史』国土庁，2000年。
斎藤冨雄「防災最前線の充実——自治体の防災力強化」『阪神・淡路大震災20年　翔べフェニックスⅡ　防災・減災社会の構築』ひょうご震災記念21世紀研究機構，2015年。
柴田直子・松井望『地方自治論入門』ミネルヴァ書房，2012年。
曽我謙悟「東日本大震災に対する中央府省の対応」辻中豊編『政治過程と政策』東洋経済新報社，2016年。
竹中治堅『首相支配——日本政治の変貌』中央公論新社，2006年。
千々石泰明『変わりゆく内閣安全保障機構』原書房，2015年。
永田尚三「わが国消防における人事行政の研究」『武蔵野大学政治経済研究所年報』No.1，2009年，157-176頁。
永田尚三・奥見文・坂本真理・佐々木健人・寅屋敷徹也・根来方子「地方公共団体の防災・危機管理体制の標準化についての研究」『社会安全学研究（関西大学）』第2号，2012年，89-107頁。
待鳥聡史『首相政治の制度分析　現代日本政治の権力基盤形成』千倉書房，2012年。

第10章

大規模災害時における自治体の協力的ガバナンス
——関西広域連合内自治体サーベイの分析より——

秦　正樹・宋　一正

1　南海トラフ地震に対する基礎自治体の支援体制

（1）「予想される大災害」としての南海トラフ地震

　本章では，南海トラフ地震が発生した際の支援体制の現状とあり方について，関西圏の基礎自治体を対象に実施したサーベイの分析を通じて，実証的に明らかにすることを目的とする。周知の通り，30年以内に60〜70％の確率で発生すると言われる南海トラフ地震は，関西をはじめ西日本全域に甚大な被害をもたらすと予想されている。内閣府の南海トラフ巨大地震対策検討ワーキンググループ（以下，対策検討WG）では，最大レベルのマグニチュード9.1の巨大地震が発生した場合，予想される死者数はおよそ33万人，被害予想額は最大220兆3000億円とも試算されている（内閣府，2013）。東日本大震災と比べても20倍近い死者数が予想される南海トラフ地震について，直接的な被害を受ける各基礎自治体でも防災に関する様々な対応に迫られている。

　また南海トラフ地震では，その被害が広範囲にわたることから，地域ごとで質的に異なる複合災害が生じ得る。表10-1は，内閣府が公表する予想被害の内容について府県ごとにまとめたものである。例えば，和歌山県や徳島県では甚大な津波被害，大阪府は人口の多さゆえの住居火災や経済被害，また非沿岸部である奈良県では巨大な土砂災害がそれぞれ予想されている。

　このように甚大な被害が予想される南海トラフ地震では，一度発生すれば，防災対策をどれだけ講じたとしても相当な人的・物的な被害が生じてしまう。ただし過去の巨大地震と比べても，南海トラフ地震は「予想される大災害」である点に救いがある。特に阪神・淡路大震災や中越地震，東日本大震災，熊本

第10章　大規模災害時における自治体の協力的ガバナンス

表10-1　南海トラフ地震における想定被害のまとめ

	被害額（兆円）	主な市町の最大震度		津波		津波・火災などによる建築被害の全壊棟数（棟）	生活への影響	
	資産等の被害（総額）	最大震度	最大震度の市町	最高津波水位（m）	最高津波水位の市町		避難者数	帰宅困難者
大阪	24	6強	岬町	5	堺市、岸和田市等の5市町	23,000	190,000	3,500,000
兵庫	5	6強	洲本市など	9	南あわじ市	12,000	130,000	1,400,000
和歌山	10	7	御坊市、田辺市ほか11市町村	19	すさみ町	121,000	350,000	180,000
京都	5	6弱	京都市、宇治市ほか13市町	なし	なし	2,500	11,000	830,000
滋賀	2	6弱	大津市、彦根市ほか13市町	なし	なし	2,600	10,000	340,000
鳥取	0	5強	伯耆町	なし	なし	40	100	データなし
徳島	6	7	徳島市、小松島市ほか6市町	24	美波町	83,000	290,000	データなし
奈良	3	6弱	奈良市、大和高田市ほか26市町	なし	なし	7,500	29,000	310,000

(注) 1：被害予測はすべて近畿地方が大きく被災するケースでの数値を示している。
　　 2：避難者数と帰宅困難者数は発災1日後の数値である。
　　 3：被害がきわめて小さいものは—と表記している。
　　 4：特に被害の大きい箇所をアミかけしている。
(出典)「地震に関する津波高、浸水域、被害想定の公表について」資料（URL: http://www.bousai.go.jp/jishin/nankai/nankaitrough_info.html　2016年8月25日閲覧）より。

第Ⅴ部　将来にむけて

大地震はピンポイントで事前に被害が予想されていたわけではなく，いわば突然に見舞われた地震である。対して南海トラフ地震（あるいは，首都直下型地震や東海地震も含めて）は，表10-1にあるように，現在でも被害地域や被害内容に関する情報が蓄積されている。すなわち「予想される大災害」に対して我々は決して無知ではなく，正面から立ち向かうことができなくとも，相当の準備が可能となる。

　こうした事前の被害情報は，特に発災時に最前線で対応に迫られる各基礎自治体にとってきわめて有益である。また自治体ごとで異なる被害予想が具体的に分かっていれば，事前にきめ細かな対策を用意しておくことができる。特に南海トラフ地震では，周辺自治体もろとも被害を受けることから，基礎自治体単位における備えの重要性がつとに指摘される（角崎他，2015）。確かに基礎自治体の中で災害対応を完結できればそれに越したことはない。しかしながら，広範なダメージを与える南海トラフ地震では，仮に完全な被害情報が分かっていたとしても，基礎自治体の単独対応は実質的に不可能である。それ故に各基礎自治体は，国や府県などの上位組織と事前に協力関係を構築しておく必要がある。また基礎自治体が単独で対応することに限界がある以上，事前に支援体制を構築しておくことで，来るべき巨大災害に立ち向かう際の重要な防御壁ともなる。

　ただし表10-1からも分かるように，南海トラフ地震における被害の内容や程度には自治体ごとに相当な違いがある。それ故に，支援体制の構築も一枚岩ではない。さらに日本の危機的な財政状況を踏まえれば，いつくるかも分からない災害対策へ継続的に投資するほどの財政的余裕がない場合や，自治体内世論の反発を招く可能性すら考えられる。予想被害が小さいと予想される自治体であればなおのことである。未曾有の大災害において，このような自治体間での温度差は，決して好ましいものではない。なぜなら，当該自治体の住民の生命に関わるだけでなく，（同じように被災する）近隣自治体の負担も増やし，いずれは大規模なフリーライド問題をも引き起こしかねない。またそうであるからこそ，基礎自治体ごとの支援体制の現状について，数量的な把握と比較の視点に基づく基礎的研究が必要なのである。

(2) 本章の視点：基礎自治体ごとの支援体制の現状

　以上の問題意識に基づいて本章では，「南海トラフ地震において「被災地」となる関西圏の諸基礎自治体は，いかなる支援体制を構築しようとしているのか」とのリサーチクエスチョンについて，実証的な観点から検討を加える。既存の研究では，特定の自治体に注目した災害対策の現状に注目する場合が多く（例えば，加藤他［2002］；林・平澤［2007］；河合［2015］などの研究グループ），基礎自治体間で比較可能なデータが蓄積されているとは言い難い。そこで本稿では，筆者らが2015年12月に実施した「自治体の災害対応と広域連携支援に関する調査」データを用いて，自治体間における防災対策の現状を比較するとの観点から検討する。より具体的には，(1)基礎自治体の地理的・財政的特徴，(2)発災後の段階（フェーズ）＊ごとの災害対応，(3)相互応援協定の締結の3点に注目して，それらと支援体制の現状との関連について分析する。そうすることで，南海トラフ地震が生じた場合の効率的な復旧・復興の枠組みやあり方に関する検討材料を提供できる。

　　＊　大規模災害が発生した後は，初動対応期→初期復旧期→本格復旧期→本格復興期と移行する。このような発災以降の各段階を指して本章では「フェーズ」と呼ぶ。

　本章の構成は以下のとおりである。第2節では，筆者らが実施した「自治体の災害対応と広域連携支援に関する調査」の概要を述べる。続く第3節では，同調査を用いて，災害の種類や災害フェーズごと，また第4節では相互応援協定の締結状況に注目して，単独対応を選択した自治体とそれぞれの関連を分析する。第5節では，支援を求める自治体における支援量を規定する要因について，重回帰分析を通じて明らかにする。最後の第6節では，本章のリサーチクエスチョンに対して応えた上で，南海トラフ地震に対する備えの現状と課題について述べる。

第Ⅴ部　将来にむけて

2　「自治体の災害対応と広域連携支援に関する調査」の概要

（1）調査の概要

　以降の分析では，筆者らの研究グループが2015年12月に実施した「自治体の災害対応と広域連携支援に関する調査」（以降，本調査）を用いる。本調査は，（公財）ひょうご震災記念21世紀研究機構「災害時における広域連携支援の考察」研究会が主体*となり，関西広域連合の協力のもと**，南海トラフ地震に対する自治体の備えの実態などを明らかにすることを目的に実施した。また本調査は，関西広域連合に所属する大阪府・兵庫県・京都府・和歌山県・奈良県・鳥取県・徳島県それぞれの府県内の全市区町村292自治体***の防災担当者を対象に，2015年12月1日から****12月24日の期間において，郵送調査の形で行った*****。

* 本調査は，JSPS科研費「大規模災害時における復旧・復興支援ガバナンスの比較研究（研究課題番号：25285047）」（代表者：室崎益輝）の助成を受けて実施したものである。
** 本調査の実施にあたり，関西広域連合・広域防災局の平田正教氏と大橋雅史氏には，年末でご多忙中にもかかわらず，各自治体への調査依頼・質問受け・質問票へのアドバイスなど，全工程にわたり多大なご協力とご尽力を賜った。ここに記して，深く感謝申し上げる。
*** 政令指定都市（大阪市・堺市・京都市・神戸市）については，市レベルではなく，各区単位での配布を行った。
**** ただし，奈良県に関しては，2015年12月4日の関西広域連合への正式加入を待って調査票を配布した。言うまでもなく，調査票自体は他の自治体と同一のものである。
***** 本調査は㈱サーベイリサーチセンター静岡事務所に依頼する形で行った。調査にご協力頂いた同社の田原歩氏には，災害調査に関するノウハウについて有益なアドバイスを頂いた。ここに記して感謝申し上げる。

　なお対象となる各自治体の防災担当者の選定に際しては，関西広域連合・広域防災局を通じて，以下の手順で行った。まず関西広域連合より対象府県の防

災担当部局にメールにてアンケートへの協力を依頼した上で，各府県内の各基礎自治体の防災担当部局がどこにあたるかについて尋ねた。その後，得られた各防災部局宛に質問票を配布し，回答する職員については各自治体の中で任意に選んでもらった*。

* 具体的には，同封したQ&Aにて，「本調査は，防災政策を担当していらっしゃる部局の職員様がご回答ください。該当者が複数いらっしゃる場合は，その中から回答者を1名選んでください。回答者の選出方法は，無作為・任意いずれの方法でも構いません。」と但し書きを加えた。

（2）府県ごとの回収率

本調査の回収率は，292自治体中111自治体（38.0％）であった。一般市民を対象とする世論調査に比して，自治体調査は全般的に回収率が低くなる傾向にあるが，本調査も例外ではなく，（本調査の実施時期が年末と重複したこともあり）回収率は低い水準であった。そこで，配布した8府県ごとの回収率を検討しよう。最も回収が低かったのは奈良県（23.1％，9/39自治体）であり，他にも大阪府（29.7％）や京都府（24.3％），徳島県（33.3％）は全体にやや低い傾向であった。逆に，兵庫県の回収率は62％と最も高く，次いで，鳥取県*（57.9％），和歌山県（43.3％），滋賀県（42.1％）であった。過去に大震災を経験した兵庫県や，南海トラフ地震での被害が大きいと予想される和歌山県の回収率が特に高いことを踏まえれば，同じ関西圏の基礎自治体であっても，前節で指摘した「温度差」が存在することを意味しているとも解釈できよう。いずれにせよ，本調査に生じているサンプリングバイアス（sampling bias）には十分に留意した上で，今後の分析結果を解釈する必要がある。

* 鳥取県では，関西広域連合からの調査依頼とは別に，県からも各基礎自治体への調査要請を行って頂いた。とりわけ，本調査について積極的にご支援頂いた，鳥取県危機管理局・危機管理政策課企画担当の木山正一氏に深く感謝を申し上げる。

3 「支援を求めない」自治体の2つの特徴

(1) 調査内容の確認:支援の有効性に注目して

　本調査では,特に災害時相互応援協定の締結状況を把握する質問(問1-1)・東日本大震災での相互応援協定の有効性などに関する「自治体としての意見や考え」などの質問群と,南海トラフ地震の発災時における復旧・復興過程での支援体制(問5)などに関する質問群を用意した*。以降の分析では,本章のリサーチクエスチョンに照らして,特に後者の問5を中心に検討を加える。

　　* 紙幅の関係上,質問票をここに記すことができないため,WEB上にて公開している(http://hatam.sakura.ne.jp/hata_sou.html　2017年3月31日閲覧)。

　問5では,南海トラフ地震のような大規模災害が生じたときに,いかなる組織や団体との協力関係が有効に機能すると考えるかについて,発災後の4フェーズごとに尋ねた*。具体的には,「南海トラフ地震のような大規模災害が発生した際,発災時や復旧・復興時の行政対応についてお伺いします。下記にあげる複数の方法のうち,貴自治体にとって,どの方法が有効に機能するとお考えですか。各フェーズで,有効に機能すると思われる方式をあるだけ選び番号に○をつけてください。また,該当するものがなく,他に機能する方法があるとお考えの場合は,下欄にその内容をご自由にお書きください。」と尋ね,「内閣や中央政府主導で進める方法」(以下,中央政府),「関西広域連合の主導で進める方法」(以下,広域連合),「全国市長会等の主導で進める方法」(以下,市長会)「都道府県主導で進める方法」(以下,府県),「複数の基礎自治体が連携しながら進める方法」(以下,連携),「被災自治体単独で進める」方法(以下,単独)の6種類の組織や団体(単独は除く)**を選択肢として用意した。また同質問の回答形式は,マルチアンサーを許容している。これはひとたび南海トラフ地震のような大規模災害が発生すれば,複数の団体や組織の協力を仰ぐ必要があると考えられるためである。

　　* 問5の質問への回答がなかった自治体は欠損値として処理したため,分析中のサ

第10章　大規模災害時における自治体の協力的ガバナンス

ンプルサイズは111より小さくなっている。
＊＊　質問票の作成に際して，東日本大震災の際に実際に積極的な支援や協力を行った団体・組織について尋ねることとした。

　この質問を用いて，どのような自治体が，どのような支援体制を構築しているのかについて分析する。以下では特に，(1)発災後のフェーズごと，(2)予想被害や人口規模などの自治体の特徴との関連についてまずは分析する。また(3)発災時に重要な役割を担う相互応援協定の締結状況，3つの関連から分析する。

（2）フェーズごとの支援の有効性

　大規模災害時における支援は，発災後のフェーズごとで，その有効性やあり方が大きく異なる（林，1995）。例えば，発災直後では，何よりもまず人命救助が重要となる。東日本大震災や熊本大地震において人口に膾炙するところとなったいわゆる「72時間の壁」*は，まさに発災直後の効率的な人命救助の重要性を物語っている。このように発災直後では，混乱が予想される中で，被災自治体による単独対応は難しく，特に初動段階では人命を最優先するためのマンパワー支援が重要となる。しかし，被災から一定の時期を経ると，マンパワーだけでなく財政的支援も重要な視点となる。例えば1年を過ぎた復興期に入れば，財政的支援を支える中央政府や府県などとの関係が重要となるだろう。以上の点を踏まえて本調査では，発災後のフェーズに応じて，どのような組織や団体が支援先として有効と考えているかについて尋ねた。

＊　「72時間の壁」とは，阪神・淡路大震災において発生から3日（72時間）を境に救助者の生存確率が急減したことから生まれた，災害救助における早期救助の必要性を指摘する用語である（内閣府，2011）。

　図10-1では，発災後のフェーズごとに有効だと考える支援元の割合を示したものである。図10-1より，多くの基礎自治体において，初動対応から本格復興期に至るまで，所属する府県の支援が最も重要と考えていることが分かる。また中央政府に対しては，初動対応における期待はさほど高くないが，発災後1週間（初期復旧期）以降では，有効と考える自治体が増加する。特に中央政

図10-1 フェーズごとに求められる支援先

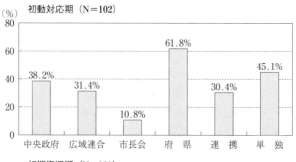

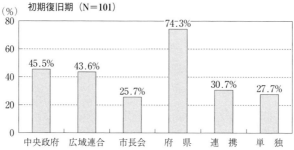

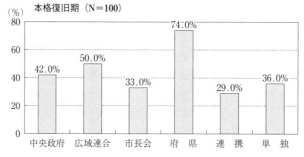

図10-2 継続的な支援を求める団体や組織

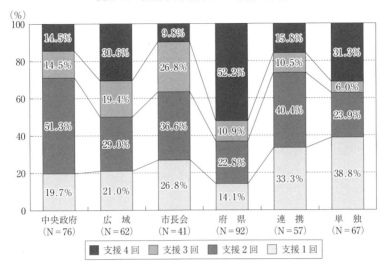

府の支援では自衛隊派遣が大きなウェイトを占めると思われるが，自衛隊が到着するまでは異なる支援先との関係を通じて「耐える」必要があると認識しているのであろう。

また必要とする支援先がフェーズごとに異なる中，安定して3割前後の基礎自治体が自治体間の連携が有効と回答している。特に平時より協力関係を築いている自治体間相互では，中・長期的に安定的な支援を求めやすくなると考えられる。もっとも支援する側の自治体においては，人的・財政的（予算的）について一定の制限があるため，応援期間にはバリエーションが発生し得る（阪本・矢守，2012；山口他，2013）。そこで支援先ごとで，発災後にどの程度の期間の応援が期待されているかについて検討する。

図10-2は，各支援先について，どの程度の期間有効と考えているのかについて示したものである。ここでも府県に対する長期的な支援の期待が高く，すべてのフェーズで有効（図中・4回）と回答した自治体は半数以上（52.2%）にものぼる。また関西広域連合についても，全フェーズで有効と回答した自治体（支援4回）は30.6%と比較的高い水準にある。以上より，基礎自治体では府県や広域連合などの広域行政体に対して長期的な支援が期待されている一方で，

31.3％もの自治体が全フェーズにおいて単独での復旧・復興と回答していることが分かる。とはいえ，単独での復旧や復興は，現実的には相当に厳しいことが予想されているのも事実である。そこで次項では，単独対応と回答した自治体の特徴について詳しく検討する。

（3）なぜ，単独対応となるのか

本項では単独対応に迫られている自治体の特徴について分析する。一般的に考えて，復旧・復興において単独で対応するとの回答（以下，単独回答と呼ぶ）を選択する際，以下2つのパターンが考えられる。1つは「単独での対応で事足りる」場合であり，もう1つは「単独で対応をせざるを得ない」場合である。前者は，（当該自治体において）想定される被害が小さい場合が考えられる。つまり，他の組織や機関に頼るほどの大規模被害が予想されておらず，それ故に単独で対応できるようなパターンである。他方で後者は，深刻な被害が想定されているため多大な支援を求めたいにもかかわらず，その自治体のリソースが少ないため，いわば苦肉の策として「単独」にならざるを得ないパターンである。

これに基づけば，前者では想定被害が小さい自治体ほど（仮説1），後者では予想被害が大きいと想定される小規模自治体ほど（仮説2），単独対応が多くなるとの2つの仮説が想定される。発災時に特に問題となるのは，言うまでもなく後者の場合である。他方で前者の場合でも自然災害故の「想定外」に見舞われる可能性が十分にあり得ることから，やはり支援のネットワークを強化しておくに越したことはない。そこで以下では，府県ごと／基礎自治体そのものの特徴（財政力や人口）の2つの観点から，単独回答との関連について検討する。

①府県ごとの支援の有無

ここでは，どの程度のフェーズで単独回答を選択したか（図10-2と同様）について，府県ごとにわけて検討する。前述の仮説1にしたがえば，特に想定被害が小さい自治体が多い府県ほど単独対応の割合が多いと考えられる。例えば，表10-1にあるように，他府県に比べて（相対的に）被害が小さい奈良県はこれに該当するであろう。他方で仮説2にしたがえば，甚大な被害があるにもかか

図10-3 府県ごとの単独対応に関する回答の平均値

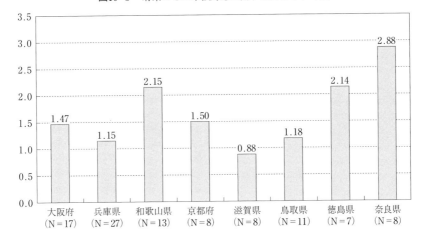

わらず小規模自治体が多い。例えば和歌山県や徳島県内の自治体は単独対応になりやすいと考えられる。

図10-3は，フェーズ毎で単独対応と回答した自治体数（以下，単独割合）について，府県ごとの平均値を示したものである。この結果より，滋賀県（0.88）や兵庫県（1.15），鳥取県（1.18）では単独割合が低く，いずれかの支援先との協力関係のもとで震災復興に対応しようとしていることが分かる。逆に単独割合が特に高いのは，奈良県（2.88）・和歌山県（2.15）・徳島県（2.14）の3県である。特に奈良県内の多くの基礎自治体では，ほぼすべてのフェーズで単独対応が有効であると回答している。

やはり，奈良県・和歌山県・徳島県で特に単独割合が高くなっていることから，仮説1・仮説2は一定程度妥当していると考えられる。奈良県と和歌山／徳島県では，南海トラフ地震に関する被害予想が大きく異なるが，同程度の自治体が単独対応と回答しているのである。

発災に際して特に深刻となるのは，やはり和歌山県や徳島県である。甚大な被害が予想される和歌山や徳島県は，他府県に比してもなお，より強力な支援体制の構築が求められるが本調査の結果は必ずしもそうはなっていない。もっともここで示すのはあくまで「平均値」であって，和歌山県／徳島県内でも沿

第Ⅴ部　将来にむけて

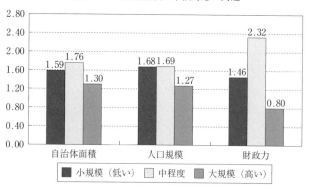

図10-4　自治体規模と単独対応の関連

岸部と内陸部の自治体で被害の程度に差はある。とはいえ、特に沿岸部自治体を他の県内自治体がどのように応援するかとの観点から言えば、他府県に比べても、県内自治体全体における単独割合は低い方が望ましいだろう*。

* 加えて、徳島県は瀬戸内海を跨いでいることもあり、発災後に関西から応援する場合でも他府県に比べて時間を要する。

②単独対応となる基礎自治体の特徴

①では、予想被害が大きい小規模自治体ほど単独割合が多くなるとの仮説が一定程度妥当することを示した。もっともこの点は先行研究でも、自治体規模が小さいほど支援内容が限定的となり、規模が大きい自治体ほど即応性の高い支援の受け入れが可能になることが指摘されている（渡辺・岡田，2004）。しかし支援体制を検討する上では、自治体内の人口や面積といった自治体の地理的要因だけでなく、財政状況も重要となる。例えば小規模自治体であっても財政が豊かであれば、きめ細やかな事前の対応も可能になると考えられる。そこで、仮説2の内容をさらに掘り下げるべく、基礎自治体が有する各種リソースとして自治体の人口・面積に財政規模も加えて、これらと単独割合の関連について分析する。

図10-4では、自治体ごとの人口・面積・財政力のそれぞれ*と単独割合の関係を示した**。全体に、自治体規模が大きいほど、単独対応を避ける傾向

にある。まず人口規模では，小規模・中規模自治体では単独割合が高く，大規模自治体ではそれが低い。この傾向は自治体面積でも同様である。小規模と中規模で逆転しているものの，大規模自治体ほど単独割合が低い。最後の財政力では，この傾向がより顕著である。特に財政力が中程度の自治体では，相当数が単独対応と回答しており，逆に高い財政力の自治体での単独割合は低い。

* 人口規模・面積は2010年国勢調査の結果を，財政力は総務省 Web ページ・地方公共団体の主要財政指標一覧（http://www.soumu.go.jp/iken/shihyo_ichiran.html 2017年3月31日閲覧）を参考に，2014年時点での各基礎自治体の財政力指数を用いている。
** 人口規模・自治体面積・財政力指数はすべて連続変数のため，サンプルサイズを考慮して3分位点で区切っている。

ここまでの結果は，支援体制の構築に前向きな自治体とそうでない自治体の温度差（格差）が存在することを意味している。特に，和歌山県や徳島県といった大きな被害が予想される自治体ほどリソースが少ない場合が多い。裏返すと，大きなリソースを有する自治体は着々と支援体制を構築しているのである。こうした自治体が潜在的に抱える構造故に「支援体制を構築したくても（人的・財政的に）手が回らない」パタンがあることを考えると，支援―受援のマッチングに国（中央政府）や広域連合などの広域自治体による積極的な関与が今後，より必要となろう。

4　「支援を求めない」自治体と相互応援協定の関連

（1）相互応援協定が担う役割

ここでは各自治体が締結する相互応援協定と単独対応の関連について検討する。前節では，自治体が有するリソースの少なさによって単独対応とならざるを得ない場合があることを明らかにした。もっとも，リソースの少ない自治体であっても，災害に備える必要性は他の自治体とは何ら変わらない。まただからこそ，単独対応とならざるを得ないような小規模自治体ほど，他自治体との事前の連携が決定的に重要となる。

第Ⅴ部　将来にむけて

　こうした災害時における自治体連携の切り札として注目されるのが，（災害時）相互応援協定である。もっとも，相互応援協定と一口に言っても，基礎自治体／都道府県／ブロック（広域自治体）の各レベル間，あるいは相互のマルチレベルの協定など，協定の様態は実にさまざまである。例えば，「瀬戸内・海の路ネットワーク災害時相互応援に関する協定」（海ネット協定）は，東日本大震災後の2012年6月1日に，大阪府内の沿岸部自治体（貝塚市や高石市）から大分県（姫島村）まで22市5町1村（締結当時）を擁する広域防災に関する協定などがある。近年は，かつてのような自治体ごとの連携協定だけでなく，海ネット協定に代表される多自治体が一体的に締結する包括協定も増加しつつある*。

　　*　他にも，21大都市災害時相互応援に関する協定（大都市間）や近畿圏危機発生時の相互応援に関する基本協定（関西広域連合内）などがある。

　こうした包括協定の増加も相まって，確かに各自治体の協定先は増加している。包括協定の場合，締結先自治体が分散しており，それ故に集中的かつ中長期的に支援してくれる自治体を確定することは難しい。すなわち，締結先自治体数が多かったとしても，単独対応となるかの判断とさほど関連しないだろう（仮説3）。そこで，「自分だけ」を支援してくれる自治体を求めて，少数の自治体間での相互応援協定が重要となろう。締結先自治体数が少ないほど，むしろ被災した際の分厚い支援を期待して他の支援を求めなくなると考えられる。このような自治体は，協定数で見れば，包括協定＋個別協定となるため，協定数が多いほど単独対応を避けるだろう（仮説4）。またその際は，締結先自治体の選定においては，近隣自治体であれば同時に被災するリスクを抱えるため，より遠方の自治体との協定を志向すると考えられる。ここより，広域的な協定が多いほど，単独対応を避けるだろう（仮説5）。

　以上の仮説について，相互応援協定に関する以下の質問を利用して検証する。具体的には，「はじめに，災害時相互応援協定の締結状況についてお伺いします。現在，貴自治体では，民間企業などとだけではなく，府県内外の自治体と災害時相互応援協定を締結していますか。」と尋ねた（問1）。さらに，締結していると回答した自治体*に対してはさらに，「相互応援協定の内容について

第10章　大規模災害時における自治体の協力的ガバナンス

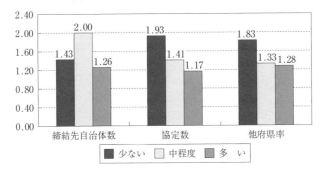

図10-5　相互応援協定と単独対応の関連

お伺いします。貴自治体は，①どのような相互応援協定を，②いつ頃締結しましたか。また，③締結に至った経緯やきっかけはどのようなものでしたか。別紙の回答用紙にご記入ください。」と追加的に質問した。この追加質問で得られた回答から，相互応援協定や締結先自治体数や締結先自治体との地理的距離を把握することができる。そこで以下では(1)相互応援協定数，(2)締結先自治体数・締結先自治体との地理的距離の2点に注目して分析する。

* このうち5自治体は「締結していない」との回答を得たが，ここでの5自治体は各自治体のWebサイトなどで締結が明らかとなっており，公開されている情報に基づいて筆者が締結数を代入している。それ故に，締結先自治体数の最小値は1である（最大値は41）。

（2）　相互応援協定数と単独対応の関連

　協定数と締結先自治体数および単独割合の関係について具体的に検討する。まず基礎データとして，協定数の平均値は6.05，協定の広域性を示すものとして他府県自治体との協定数（以下，他府県率と記す）の平均値は2.80であった。また1協定あたりの締結先自治体の数は3.26であった。以上3つを3分位した上で，それらと単独割合の関連を図示したものが図10-5である。
　まず仮説3について，締結先自治体数（図10-5左部）では，それが中程度において単独割合が最も高いものの，少ない／多い場合の単独対応の回答率はそれぞれ1.43／1.26とさほどの差はない。また仮説4について，協定数（同・中部）が少ない自治体ほど単独対応が増加している。続いて仮説5について検討

する。図10-5の右部は，他府県率と単独回答との関連について示した。これを見ると他府県自治体との協定数が多いほど，単独割合が低下する傾向を確認できる。さらに他府県率が中程度であっても単独割合を一定程度減らす効果があることも示されている。

　以上より，仮説3・4・5ともに，概ね妥当していると言えよう。すなわち，相互応援協定の締結数が多いほど，広域的な協定（他府県率）が多いほど単独割合は減少する一方で，締結先自治体数と単独割合との間でのリニアな関係は示さなかった。またこの結果は，少数かつ地理的距離の遠い自治体間における相互応援協定の締結こそが，単独対応を減少させるキーであることを意味している。

5　何が基礎自治体の支援量を規定するのか

（1）どの程度の支援を必要とするか

　以上まででは，単独対応にならざるを得ない自治体の特徴について検討を加えてきた。そこでは，基礎自治体ごとに，想定される被害が大きい場合であっても，重厚な支援体制が構築されているとは言えない状況も確認された。もっともこれらは「単独対応」に注目した分析結果であり，7割近い「支援を求める」自治体の状況については明らかにできていない。そこで本節では，「支援を求める」側の自治体に注目して，各フェーズで，どの程度の支援を求めるのかについて明らかにする。

　「支援を求める」自治体の特徴を明らかにする上でも，先述までの視点に基づいて分析することに意味がある。例えば小規模自治体では，発災直後においては限定的かつ集中的な支援が有効であっても，復興段階では様々な支援を要するようになるかもしれない。逆に大規模自治体では，初期段階から多大な支援を要するであろう。すなわち，フェーズごとにおける支援数を検討することで，真に有効と考えられる支援のあり方を検討できる。

　また以上について検討する場合，被害とは直接に関連のない外生的な要因も踏まえて分析する必要がある。例えば，沿岸部と内陸部を抱える面積の広い自

第10章　大規模災害時における自治体の協力的ガバナンス

表10-2　支援量に関する記述統計

	サンプルサイズ	平均値	標準偏差	最小値	最大値
初動対応	56	2.00	0.95	1	4
初期復旧	73	2.07	1.10	1	5
本格復旧	64	1.95	1.01	1	4
本格復興	53	1.77	0.95	1	4

治体は，津波だけでなく土砂災害に対しても対応する必要がある。あるいは，人口数が多い自治体は住宅火災に関する施策を検討しなければならない。こうした事情を勘案して以下では，前節までで分析した基礎自治体の特徴および被害の種類が，フェーズごとの支援の多寡に違いをもたらすのかについて重回帰分析（OLS）を通じて明らかにする。

（2）分析の準備

　ここでの応答変数は，問5の質問を用いて，（単独対応を除いた）支援を求める組織や団体の回答の合計数を支援の多寡として操作化した変数を用いる。また以下の分析では，「支援を求める」自治体内の分散を確認するという目的に照らして，最低1つ以上の支援先を回答した自治体にサンプルを限定した。そのため全体にサンプルサイズが小さくなり，以下のOLSの推定の誤差は必然的に大きくなってしまう。そこで，本分析では有意水準を10％（90％信頼区間）とやや広く設定した。なお応答変数の記述統計は表10-2のとおりである。

　説明変数には，これまで用いた自治体の特徴を示す変数を投入する。具体的には，自治体規模として，自治体人口（対数）・面積（対数）・財政力指数，予想被害として自治体ごとの予想津波高と予想震度*，自治体連携として相互応援協定数・協定先の広域性（他府県率）・締結先自治体数を投入する。また府県ごとのバイナリ変数を統制変数として投入した。

　＊　基礎自治体ごとの被害予想は，朝日新聞DIGITAL「南海トラフ地震被害想定」
　　（http://www.asahi.com/special/nankai_trough/　2016年3月21日閲覧）データより作成。

第Ⅴ部　将来にむけて

図10-6　支援量を応答変数とするフェーズごとの OLS 推定結果

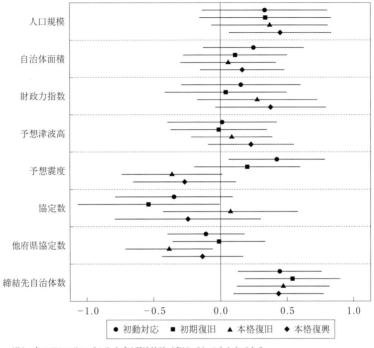

（注）　各モデルのサンプルサイズは記述統計（表10-2）のとおりである。

（3）フェーズごとに見た支援量の規定要因

図10-6 は，重回帰分析の結果である。この図では，各変数の横にのびている棒が90％信頼区間を示しており，この信頼区間が X 軸上の 0 のラインをまたいでいなければ当該説明変数が10％水準において統計的有意であると解釈される。以下では，3 つの観点から分析結果を確認する。

まず自治体規模であるが，ここでは本格復興期においてのみ，人口規模が正の方向に統計的有意である。すなわち，人口の多い自治体ほど，本格復興の際に多方面への支援を求める傾向にある。また（統計的有意ではないものの）自治体面積・財政力指数とも，本格復興期の信頼区間が（他の期間に比べて）短いことから，自治体規模は，特に本格復興期における支援量と関連しているようである。

続いて，被害予想であるが，ここでは初動対応期における予想震度のみが正の方向に統計的有意であった。予想される揺れが大きい基礎自治体ほど，初期段階で多方面への支援を求める。他方で，本格復旧期以降では（統計的有意ではないが）係数の符号が負の方向に転じている。つまり，揺れが大きい自治体は，発災後1ヶ月程度では広い支援を求めるが，それ以降は支援先を限定した復旧・復興を望んでいると解釈できる。

最後に相互応援協定に関する分析結果について確認する。まず締結先自治体数は，どのフェーズでもすべて正の方向に統計的有意であった。これは，相互応援協定の締結先自治体数が多い自治体ほど，どのフェーズにおいても，幅広い支援を望む傾向にあることを意味する。他方で，相互応援協定の数（協定数）で見ると，特に初期復旧期において，負の方向に統計的有意な結果が示された。また広域的な応援協定（他府県協定数）でも，本格復旧期において，負の方向で統計的有意であることが確認された。これらの結果は，相互応援協定数が多い自治体ほど，また広域的な応援協定が多い自治体ほど，本格復旧期には支援先を限定する傾向にあることを示している。

6 南海トラフ地震に対する「備え」の様相と課題

本章では，基礎自治体の様々な特徴に注目して，とりわけ甚大な被害が予想される南海トラフ地震における支援の様相について検討してきた。本章では特に，(1)大規模災害に際して単独対応となり得る2つの自治体のタイプとその特徴，(2)支援を求める自治体であっても，フェーズに応じて，幅広い支援を求める場合と限定的な支援を求める場合があることの2点を明らかにした。

以上の分析結果は，南海トラフ地震に対する備えを考える上で，以下3点の示唆を与え得る。その第1は，南海トラフ地震において必要とされる支援の形は自治体ごとに一定ではなく，むしろ自治体ごとの特徴とフェーズごとに応じて大きく異なるこの点にある。特に，支援体制を構築したくても，そのための人的・財政的リソースの欠如によって備えが不完全な自治体が一定数存在することが明らかとなった。とりわけ災害対策の「標準化」に関する議論（内閣府，

2013; 2015) でも自治体間連携の重要性が指摘されるが，自治体の特徴に応じた最適規模の連携先をそれぞれ見つけ出すだけでも多大な労力が必要となる。南海トラフ地震の規模を踏まえれば，発災後の復旧・復興における国（中央政府）による柔軟な財政的対応だけでなく（北村，2015），事前防災の観点から，間接的な投資として締結先自治体の選定などのコーディネーションにも深く関与するべきであると言えよう。

　第2は，相互応援協定と支援量の関係についてである。既存の議論では，発災時にも早急な対応を可能とするため支援先を広げるべきとの考え方が中心的である。また，支援先を限定することで「想定外」に対応することを困難にするリスクも抱え得る。例えば東日本大震災における原発災害のように，専門的な対応が必要となった際，「適材適所」の人材をプールする専門組織との連携も重要となる（稲継，2015）。しかし一方では，支援先を限定することで，発災後の対応において拒否点を減らし，スピーディな災害対応を可能にするとも考えられる。これらの点について図10-6では，とりわけ相互応援協定について，締結先自治体が多いほど支援を広げようとする一方，協定数ではそれが増加するほど，支援先を限定化する傾向が示された。特に包括協定は，広域行政体が主導的立場となる場合が多く，それ故に包括協定を一つ締結すれば，（データ上は）締結先自治体数が一気に増加することとなる*。加えて基礎自治体の対応はあくまで「協力」であって，一対一の個別協定締結に比べて，各基礎自治体が払うコストは低い。これらのことは，実は包括協定によって締結先自治体が増加しているだけであって，また，そのことは基礎自治体もよく把握していて，特に発災直後ではさほど包括協定先の多くの自治体が期待していないことの現れであるのかもしれない。逆に協定数が多い自治体は，包括協定に「上積み」する形で個別協定を締結していると考えられる。つまり，平時から労力（コスト）を払って協力関係を築いており，それ故に「信頼できる自治体」との関係を軸に復旧・復興を目指そうとして支援が限定化するとも解される。以上を踏まえれば，南海トラフ地震に対して「意味のある備え」となるためには，包括協定だけでなく少数自治体間での相互応援協定が重要となるだろう。また国や関西広域連合は，例えば基礎自治体ごとの相互応援協定の締結状況を把握し，

第10章 大規模災害時における自治体の協力的ガバナンス

特に個別の協定締結が必要な自治体のマッチングや協定締結のためのコーディネーションなどを通じて，前述したような労力（コスト）を低減する取り組みが重要となろう。

＊ ただし，国・府県・基礎自治体のそれぞれのレベルで相互応援協定の締結にむけた調整は極めて難しいことが知られている点には注意が必要である（舩木他，2006）。

このように本章の分析から得られる知見は少なくないものの，同時にいくつかの課題も抱えている。その中でも最大の課題は本調査のデータに関する点にある。先述したように本調査の回収率は38％と決して高くない。さらに言えば，この調査では，比較的防災意識が高い自治体からの回答に偏っている可能性がある。もっとも，南海トラフ地震に際しての同種の調査は少なく，それ故に不完全なデータであっても，その分析結果から得られる知見には一定の意義があると考える。しかし，南海トラフ地震への備えに関する実践的な意味において重要なのは，むしろ本調査への回答がなかった自治体の現状である。より詳細な現状把握と課題析出の観点からも，同種の自治体調査の継続的な実施が求められる。

［謝辞］ 本章の執筆にあたり，多くの研究者・自治体職員の皆さまに協力を頂いた。本稿で用いた調査にご回答いただいた基礎自治体の防災担当者様に感謝申し上げる。また，（公財）ひょうご震災記念21世紀研究機構・研究調査本部の皆さま，特に事務員の大西淳子さんと原田真里さんには調査実施にあたり多大なご協力を頂いた。特に記して御礼申し上げる。また本稿の内容について，清水直樹氏（高知短期大学准教授）より大変有益なコメントを頂いた。深く感謝申し上げる。

引用・参考文献

稲継裕昭「広域災害時における遠隔自治体からの人的支援」小原隆治・稲継裕昭編『震災後の自治体ガバナンス』東洋経済新報社，2015年，167-190頁。

加藤孝明・神谷秀美・ヤルコンユスフ・程洪「地震被害想定の防災計画づくりへの反映と行政内部での取り組みの共有化に向けて——数十万人口都市の防災を考える：千葉県市川市での試み」『地域安全学会梗概集』第12巻，2002年，157-160頁。

神谷秀之・桜井誠一『自治体連携と受援力——もう国に依存できない』公人の友社，

2013年。

関西広域連合「関西広域連合における広域防災の取り組み」2014年（www.kouiki-kansai.jp/data_upload/1421306427.pdf 2016年8月28日閲覧）。

河合晃一「瓦礫処理をめぐる自治体の行動選択」小原隆治・稲継裕昭編『震災後の自治体ガバナンス』東洋経済新報社，2015年，309-325頁。

北村亘「被災自治体に対する政府の財政措置」小原隆治・稲継裕昭編『震災後の自治体ガバナンス』東洋経済新報社，2015年，121-142頁。

坂本真由美・矢守克也「広域災害における自治体間の応援調整に関する研究──東日本大震災の経験より」『地域安全学会論文集』第18巻，2012年，391-400頁。

角崎巧・五艘隆志・草柳俊二「基礎自治体における災害マネジメントシステムの構築──防災・減災から災害マネジメントへの転換」『土木学会論文集F4（建設マネジメント）』第71巻第4号，2015年，73-84頁。

内閣府「平成23年版 防災白書」2011年，佐伯印刷。

内閣府「南海トラフ巨大地震対策について」中央防災会議・防災対策推進検討会議・南海トラフ巨大地震対策検討ワーキンググループ，2013年（http://www.bousai.go.jp/jishin/nankai/taisaku_wg/pdf/20130528_honbun.pdf，2016年8月22日閲覧）。

内閣府（防災担当）「災害対策標準化検討会議報告書」災害対策標準化検討会議，2013年（http://www.bousai.go.jp/kaigirep/kentokai/kentokaigi/pdf/report.pdf, 2016年8月22日閲覧）。

内閣府「市町村における災害対応「虎の巻」──災害発生時に住民の命を守るために」2015年（http://www.bousai.go.jp/oukyu/pdf/sityouson_toranomaki.pdf 2016年8月21日閲覧）。

林春男「阪神・淡路大震災における災害対応──社会科学的検討課題」『実験社会心理学研究』第35巻第2号，1995年，194-206頁。

林吉彦・平澤一浩「延焼シミュレーションモデルを用いた横浜市防災まちづくりに向けた検討」『日本建築学会大会学術講演梗概集』2007年，163-164頁。

舩木伸江・河田惠昭・矢守克也「大規模災害時における都道府県の広域支援に関する研究──新潟県中越地震の事例から」『自然災害科学』第25巻第3号，2006年，329-349頁。

山口裕敏・土居千紘・谷口守「災害時自治体間援助の全国的実態とその特徴──東日本大震災を対象に」『地域安全学会論文集』第23巻，2013年，179-188頁。

渡辺千明・岡田成幸「全国自治体による激震被災地への支援のあり方(1) 阪神淡路大震災における実態調査と要因分析」『自然災害科学』第23巻第1号，2004年，65-77頁。

索　引
（＊は人名）

あ 行

依存の程度　46
＊井戸敏三　81, 85
委任　177, 178
岩手県　49, 51, 59, 60, 64, 65, 72
右往左往（Milling）　12
噂（Rumors）　12
永久屋基地　156
大阪府　49, 59, 61, 64, 65, 70-72
All-Hazards Approach　18
押しかけ型　161
温度差　216, 219, 227

か 行

開口（かいこう）契約　155
階層的ネットワーク構造　26
回復力（resilience）　24, 25
カウンターパート　101, 166, 181, 184, 188
カウンターパート支援　145, 166
カウンターパート方式　4, 5, 8, 9, 23, 27, 37, 59, 60, 62-64, 76, 79, 125, 145-147
カウンターパート方式支援　76
＊嘉田由紀子　92
合衆国憲法　174-176, 179, 186
ガバナンス組織　170-173, 180, 186-188
頑健性（Robustness）　24
関西広域連合　4, 9, 23, 36, 59-68, 70, 73-78, 125, 132, 137-139
官僚規範（Bureaucratic Norms）　11, 13
義援金　160
危機管理（risk management）　15, 195, 196, 198, 201, 203
危機管理監　203, 204
危機管理対応　196

決め込む（Keynoting）　12
九二一震災災後重建推動委員会　163
921大地震　147, 156-159
狭域型　104, 106, 119
強制避難　156
京都府　59, 64, 65, 74, 75, 77
協力的ガバナンス（Collaborative Governance）　4, 21, 25
距離　46, 51, 53
緊急事態規範（Emergent Norms）　12, 13
緊急事態組織　20, 28
区域型連防　151, 153
警察　197
結盟型連合　153
現場知　24
権力分立制　174-177, 179, 180, 186, 187
広域型　104, 106, 118, 119
広域連携支援　102
後方支援拠点　37
厚労省　36
コーディネーション問題　176, 178, 180, 182, 184-188
跨区型連防　151, 153
国姓郷　9
国土安全保障省　18
国土庁防災局　195, 197, 198, 200
国交省　36

さ 行

災害応変中心　149, 155
災害救助法　38
災害時相互応援協定　3, 6, 8, 101, 102, 104, 119, 220, 227-229, 231-234
災害対策基本法　5, 38, 41, 52
災害対策基本法第67条　120

災害対策局　195, 206, 208, 210
災害派遣医療チーム（DMAT）　86
災害防救委員会　149
災害防救会報　149
災害防止救助法（災害救助法）　146, 148, 151, 154, 155
財政力　46, 49, 51
参加者統治型ネットワーク（Participant-governed Networks）　22, 26
ジェネラリスト　195
支援体制　214, 216, 217, 221, 225-227, 230, 233
支援ニーズ　35
支援量　230, 234
滋賀県　59, 64, 65, 73-75, 77
資源動員力（Resoucefulness）　24, 25
自己完結性　154
四川大地震　9
事前防災　156
事態対応指令システム（ICS）　11, 16, 17, 19, 133
自治体間連携　101, 102
自治体間連携支援　3, 7
自治体規模　226, 231
自治体スクラム支援　101
自治体の災害対応と広域連携支援に関する調査　218
市町村優先の原則　80, 85, 97
社会中間団体　167
集合行動（collective behavior）　12
集団移転　156
集中性　46
受援計画　126
受援力　39, 43
主導組織統治型ネットワーク（Lead Organization-governed Networks）　22, 26
＊シュナイダー, S. K.　11
準備段階（Preparedness）　13
情報事前蓄積型人的支援体制　87
指令・統制モデル（Command and Control Model）　16, 19, 20
迅速性（Rapidity）　24, 25
政治環境　147
全国市長会　36
全国瞬時警報システム（J-ALERT）　89
全米緊急事態管理システム（NIMS）　11, 16, 18
専門知　24
相互支援協定　34, 36, 37, 53, 151, 153
総務省　36
総務省消防庁　195, 201-203, 210-212

た 行

対応管理（response management）　15
対応段階（Response）　13, 14
対口（たいこう）支援　9, 61, 145
台北市　9
台湾大地震　9
多元主義　176, 179, 186, 187
縦割り行政　194
ダブルキャスト方式　64, 76, 77
単独対応　217, 224-230, 233
単独割合　226
中間支援団体　163
調整・交渉モデル（Coordination and Communication Model）　16
町村会　36
直轄市・県（市）政府災害防救相互支援協定作業規定　151
締結協定数　106
締結状況　219
東京都　49
統制のとれた協力的支援体制　89
徳島県　59, 61, 64, 65, 67-70, 77
鳥取県　59, 64, 65, 67-70, 77
トップダウン　40

な 行

内閣危機管理監　195-197, 211
内閣府防災（担当）　195, 197-200, 202, 211,

　　　　　　　　　　212
72時間の壁　221
新潟県　74
新潟県中越地震　34, 85, 124, 125
日本水道協会　36
日本版FEMA　193
認養（にんよう）　154
ネットワーク　181, 185
ネットワークガバナンス　4
ネットワークガバナンス論　21
ネットワーク管理者組織（Network Administrative Organization）　22

　　　　　　　は　行

ハリケーン・カトリーナ　172, 179, 183, 185, 187
阪神・淡路大震災　3, 33, 45, 66, 84, 124
東日本大震災　3, 7, 35, 42, 59, 60, 62, 76
東三河広域協議会　131
被災地調査　111, 119
被職員派遣数　114, 119
非政府組織（NGO）　19, 160, 161, 163, 165, 167
人と防災未来センター　208
兵庫県　45, 49, 59, 61, 64-68, 70, 77
兵庫県庁災害対策局　208, 212
兵庫県庁防災企画局　206, 212
ひょうご震災記念21世紀研究機構　25
フェーズ　217, 220, 221, 223, 224, 230-233
復元段階（Recovery）　13
福島県　47, 59, 60, 64, 65, 73-75, 77

福島県庁　75
福島第1原子力発電所　68, 74, 75
ブロック協定　7, 8, 124
ペア型（一対一）　102, 104, 106-119
ペアリング　166
ペアリング支援　5
＊ヘルマン，C.F.　10
防救業務主務機関　155
防災監　195, 204, 206, 210, 211
防災企画局　195, 210
防災担当大臣　197
防災の専門職　150
ボトムアップ　40

　　　　　　　ま　行

マッチング　36, 43
宮城県　49, 51, 59, 60, 64, 66-68, 70
モーラコット台風　156

　　　　　　　や　行

山形県　69
余剰性（Redundancy）　24, 25
予想被害　214, 216, 221, 224, 231
予防段階（Mitigation）　13

　　　　　　ら・わ　行

リーダーシップ　193, 194
連邦緊急事態管理庁（FEMA）　11, 17
連邦制　174, 176, 177, 179-181, 185-187
和歌山県　59, 61, 64, 65, 70-72

執筆者紹介

おおにし ゆたか
大西　裕（神戸大学大学院法学研究科教授　はしがき・第1章）
　編著者紹介参照。

そ が けん ご
曽我謙悟（京都大学大学院公共政策連携研究部教授　第2章）
　1971年生まれ，東京大学法学部卒業，行政学。

つる や まさひこ
鶴谷将彦（奈良県立大学地域創造学部講師　第3章）
　1980年生まれ，立命館大学大学院政策科学研究科博士課程後期課程修了，博士（政策科学），現代日本政治分析・行政学・地方自治。

きたむら わたる
北村　亘（大阪大学大学院法学研究科教授　第4章）
　1970年生まれ，京都大学大学院法学研究科博士後期課程修了，博士（法学），行政学・地方自治論。

ぜんきょうまさひろ
善教将大（関西学院大学法学部准教授　第5章）
　1982年生まれ，立命館大学大学院政策科学研究科博士課程後期課程修了，博士（政策科学），政治学・政治行動論。

ながまつしん ご
永松伸吾（関西大学社会安全学部教授　第6章）
　1972年生まれ，大阪大学大学院国際公共政策研究科博士後期課程中退，博士（国際公共政策），防災・減災・危機管理政策。

かじ わら あきら
梶原　晶（関西大学政策創造学部准教授　第7章）
　1982年生まれ，神戸大学大学院法学研究科博士課程後期課程修了，博士（政治学），政治過程論・行政学。

まちどりさとし
待鳥聡史（京都大学大学院法学研究科教授　第8章）
　1971年生まれ，京都大学大学院法学研究科博士後期課程退学，博士（法学），比較政治論。

砂原庸介（神戸大学大学院法学研究科教授　第9章）
1978年生まれ，東京大学大学院総合文化研究科博士後期課程単位取得退学，博士（学術），政治学・行政学。

小林悠太（大阪大学大学院法学研究科博士後期課程　第9章）
1989年生まれ，大阪大学大学院法学研究科博士前期課程修了，修士（法学），行政学。

秦　正樹（北九州市立大学法学部講師　第10章）
1988年生まれ，神戸大学大学院法学研究科博士課程後期課程修了，博士（政治学），政治学・政治行動論。

宋　一正（神戸大学大学院法学研究科博士課程後期課程　第10章）
1992年生まれ，神戸大学大学院法学研究科博士課程前期課程修了，修士（政治学），行政学。

《監修者紹介》

五百旗頭　真（いおきべ・まこと）
　1943年　生まれ。
　　　　　京都大学法学部卒業，修士（京都大学大学院法学研究科［政治学専攻］），法学博士（京都大学）。
　現　在　ひょうご震災記念21世紀研究機構理事長，熊本県立大学理事長。
　主　著　『戦後日本外交史』（編著）有斐閣，1999年。
　　　　　『日米戦争と戦後日本』講談社学術文庫，2005年。
　　　　　『占領期──首相たちの新日本』講談社学術文庫，2007年。
　　　　　『日本は衰退するのか』千倉書房，2014年。
　　　　　『大災害の時代──未来の国難に備えて』毎日新聞出版，2016年。

《編著者紹介》

大西　裕（おおにし・ゆたか）
　1965年　生まれ。
　　　　　京都大学法学部卒業，京都大学大学院法学研究科博士後期課程退学，博士（法学）。
　現　在　神戸大学大学院法学研究科教授。
　主　著　『韓国経済の政治分析──大統領の政策選択』有斐閣，2005年。
　　　　　『先進国・韓国の憂鬱──少子高齢化，経済格差，グローバル化』中央公論新社，2014年。
　　　　　『選挙管理の政治学──日本の選挙管理と「韓国モデル」の比較研究』（編著）有斐閣，2013年。
　　　　　『選挙ガバナンスの実態　世界編──その多様性と「民主主義の質」への影響』（編著）ミネルヴァ書房，2017年。

検証・防災と復興③

災害に立ち向かう自治体間連携
　　──東日本大震災にみる協力的ガバナンスの実態──

2017年5月15日　初版第1刷発行　　　　〈検印省略〉

定価はカバーに表示しています

監　修　者　　五百旗頭　　真
編　著　者　　大　西　　　裕
発　行　者　　杉　田　啓　三
印　刷　者　　江　戸　孝　典

発行所　株式会社　ミネルヴァ書房
607-8494　京都市山科区日ノ岡堤谷町1
電話代表（075）581-5191
振替口座　01020-0-8076

© 五百旗頭・大西ほか，2017　　共同印刷工業・新生製本

ISBN978-4-623-08034-2
Printed in Japan

検証・防災と復興

五百旗頭 真 監修

①大震災復興過程の政策比較分析
──関東，阪神・淡路，東日本三大震災の検証──

御厨 貴 編著

大災害に際し，重大な役割を担う政治や行政はどのような備えを行うべきか。本書は，関東，阪神・淡路，東日本の三大震災を，①復旧・復興の政治過程，②政府と官僚の危機管理，③震災をめぐる社会認識について，政治学的な分析視角から比較検証。これらの知見を基に，2016年に発生した熊本地震も含めた今後の災害対策，復旧・復興体制を考察し，災害時の強固な統治体制や日本社会のあり方への認識を深める。

②防災をめぐる国際協力のあり方
──グローバル・スタンダードと現場との間で──

片山 裕 編著

どこかの国で大災害が発生したとき，各国から救助隊の派遣や，必要物資の支援が行われる。本書では，日本からの支援に際しての二国間，多国間調整の必要性，受け入れる側での調整機能と関係セクターとの連携，さらに国際的防災教育の重要性も視野に入れ，東日本大震災における各セクターの具体的事例，国際防災協力における支援活動の実態を分析し，その経過と効果，今後の課題を析出する。

③災害に立ち向かう自治体間連携
──東日本大震災にみる協力的ガバナンスの実態──

大西 裕 編著

大規模災害において有効に機能する自治体間連携のあり方とは何か。東日本大震災に際し，関西広域連合が行ったカウンターパート方式と，他の支援体制との比較分析や組織的特徴について，行政学，政治学などの視点から広域災害に適用可能な理論的背景を提示。広域連合が有効に機能する条件とは何かについて実証的な解明を行う。人的・予算的リソースの確保や支援協定の検証など多くの示唆に富む提言の書。

───── ミネルヴァ書房 ─────